# 千葉における多文化共生のまちづくり

Approaches to Multicultural Community Development in Chiba

広がるネットワークと
子どもたちへの支援

房総日本語ボランティアネットワーク編

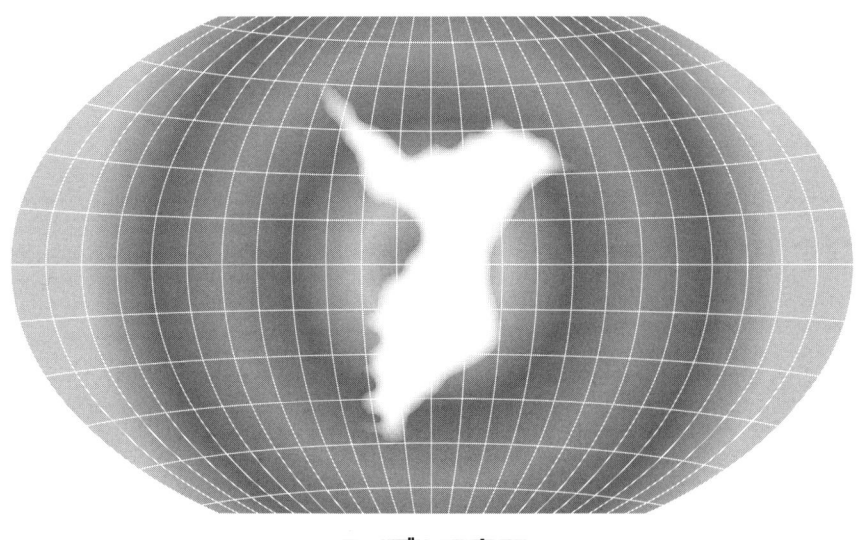

エイデル研究所

# はじめに

　本書は、2000年6月に刊行された『多文化・多民族共生のまちづくり―広がるネットワークと日本語学習支援』（長澤成次編著、エイデル研究所）の続編にあたるものである。

　本書を編集した房総日本語ボランティアネットワーク（以下、房総ネットと略す）は、80年代後半以降のニューカマーの増大を背景に叢生しつつあった千葉県内の日本語教室を対象に行なった調査報告書『房総の識字マップ』（千葉大学教育学部社会教育研究室、1994年5月）刊行を契機に日本語教師やボランティアなど関係者が1994年7月に立ち上げた組織である。

　その後、1996年に『あなたの町の日本語教室』（初版、112教室）、2000年11月に『あなたの町の日本語教室　第2版』（120教室）、そして2005年3月の『あなたの町の日本語教室　第3版』（150教室）・2007年9月の『あなたの町の日本語教室　第4版』（181教室）からは、（財）ちば国際コンベンションビューローと共同で発行した。

　現在では、ちば国際コンベンションビューロー・千葉県国際交流センターに設けられたインターネットサイトから「あなたの町の日本語教室」（150教室）「子供のための日本語学級」（23教室）（2012年4月現在）を検索することができる。

　また、房総ネットに設けられた実行委員会によって組織された進路ガイダンス実行委員会が2002年から始めた「日本語を母語としない親と子どものための進路ガイダンス」（詳しくは、本書第5章の6の白谷論文を参照されたい。）も今年（2012年）で11年目を迎えようとしている。

　房総ネット自体は会員が50名ほどのささやかな会であるが、進路ガイダンスは、実行委員会に集う学校教師と日本語ボランティア・通訳ボランティア・学生ボランティア、そして進路ガイダンスに参加する高校生ＯＧ・ＯＢなど、それこそ自発的で献身的な取り組みによって今日まで継続されてきた。その間、進路ガイダンス主催者交流会への参加、「日本語を母語としない児童・生徒に関する千葉県内市町村教育委員会アンケート」（2009年8月から2010年3月にかけて実施）、あるいは千葉県教育委員会に対する「入学者選抜方法等のあり方の検討についての要望書」の提出など、さまざまな取り組みを行なってきた。

　本書は、房総ネットの日常的な活動に加えて、このような取り組みを通して広がっ

た県内のネットワーク、とりわけ日本語を母語としない子どもたちへの支援に着目をして編集されたものである。

『多文化・多民族共生のまちづくり─広がるネットワークと日本語学習支援』発行から12年余。日本語を母語としない子どもたちへの支援のネットワークは、本書が示しているように文字通り広がりつつあるが、彼らの地域での学習権保障をめぐっては、たとえば不就学児童の存在などに示されているように、課題は山積している。

また、昨年の3.11東日本大震災とそれに続く福島第一原子力発電所事故を通して、いま日本社会は深刻な危機と課題に直面している。地球的規模でその実現が求められている平和、人権、民主主義、地域自治、そして持続可能な社会づくりをめざすうえでも、地域から多文化共生のまちづくりをめざすメッセージを発信し続けることが大切であると私たちは考えている。なぜなら人々の暮らしと生活が営まれる地域にこそグローバル化の諸矛盾とまたそれを克服していく可能性も現れているからである。その意味で、本書に掲載された千葉での取り組みが何らかの参考になれば望外の喜びである。

全体の構成は、第1章　多文化・多民族の視点から見た千葉、第2章　広がる外国人住民とのネットワーク、第3章　地域における日本語学習支援の現状と課題、第4章　学校における日本語を母語としない子どもたちへの支援、第5章　地域における日本語を母語としない子どもたちへの支援、から成り立っている。各章のはじめには「概要」を掲載し、また、外国人を含む関係者のコラムも掲載した。

なお、今回の編集は、房総ネット内に設けられた編集委員会（白谷秀一さん　吉野文さん　藤沢明美さん　仲江千鶴さん　福田友子さん　相良好美さん）での議論をもとに構成されたものである。編集委員の皆さんの日頃のネットワークがあったからこそ本書を編むことができたと考えている。

最後に、出版事情厳しき折に刊行をお引き受けくださったエイデル研究所と編集を担当してくださった山添路子氏には心から感謝を申し上げる次第である。

2012年4月

**房総日本語ボランティアネットワーク代表　長澤成次**

# 目次

## はじめに

## 第1章　多文化・多民族の視点から見た千葉　10

概要　10

### 1　千葉県における「内なる国際化」と外国籍住民の状況　12
千葉県における「内なる国際化」／「内なる国際化」と千葉県内の行政刊行物および施策／千葉県および市区町村における在留外国人統計／地域史に見る外国籍住民のコミュニティ形成／千葉県における「内なる国際化」の課題

### 2　外国人は教育に何を求めるか ―中国人ニューカマー家族の事例から考える―　20
はじめに／在日中国人とその教育の概況／「高い」教育期待／乏しい教育資源とその構造的原因／家族関係から見る日本語教育／終わりに

### 3　大型団地にみる日系南米人労働者のコミュニティ ―八千代市の事例から―　28
在日外国人住民の集住背景／食品加工工場の従業員としての生活サイクル／児童の就学状況と学校のとりくみ／コミュニティとネットワーク／地域連携へ向けた県・警察・市の動き

### 4　千葉県内のフィリピン人カトリック共同体　38
はじめに／英語/タガログ語ミサ／フィリピン人の多い教会／フィリピン人の宗教実践／多文化の教会をめざして

### 5　千葉県内のモスク設立とムスリム移民　46
千葉県内のモスクとムスリム移民／宗教団体Aの事例 ―パキスタン人中心から日本人を巻き込んだ宗教活動へ／宗教団体Bの事例 ―南アジア系外国人中心の宗教活動／まとめにかえて

### 6　外国人学生をめぐる現状と課題　54
1980年代以降の日本の留学生受入政策とその現状／全国における留学生数とその特質／千葉県内における留学生受入数とその特質／今後の課題―「30万人受入計画」の行方

### 7　外国人住民をめぐる法的諸問題　60
外国人とは／出入国に関する問題／在留外国人をめぐる法的問題／適法な在留資格を持たない外国人の場合／新しい動き

## 第2章　広がる外国人住民とのネットワーク　70

概要　70

### 1　hand-in-hand ちばの取り組みから　72
移住労働者と連帯する全国ネットワークへの参加／外国人女性の離婚と子ども／未熟児で

生まれた子ども／学校生活をサポートする／広がる支援への関わり／見えない支えがあって／hand‐in‐handちばがなくなっても

## 2 「ＦＡＨこすもす」の実践から見える在日外国人の生活課題　78
「フレンドシップアジアハウス・こすもす」設立当初の状況／母子寮―母子生活支援施設としての活動―／外国人母子の地域での自立

## 3 顔の見える交流を目指して ―地球市民交流基金 EARTHIAN―　84
団体設立の経緯／これまでの歩み／法人格取得／アルカイールアカデミーとの出会い／職業訓練校建設に向けて・・・同じ時を生きる子どもたちのために／アルカイールアカデミー職業訓練所／現在の主な活動／今後、活動は

## 4 友の会から国際交流協会へ ―四街道市　90
旭公民館主催の国際交流講座(平成9年5月〜平成10年11月)／「四街道国際交流友の会」設立(平成10年10月1日)／「にほんご教室」と「にほんごサロン」の統合(平成11年4月〜平成12年4月)／外国人市民と地域住民との架け橋を目指して(平成12年5月〜平成23年7月)／四街道市国際交流協会へ(平成23年7月〜現在)／課題

## 5 定住外国人の人権を考える市川・浦安の会　98
活動概要／今までの主な活動の歩み

## 6 千葉県国際交流センターの多文化共生に向けた取組み　102
千葉県国際交流センターの役割／多文化共生を取りまく状況／千葉県国際交流センターによる在住外国人支援／千葉県国際交流センターによる在住外国人への日本語指導支援／これからの多文化共生に向けた取組み

## 7 善意通訳としてのまちづくりと支援 ―柏グッドウィルガイド協会―　110
はじめに／「柏グッド」とは ―設立経緯／「柏グッド」の構成／善意通訳活動とは／具体的な活動内容／ボランティアサークルの設立／日本語を母語としない子どもの支援

# 第3章　地域における日本語学習支援の現状と課題　124

概要　124

## 1 地域における日本語教室と日本語ボランティア　126
地域／日本語教育／ボランティア／地域日本語ボランティア教室の現状と問題点／問題点をどのように克服するか

## 2 日本語短期速習講座　多文化共生への窓口　138
はじめに ―短期速習講座とは／提案までの経緯／実践報告／開講後／おわりに

## 3 日本で生活する外国人とともに　148
日本語教室の始まり／ボランティア会の発足／東日本大震災の被害を受けて／その他の活動／今後の取り組み

4 地域に根ざした公民館教室の現状 ―稲浜日本語ボランティアの歩み― 156
はじめに／活動のはじまり／団体活動のはじまり／無断欠席対策／地域日本語教室の使命／張君の死／学習者の為の保険／バス旅行と異文化交流会／研修参加費の半額補助と受講方法／おわりに

## 第4章　学校における日本語を母語としない子どもたちへの支援　164

概要　164

1 千葉県教育委員会の取り組み　166
今までの主な取り組み／現在の主な取り組み

2 千葉市学校派遣日本語指導の会　174
会の設立／活動実績／現状について／今後の課題／行政に望むこと

3 松戸市学校派遣スタッフ　180
日本語支援制度／松戸市の現状／日本語指導スタッフ派遣／事前打ち合わせ会／日本語指導コーディネーター／指導内容／指導の実際／スタッフ研修会／スタッフの採用／課題／最後に

4 柏市学校派遣日本語支援の会　186
当会活動の経緯／会の運営について／高校進学の対応について／房総日本語ボランティアネットワークとの連携

5 船橋市の取り組み　196
取り出し授業の様子／国際理解授業／船橋市内の中学校の実践例／まとめ／『待つこと』が大切

6 夜間中学 ―市川市立大洲中学校夜間学級から　202
資格／高齢の生徒さん／戦争／貧困／交流／引揚者／識字／差別／元不登校／外国籍生徒の受入／日本語／進学／入学条件／「やっと辿り着いた学校」

7 外国人特別入試における市川工業高等学校定時制の取り組みと現状　214
外国人問題に関心を持つようになったきっかけ／本校での外国人特別入試までの状況とその準備／レインボールームの現状とその問題点／本校での日本語教育及び日本語教師問題／その他の取り組みと今後の課題

## 第5章　地域における日本語を母語としない子どもたちへの支援　222

概要　222

1 地域で支える外国人の子どもたち　224
はじめに／スタート時集まったのは小学生 ―日本語を教えようと、子どもたちの前に立ったのにみんな上手に話している！―／自我に目覚める時期の中学生 ―外国人の子どもには

日本語の生活言語能力と学習言語能力をつける―／進路希望も多様 ―そんなあまいこと言わないでよ！という中３―／共生に向けて

## 2　千葉市土曜学級　230
「土曜学級」とは／開設の背景／開設に至るまで／「土曜学級」の誕生／第２期以降／高校受験を目前にしての編入や既卒者のケース／中国帰国家族以外の受け入れ／非正規滞在者の問題／幼児や成人の受け入れ／成果と課題

## 3　センシティ土曜にほんご学級　238
設立の経緯／活動状況／課題と展望／終わりに

## 4　地球っ子プロジェクト　248
はじめに／発足の経過／現在の活動の様子／受講生（外国人児童生徒）の概要／日本語支援（授業）の実際／成果と課題／おわりに

## 5　八千代市村上地区のこども日本語教室　256
サバイバル日本語講座と子供教室開設／2009年度／2010年度／2011年度／関連する活動について／終わりに

## 6　日本語を母語としない親と子どもための進路ガイダンス　268
経緯／ガイダンス参加者数と近年の特徴／ガイダンスの内容／進路ガイダンスの諸効果／進路ガイダンスの課題と今後／最後に

# 終章　多文化共生のまちづくりと外国人住民の学習権保障をめぐる課題　274

はじめに ―あらためて識字概念を問う―／子どもの権利条約と子どもの学習権保障をめぐって／外国籍住民の学習権保障をめぐる国際的動向／多文化共生のまちづくりと外国籍住民の学習権保障をめぐる課題

# コラム

・日本に来て　45
・日本とペルー　121
・名前の重み　173
・外国人生徒と中学校　221
・ぼくの大せつな物　229
・日本語を母語としない親と子どものための進路ガイダンス　267

# 千葉県内市町村マップ

千葉県54市町村（36市17町1村）（平成22年3月31日現在）

# 第1章

# 多文化・多民族の視点から見た千葉

## 概要

　第1章の7つの節では、千葉県内に在住、就労、就学する外国人のおかれた状況を、いくつかのテーマ（専門分野）に分けて論じる。

　第1節（福田論文）では、県内の外国籍住民に関する行政刊行物等を紹介し、在留外国人統計から県内の全体像を大まかに把握する。特に第2～5節が出身国／地域別に外国人コミュニティの特徴を描き出していくので、それらに関連する統計も提示している。

　第2節（周論文）では、県内外国人登録者数第1位の中国人を取り上げる。「教育」と「家族」というキーワードから、千葉県と東京都の各2事例を紹介しつつ、「家族」の在り方が「教育」によって大きな影響を受ける側面を指摘する。

　第3節（奥島論文）では、県内外国人登録者数第5位のブラジル人と第6位のペルー人をはじめとする南米出身者を取り上げている。「地域社会」を切り口として、八千代市の大型公営団地が外国人集住地域となった経緯、地域の取り組みや課題を紹介する。

　第4節（寺田論文）では、県内外国人登録者数第3位のフィリピン人を取り上げている。「宗教」をテーマとして、千葉県内の6つのカトリック教会の事例から、既存の施設を利用しつつ独自の祭りの導入など宗教活動を展開させてきた様子を紹介する。

第5節（福田論文）では、県内外国人登録者数は少ないものの、独自のコミュニティを形成してきた外国人ムスリムを取り上げている。「宗教」をテーマとして、千葉県内の2つのイスラーム団体の事例から、ニューカマーが自ら礼拝施設を増やした経緯を探る。

　第6節（見城論文）では、留学生とかつての就学生を併せた新たなカテゴリーである「留学生」を取り上げている。全国もしくは千葉県内の留学生にみる特徴を概観したのち、2008年に発表された「留学生30万人計画」を受けた課題について論じている。

　第7節（廣瀬論文）は、県内の状況から少し離れて、外国人にかかわる「法的諸問題」を概説する。弁護士としての経験から、外国人から相談を受けることの多い項目を網羅的に整理しており、一般市民が生活相談に対応する際の予備知識を提供している。

　以上のとおり、第2章以降が各地域における具体的な活動事例の紹介になるのに対し、第1章はその前提となる社会的背景をテーマ別に捉えることを目的としているので、最初にざっと目を通して頂いても良いし、第2章以降の事例を読んだ後に改めて興味のある所に戻って読んで頂いても良いだろう。また県内外国人登録者数第2位の韓国・朝鮮人、第4位のタイ人について、第1章では取り上げることができなかったので、第2章以降の該当部分を参照していただきたい。

福田友子（千葉大学）

# 1 千葉県における「内なる国際化」と外国籍住民の状況

## 1 千葉県における「内なる国際化」

　千葉県は、成田市に「成田国際空港（旧称・新東京国際空港）」を擁し、また湾岸部6市に渡って「千葉港」という特定重要港湾を持つ、日本の国際ビジネスの窓口である。在留外国人登録者数も全国6位と、決して少ないわけではない。にもかかわらず、千葉県および県下の各市区町村の施策は「内なる国際化」、「地域の国際化」、「多文化共生」といったキーワードから縁遠いものである。

　筆者は2000年代前半に横浜市・川崎市で国際化施策と市民活動について調査した経験を持つが、その時の率直な印象は、「千葉県の状況は、神奈川県のそれに比べてかなり遅れている」というものであった。とはいえ、千葉県内の外国籍住民に関する調査研究がまったく蓄積されていないわけではない、ということを最初に指摘しておきたい。行政主導の実態調査報告書、大学の共同研究グループや学生が授業の一環として作成した調査報告書[1]、大学院生の学位論文、ボランティア団体の活動報告[2]等、非公式なものも含めて研究成果は多数見受けられるのである。そこでまずは、一般市民が入手しやすいにもかかわらず、あまり注目されることのない千葉県内の外国籍住民に関する行政側の刊行物や調査報告書を整理してみよう。

## 2 「内なる国際化」と千葉県内の行政刊行物および施策

　地方自治体の国際化推進を目的として1988（昭和63）年に設立された（財）自治体国際化協会（以下、CLAIRと略す）のHPの資料検索機能を利用して、千葉県内の刊行物を並べてみよう[3]。まず千葉県側の行政文書として重要なものは、2010年3月に決定された『輝け！ちば元気プラン──千葉県総合計画』であろう[4]。第3章第2節第Ⅰ項の3-①には「国際交流・多文化共生の推進」という項目があり、その中の「主な取組」に2「外国人県民にも暮らしやすい地域づくり」、3「多様な文化を認め合う国際社会の担い手の育成」という項目がある（千葉県 2010：100-102）。「内なる国際化」に関連する個所がわずか2項目、その説明も十数行しかないのは残念である。またその内容（たとえば多言語による情報提供など）が具体的な行政施策において、どの程度まで反映されてきたのか今後の検証が必要であろう。

　また千葉県は過去に外国人労働者に関する実態調査も試みている。たとえば千葉県商工労働部労政課『外国人労働者雇用実態調査報告書』(1990)、千葉県商工労働部『外国人労働者雇用実態調査』(1994) などである。これらは千葉県内で雇用されている外国人労働者の就労実態を明らかにすることを目的とした調査であった。

　さらに「千葉県国際政策推進プラン」を担当してきた千葉県総合企画部政策推進室国際政策グループも、いくつかの行政資料を作成している。たとえば1996年には、1996（平成8）〜2000（平成

12)年度の5年間を対象期間とした『千葉県国際化推進プラン』を公表した。1999年には、『千葉県における国際化の状況──グローバルちばをめざして』を刊行している。

加えて千葉県総合企画部企画調整課は、2002年に『千葉県国際政策基礎調査結果』(2002(平成14)年2月4日発表)を発行している。これは「千葉県国際政策推進プラン」(2002(平成14)年度公表予定)を策定するに当たり、その基礎資料とするため、県民、在住外国人、留学生、国際交流・協力団体を対象とした、4つの調査・アンケート(「県民国際化意識調査」、「外国籍県民生活アンケート」、「留学生生活アンケート」、「民間国際交流・協力団体活動実態調査」)を実施した結果をまとめたものであったが、その後知事の交代等で県政方針が変わり、結局「千葉県国際政策推進プラン」は策定されなかった[5]。

では千葉県下の市区町村の場合はどうだろうか。千葉市の場合は、『千葉市国際協力推進大綱』(千葉市総務局市長公室国際交流課 1996)という刊行物がある。さらに2001年には『千葉市国際化推進基本計画』を策定している。これは「地域に根ざした真の国際都市」を目指し、2001(平成13)～2010(平成22)年度までの10年間に取り組む中長期的な計画を定めたものであり、千葉市はこの計画に基づき、総合的・計画的な国際化施策を推進してきたとしている。

八千代市の場合は2010(平成22)～2014(平成26)年の5年間を対象期間とした『八千代市多文化共生プラン』がある。また市川市の場合は『いちかわ国際化施策推進プラン』(市川市市長公室国際交流課 1998)、浦安市の場合は『あなたにもできる国際交流・国際協力──浦安市内ボランティアグループ紹介』(浦安市総合政策部国際交流課 2000)、松戸市の場合は『2000年 そして未来へ──MIEA 10周年記念誌』((財)松戸市国際交流協会 2000)といった刊行物がある。

またCLAIRのHPの検索機能ではヒットしなかったが、千葉市の場合、総務局市長公室国際交流課が『外国人意識調査報告書』(1994)と、『千葉市在住外国人意識調査報告書』(1999)を刊行している。後述の通り市川市は『国際化に関する市民意識調査』(1995)を刊行している。そのほかにも「千葉県内図書館横断検索」[6]では、『茂原市の国際化に関する調査研究報告書』(茂原市国際化調査研究委員会 1992)、『国際化基礎調査報告書』(袖ケ浦市企画財政部企画課 1994)、『国際化に関する市民意識調査報告書』(浦安市総合政策部国際交流課 2000)、『松戸市の国際化に関するアンケート調査報告書』(松戸市市民環境本部企画管理室文化国際担当 2002)、『国際化に関する市民アンケート報告書』(印西市企画財政部企画政策課 2009)、『浦安市国際化についてのアンケート調査報告書』(浦安市市民経済部地域ネットワーク課 2010)の刊行が確認できた。

このように千葉県および千葉県下の市区町村は、「内なる国際化」に関する刊行物や調査報告書をいくつか作成してきたことが分かる。しかしながら、これらの刊行物は千葉県内の人々に有効に活用されてきたのであろうか。また具体的な行政施策にどのように反映されてきたのだろうか。今後の検討が課題となる。

次に自治体の行政施策に注目してみよう。千葉県では2004年から「千葉県国際交流・多文化共生モデル事業」が実施された。「多文化共生モデル事業」は2004～2006年で終了したが、「国際協

力モデル事業」はその後も継続して行われている。また 2009 〜 2010 年には「千葉県多文化共生社会づくり推進モデル事業」が実施され、その成果の一部は調査報告書にまとめられた[7]。さらに 2010 年度には「外国人県民懇談会 in やちよ」と「多文化共生社会づくりネットワーク会議」いう事業も実施されている。とはいえこれらの事業の背景には、千葉県警察本部の外国人集住地域総合対策[8]の動きもあるので、そうした側面にも注意する必要があるだろう。

　千葉県下の市区町村でも、実は各自治体でそれぞれ独自の取り組みが見られる。千葉県が取りまとめた「市町村における国際化施策の実施状況」(2009 (平成 21) 年 10 月調査) によると[9]、外国人会議・懇談会の設置 (5 市)、多言語による外国人相談業務 (14 市)、外国人児童のための支援 (14 市町)、災害時の外国人への支援 (16 市町)、多言語による生活ガイドの作成・配布 (22 市町) といった施策が紹介されている。

　このように「内なる国際化」関連施策は、千葉県内でも予想以上に増えてきたようである。しかしながら身近な窓口対応を見ても、外国籍住民に対してこれといって特別な便宜がはかられるようになったとは思えない。これは行政側の広報不足によるものかもしれないが、行政側の施策と外国籍住民側のニーズが一致していないという別の可能性も考えられるだろう。特に震災後は行政の多言語対応の整備が各地で急務とされており、千葉県内の今後の施策が注目される。

## 3　千葉県および市区町村における在留外国人統計

　次に千葉県における外国籍住民の状況を把握する前提として、千葉県の在留外国人統計の特徴を概観してみたい。法務省統計によると、2010 年末現在の千葉県の外国人登録者数は、全国 6 位である (表 1-1-1)。全国での構成比をみるとその割合はわずか 5%程度にすぎないが、対前年末増減数をみると 2008 年末は 5.9%増、リーマンショックの影響が出始めた 2009 年末も 3.9%増と、上位 6 県の中でトップであった。この時期の千葉県は、東京都と並び不況が始まっても外国人数が増加するという特徴を示していた。リーマンショックの影響がはっきり出た 2010 年末の外国人数はさすがに減少したものの、全国平均で 2.4%減の中で 1.3%減を維持している。

表1-1-1　都道府県別外国人登録者数の推移

| | 都道府県 | 2006 外国人数(人) | 2007 外国人数(人) | 2007 対前年末増減数(%) | 2008 外国人数(人) | 2008 対前年末増減数(%) | 2009 外国人数(人) | 2009 対前年末増減数(%) | 2010 外国人数(人) | 2010 対前年末増減数(%) | 構成比(%) |
|---|---|---|---|---|---|---|---|---|---|---|---|
| | 全国総数 | 2,084,919 | 2,152,973 | 3.2 | 2,217,426 | 2.9 | 2,186,121 | △1.4 | 2,134,151 | △2.4 | 100 |
| 1 | 東京都 | 364,712 | 382,153 | 4.6 | 402,432 | 5.0 | 415,098 | 3.1 | 418,012 | 0.7 | 19.6 |
| 3 | 大阪府 | 212,528 | 211,758 | △0.4 | 211,782 | 0.0 | 209,935 | △0.9 | 206,951 | △1.4 | 9.7 |
| 2 | 愛知県 | 208,514 | 222,184 | 6.2 | 228,432 | 2.7 | 214,816 | △6.3 | 204,836 | △4.9 | 9.6 |
| 4 | 神奈川県 | 156,992 | 163,947 | 4.2 | 171,889 | 4.6 | 173,039 | 0.7 | 169,405 | △2.1 | 7.9 |
| 5 | 埼玉県 | 108,739 | 115,098 | 5.5 | 121,515 | 5.3 | 123,600 | 1.7 | 123,137 | △0.4 | 5.8 |
| 6 | 千葉県 | 100,860 | 104,692 | 3.7 | 111,228 | 5.9 | 115,791 | 3.9 | 114,254 | △1.3 | 5.4 |

出典) 法務省『在留外国人統計』各年版 (各年末現在) より算出

ところが、総人口に占める外国人の割合（以下、外国人比率と呼ぶ）を見ると（表1-1-2）、3%台を維持する東京都、2%台の愛知県、大阪府に比べて、1%台とそれほど比率が高くないことが分かる。神奈川県、埼玉県と並び、外国人登録者数は多いものの外国人比率がそれほど高くない、というのが千葉県の特徴であると言えよう。

表1-1-2　都道府県別外国人登録者数と外国人比率

| | 都道府県 | 2006 外国人数(人) | 2006 外国人比率(%) | 2007 外国人数(人) | 2007 外国人比率(%) | 2008 外国人数(人) | 2008 外国人比率(%) | 2009 外国人数(人) | 2009 外国人比率(%) | 2010 外国人数(人) | 2010 外国人比率(%) | 都道府県別人口(人) |
|---|---|---|---|---|---|---|---|---|---|---|---|---|
| | 全国総数 | 2,084,919 | 1.63 | 2,152,973 | 1.68 | 2,217,426 | 1.73 | 2,186,121 | 1.71 | 2,134,151 | 1.67 | 128,057,352 |
| 1 | 東京都 | 364,712 | 2.77 | 382,153 | 2.90 | 402,432 | 3.06 | 415,098 | 3.15 | 418,012 | 3.18 | 13,159,388 |
| 3 | 大阪府 | 212,528 | 2.40 | 211,758 | 2.39 | 211,782 | 2.39 | 209,935 | 2.37 | 206,951 | 2.33 | 8,865,245 |
| 2 | 愛知県 | 208,514 | 2.81 | 222,184 | 3.00 | 228,432 | 3.08 | 214,816 | 2.90 | 204,836 | 2.76 | 7,410,719 |
| 4 | 神奈川県 | 156,992 | 1.74 | 163,947 | 1.81 | 171,889 | 1.90 | 173,039 | 1.91 | 169,405 | 1.87 | 9,048,331 |
| 5 | 埼玉県 | 108,739 | 1.51 | 115,098 | 1.60 | 121,515 | 1.69 | 123,600 | 1.72 | 123,137 | 1.71 | 7,194,556 |
| 6 | 千葉県 | 100,860 | 1.62 | 104,692 | 1.68 | 111,228 | 1.79 | 115,791 | 1.86 | 114,254 | 1.84 | 6,216,289 |

出典）法務省『在留外国人統計』各年版（各年末現在）、平成22年度国勢調査の都道府県別人口統計速報値（2010年10月1日現在）より算出
注）網掛けは外国人比率2%以上のセル

都道府県別×国籍（出身地）別外国人登録者数を見てみると（表1-1-3）、千葉県は他の都道府県に比べて、中国、フィリピンの割合が若干高く、ブラジルの割合が低いという特徴を持つ。また全国平均よりも韓国・朝鮮の割合が低い。これは「在日コリアン」が少ないことを意味するのだろうか。それともニューカマーの韓国・朝鮮人が少ないのだろうか。

そこで都道府県別×在留資格別外国人登録者数を見てみると（表1-1-4）、特別永住者（国籍不問）

表1-1-3　都道府県別×国籍（出身地）別外国人登録者数

| | 都道府県 | 外国人総数 | 中国 外国人数(人) | 中国 割合(%) | 韓国・朝鮮 外国人数(人) | 韓国・朝鮮 割合(%) | ブラジル 外国人数(人) | ブラジル 割合(%) | フィリピン 外国人数(人) | フィリピン 割合(%) | ペルー 外国人数(人) | ペルー 割合(%) | 米国 外国人数(人) | 米国 割合(%) | その他 外国人数(人) | その他 割合(%) |
|---|---|---|---|---|---|---|---|---|---|---|---|---|---|---|---|---|
| | 全国総数 | 2,134,151 | 687,156 | 32.2 | 565,989 | 26.5 | 230,552 | 10.8 | 210,181 | 9.8 | 54,636 | 2.6 | 50,667 | 2.4 | 334,888 | 15.7 |
| 1 | 東京都 | 418,012 | 164,201 | 39.3 | 112,881 | 27.0 | 3,808 | 0.9 | 30,614 | 7.3 | 2,164 | 0.5 | 17,868 | 4.3 | 86,401 | 20.7 |
| 2 | 大阪府 | 206,951 | 51,056 | 24.7 | 126,511 | 61.1 | 3,348 | 1.6 | 6,081 | 2.9 | 1,238 | 0.6 | 2,485 | 1.2 | 16,141 | 7.8 |
| 3 | 愛知県 | 204,836 | 47,454 | 23.2 | 39,502 | 19.3 | 58,606 | 28.6 | 26,185 | 12.8 | 7,706 | 3.8 | 2,445 | 1.2 | 22,850 | 11.2 |
| 4 | 神奈川県 | 169,405 | 56,095 | 33.1 | 33,541 | 19.8 | 11,166 | 6.6 | 18,047 | 10.7 | 7,756 | 4.6 | 5,031 | 3.0 | 37,694 | 22.3 |
| 5 | 埼玉県 | 123,137 | 48,419 | 39.3 | 19,473 | 15.8 | 10,462 | 8.5 | 16,675 | 13.5 | 4,371 | 3.5 | 1,804 | 1.5 | 21,852 | 17.7 |
| 6 | 千葉県 | 114,254 | 45,427 | 39.8 | 18,395 | 16.1 | 4,973 | 4.4 | 16,870 | 14.8 | 3,458 | 3.0 | 2,093 | 1.8 | 22,960 | 20.1 |

出典）法務省『在留外国人統計』平成23年版（2010年末現在）より算出
注）網掛けは割合が特に高いセル

の全国平均は18.7%だが、千葉県では7.8%にすぎないことが分かる。したがって千葉県内における韓国・朝鮮人数が少ない理由の一つとして、「在日コリアン」が少ないことが挙げられそうである[10]。

その他の在留資格を見てみると、全国平均よりも「日本人の配偶者等」と「家族滞在」が若干高いが、それ以外にこれといった特徴は見られない。東京都は「留学」と「家族滞在」、大阪府は「特別永住者」、愛知県は「定住者」が高いといった特徴を持つのに対し、神奈川県、埼玉県、千葉県の在留資格の

特徴は比較的全国平均に近いものであると言えよう。

続いて千葉県内の市区町村における在留外国人統計を見てみよう（表1-1-5）[11]。千葉市（総数

表1-1-4 都道府県別×在留資格別外国人登録者数

| | 都道府県 | 外国人総数 | 永住者 外国人数(人) | 永住者 割合(%) | 特別永住者 外国人数(人) | 特別永住者 割合(%) | 留学 外国人数(人) | 留学 割合(%) | 日本人の配偶者等 外国人数(人) | 日本人の配偶者等 割合(%) | 定住者 外国人数(人) | 定住者 割合(%) | 家族滞在 外国人数(人) | 家族滞在 割合(%) |
|---|---|---|---|---|---|---|---|---|---|---|---|---|---|---|
| | 全国総数 | 2,134,151 | 565,089 | 26.5 | 399,106 | 18.7 | 201,511 | 9.4 | 196,248 | 9.2 | 194,602 | 9.1 | 118,865 | 5.6 |
| 1 | 東京都 | 418,012 | 93,975 | 22.5 | 48,758 | 11.7 | 68,259 | 16.3 | 35,073 | 8.4 | 21,948 | 5.3 | 44,584 | 10.7 |
| 2 | 大阪府 | 206,951 | 36,648 | 17.7 | 104,303 | 50.4 | 15,065 | 7.3 | 11,759 | 5.7 | 10,166 | 4.9 | 5,933 | 2.9 |
| 3 | 愛知県 | 204,836 | 70,234 | 34.3 | 33,105 | 16.2 | 9,285 | 4.5 | 17,296 | 8.4 | 29,103 | 14.2 | 8,284 | 4.0 |
| 4 | 神奈川県 | 169,405 | 55,734 | 32.9 | 20,515 | 12.1 | 12,993 | 7.7 | 19,636 | 11.6 | 14,275 | 8.4 | 11,937 | 7.0 |
| 5 | 埼玉県 | 123,137 | 39,604 | 32.2 | 9,838 | 8.0 | 10,928 | 8.9 | 14,900 | 12.1 | 13,104 | 10.6 | 8,315 | 6.8 |
| 6 | 千葉県 | 114,254 | 33,412 | 29.2 | 8,908 | 7.8 | 10,188 | 8.9 | 14,290 | 12.5 | 10,224 | 8.9 | 8,905 | 7.8 |

出典）法務省『在留外国人統計』平成23年版（2010年末現在）より算出
注）網掛けは割合が特に高いセル

22,049人）は千葉県内で最も外国人登録者数が多い市であるが、本稿では区ごとの特徴を捉えるため区単位に分割して掲載した。この場合、千葉県内で最も外国人登録数が多いのは市川市であり、中国とその他の実数が多いという特徴を持つ。第2位は松戸市で、中国とフィリピンの実数が多い。第3位は船橋市で、松戸市に似た特徴を持つが、フィリピンの割合は少ない。第4位は千葉市美浜区で、中国の割合と外国人比率が飛びぬけて高いのが特徴である。第5位の柏市は、逆に外国人比率がかなり低い。第6位の千葉市中央区は、韓国・朝鮮の割合がかなり高い。第7位の市原市は、フィリピンの実数と割合が多い。第8位の八千代市は、ブラジルの実数と割合が飛びぬけて多く、ペルーの実数と割合も比較的多い。第9位の浦安市はアメリカの割合が高い。第10位の千葉市稲毛区は千葉県平均と近いが、その他の割合が比較的多い。これら各市・区の特徴は、それぞれの地域の経済特性を反映したものであると推測できる。

表1-1-5 千葉県内の市区町村における在留外国人統計

| | 市・区 | 総数 | 中国 外国人数(人) | 中国 割合(%) | 韓国・朝鮮 外国人数(人) | 韓国・朝鮮 割合(%) | ブラジル 外国人数(人) | ブラジル 割合(%) | フィリピン 外国人数(人) | フィリピン 割合(%) | ペルー 外国人数(人) | ペルー 割合(%) | 米国 外国人数(人) | 米国 割合(%) | その他 外国人数(人) | その他 割合(%) | 市区町村別人口(人) | 外国人比率(%) |
|---|---|---|---|---|---|---|---|---|---|---|---|---|---|---|---|---|---|
| | 千葉県 | 114,254 | 45,427 | 39.8 | 18,395 | 16.1 | 4,973 | 4.4 | 16,870 | 14.8 | 3,458 | 3.0 | 2,093 | 1.8 | 22,960 | 20.1 | 6,217,119 | 1.84 |
| 1 | 市川市 | 12,867 | 5,802 | 45.1 | 1,694 | 13.2 | 184 | 1.4 | 1,430 | 11.1 | 322 | 2.5 | 210 | 1.6 | 3,225 | 25.1 | 474,926 | 2.71 |
| 2 | 松戸市 | 11,950 | 5,922 | 49.6 | 1,873 | 15.7 | 125 | 1.0 | 1,750 | 14.6 | 143 | 1.2 | 136 | 1.1 | 2,001 | 16.7 | 484,639 | 2.47 |
| 3 | 船橋市 | 11,805 | 6,002 | 50.8 | 1,876 | 15.9 | 547 | 4.6 | 1,136 | 9.6 | 218 | 1.8 | 212 | 1.8 | 1,814 | 15.4 | 609,081 | 1.94 |
| 4 | 美浜区 | 6,005 | 4,629 | 77.1 | 465 | 7.7 | 30 | 0.5 | 224 | 3.7 | 19 | 0.3 | 96 | 1.6 | 542 | 9.0 | 150,294 | 4.00 |
| 5 | 柏市 | 5,778 | 2,333 | 40.4 | 1,188 | 20.6 | 127 | 2.2 | 733 | 12.7 | 122 | 2.1 | 135 | 2.3 | 1,140 | 19.7 | 404,079 | 1.43 |
| 6 | 中央区 | 5,728 | 2,210 | 38.6 | 1,828 | 31.9 | 65 | 1.1 | 837 | 14.6 | 28 | 0.5 | 87 | 1.5 | 673 | 11.7 | 199,448 | 2.87 |
| 7 | 市原市 | 5,061 | 837 | 16.5 | 832 | 16.4 | 594 | 11.7 | 1,574 | 31.1 | 298 | 5.9 | 55 | 1.1 | 871 | 17.2 | 279,601 | 1.81 |
| 8 | 八千代市 | 4,035 | 756 | 18.7 | 416 | 10.3 | 1,048 | 26.0 | 505 | 12.5 | 500 | 12.4 | 51 | 1.3 | 759 | 18.8 | 189,789 | 2.13 |
| 9 | 浦安市 | 3,561 | 1,436 | 40.3 | 653 | 18.3 | 66 | 1.9 | 366 | 10.3 | 18 | 0.5 | 214 | 6.0 | 808 | 22.7 | 164,878 | 2.16 |
| 10 | 稲毛区 | 3,427 | 1,558 | 45.5 | 556 | 16.2 | 42 | 1.2 | 297 | 8.7 | 43 | 1.3 | 52 | 1.5 | 879 | 25.6 | 157,811 | 2.17 |

出典）法務省『在留外国人統計』平成23年版（2010年末現在）、平成22年度国勢調査の千葉県市区町村別人口統計速報値（2010年10月1日現在）より算出
注）網掛けは実数・割合が比較的多いセル

## 4 地域史に見る外国籍住民のコミュニティ形成

では千葉県内における外国籍住民の状況や地域社会でのコミュニティ形成を、地域史はどう捉えてきたのだろうか。『千葉県の歴史（別編地誌2地域史）』（千葉県史料研究財団 1999）を見ると、外国籍住民や「内なる国際化」に触れた記述はごくわずかしかない。しかしながら、市川市と千葉市について貴重な記述が見られるため、最後にそれを紹介しておこう[12]。

『千葉県の歴史』が編纂された1997年当時、県内の外国人登録者数では第1位千葉市（10,868人）、第2位市川市（7,596人）で、2010年末現在の約半数であった（千葉県史料研究財団 1999:145-147）。また外国人比率では、第1位市川市（1.72％）、第2位浦安市（1.69％）、第3位八千代市（1.41％）で、2010年末現在の第1位市川市（2.72％）、第2位松戸市（2.47％）、第3位千葉市（2.29％）と比べると2位以下が変動している。一方で市川市は1990年代からすでに、外国人登録者数でも外国人比率でも県内で上位にくる自治体であったことが分かる。とはいえ外国人登録者数が急増する以前の1985年当時、市川市の外国籍住民の大半は「在日コリアン」であり、外国人居住地域は総武線や京成電鉄沿いの地域に限定されていた。しかしながら1997年当時は、多様な国籍の人々が市内全域で増加しており、特に行徳地区での増加が著しかった。行徳地区に外国人が集住した背景としては、①行徳地区の交通アクセスの良さ、そして②他地域に比べて相対的に低価格な住宅物件の存在が指摘されている。

さらに1995年に市川市が発行した『国際化に関する市民意識調査』によると（千葉県史料研究財団 1999: 146）、外国人が市川市を居住地として選択した理由は、①交通の便の良さ（29.9％）、②婚姻や社宅への入居などあらかじめ住居が決まっていた（22.0％）、③家賃が安い（17.8％）、④近くに同国人の知人が多い（11.0％）となっており、市川市内に外国人コミュニティが形成され始めた可能性も指摘されている。

一方で千葉市の場合、外国人の居住地区は市の中心部から北側に多かった（千葉県史料研究財団 1999: 118）。その分布を見ると、まずは①稲毛区小仲台周辺に集住が見られる。稲毛区小仲台には千葉大学の留学生寮があり、その周辺に留学生が集住する傾向にあるからである。②美浜区の京葉線沿線の中高層住宅にも集住が見られる。この地区は新興住宅地であり、伝統的な社会規制が存在しない上、東京への通勤にも便利な地域である。また賃貸住宅が比較的多く、特に公営賃貸住宅地区は、中国帰国者とその家族を受け入れている。③市中心街の北西側に隣接する中央区祐光を中心に若葉区北東部へ延びる一帯にも集住が見られる。特に女性の比率が高く、それは中央区栄町（後述）に近く、公共交通機関の路線で直接結ばれているのが要因となっている。さらに④花見川・稲毛・若葉各区にまたがる市北部の陸軍下志津演習場跡地に展開する工業地域にも集積が見られる。ここは男性の比率が高い。

さらに千葉市の場合、中央区栄町が「コリアタウン」として有名である（千葉県史料研究財団

1999: 118-119)。栄町は千葉県を代表する繁華街であり、南北450m、東西350mの町域に飲食店、ゲームセンター、貴金属専門店などが集積している。北東部の一角には個室付き浴場が集中しており、南東の一角はオフィスビル街となっている。この中に1997年当時は70件以上の韓国・朝鮮系エスニック施設が存在したという。最も多いのは雑居ビルの一室や小規模な平屋の店舗を持つスナック経営で、韓国・朝鮮語の店名やハングル表記の看板も多数見つかる。韓国・朝鮮料理を提供する店は比較的少ない。これらの経営者はオールドカマーである。一方で、食品、雑貨、書籍、音楽ソフトなどを扱う韓国系エスニック・ショップも数件あったという。これらの店員は韓国人ニューカマーであり、顧客も韓国人留学生や日本人消費者など幅が広い。またニューカマー韓国人の集うキリスト教会などもあり、栄町に「コリアタウン」としての諸制度が整っていることは、内外から認識されていたようだ。

## 5 千葉県における「内なる国際化」の課題

　以上見てきたように、千葉県は国際ビジネスの窓口であることもあり、そうした業種に携わる地域住民が多いだけでなく、多数の外国籍住民が居住している。また歴史的経緯から、オールドタイマーと呼ばれる在日コリアンの人々が県内各地でコミュニティを形成してきた。さらにニューカマーの外国籍住民に関する調査研究も着々と蓄積されつつある。しかしながらそうした情報は一部の人々にしか共有されていないのが現状である。

　たとえば近年、市川市とその隣接地域が南アジア系外国人の集住地域として有名になっている。街を歩けば、IT技術者として来日したであろうインド人の家族連れとすれ違うことも多い。また礼拝のために民族衣装を着て集まったパキスタン人やバングラデシュ人の男性の集団を見かけることもあるだろう。また八千代市の団地では、ブラジル人やペルー人といった南米出身者と出会う機会も多く、南米の食材が簡単に手に入る店もある（奥島論文参照）。さらに船橋市の行田団地や千葉市の高洲団地、幸町団地は、中国人入居者が多いことで有名である（朝日新聞記事、2010年1月4日千葉版）。しかしながらこれらの情報は、新聞の地域欄でたまに見かけるか、せいぜい口コミで知る程度であるため、地元の情報に敏感な人たちだけにしか共有されていない。本書の取り上げる事例や情報がより多くの人に共有され、「他の地域に比べて遅れている」千葉の「内なる国際化」が今後少しでも進展するよう願ってやまない。

福田友子（千葉大学）

【注】
(1) 千葉の内なる国際化に関する一般向け入門書としては、たとえば石戸（2009）がある。比較的入手しやすい千葉県内の研究成果としては、千葉県立千葉高等学校国際社会研究会（1998）が挙げられる。その他にも大学と自治体（千葉市）の共同研究事業成果として千葉大学（2010）などがある。
(2) たとえば長澤編（2000），長澤（2003），hand-in-hand ちば（1993）などを参照のこと。
(3) CLAIR 市民国際プラザ HP の「所蔵資料・書籍情報」の「自治体・協会関連資料」より
(http://www.plaza-clair.jp/library/library1.html)（アクセス日 2011 年 11 月 30 日）
(4) 千葉県，2010，『輝け！ちば元気プラン——千葉県総合計画』より (http://www.pref.chiba.lg.jp/seisaku/sougou/sakutei/index.html/)（アクセス日 2011 年 11 月 30 日）
(5) 千葉県『国際政策基礎調査結果概要』より (http://www.pref.chiba.lg.jp/kokusai/enquete/sonohoka/kokusaikankei/gaiyou.html)（アクセス日 2011 年 11 月 30 日）2002 年度にプランが策定されなかった理由については、千葉県総合企画部国際課に問い合わせた（2012 年 5 月 2 日付メール）。
(6) 「千葉県内図書館横断検索」より (http://www.library.pref.chiba.lg.jp/cgi-bin/ilisod/odplus.sh)（アクセス日 2011 年 11 月 30 日）
(7) 神田外語大学多文化共生研究会，2010、『平成 21 年度千葉県庁委託多文化共生推進モデル事業 「県内外国人集住地域の包括的実態把握にむけた予備的研究——八千代市および周辺地域の食料品製造業にみる南米・東南アジア系住民を事例として」成果報告集（2009 年 12 月〜2010 年 2 月）』(http://www.pref.chiba.lg.jp/kokusai/kokusaikouryuu/kokusaishisaku/tabunka/documents/230216ronbun.pdf)（アクセス日 2011 年 11 月 30 日）（所収：奥島美夏他，2010，「特集　千葉県における多文化共生の取り組み——教育支援を中心に」『国際社会研究』、神田外語大学国際社会研究所紀要、創刊号:163-343。）
(8) 詳細は千葉県警察八千代警察署の「外国人集住地域総合対策」の項目を参照のこと。(http://www.police.pref.chiba.jp/police/police_department/yachiyo/foreign_life_area.php)（アクセス日 2011 年 11 月 30 日）
(9) 「市町村における国際化施策の実施状況」（2009（平成 21）年 10 月調査）より (http://www.pref.chiba.lg.jp/kokusai/kokusaikouryuu/kokusaishisaku/h22.html)（アクセス日 2011 年 11 月 30 日）
(10) 千葉県の在日コリアンの状況については、千葉県日本韓国・朝鮮関係史研究会（2001）を参照のこと。
(11) なお、国籍（出身地）の 6 項目は全国での上位 6 ヶ国であり、千葉県のそれとは異なる。千葉県（2010 年末現在）の場合、①中国②韓国・朝鮮③フィリピン④タイ⑤ブラジル⑥ペルーとなる（表 1-5-2 も参照のこと）。
(12) とはいえ他県の地域史においても、外国籍住民の歴史や現況に触れることはごく稀である。わずかながらでも記述があること自体、評価されてよいとも言えよう。

【参考文献】
千葉大学，2010，『外国人市民との共生についての調査・研究・分析——次期国際化推進基本計画の策定にむけて』．
千葉県，2010，『輝け！ちば元気プラン——千葉県総合計画』
千葉県日本韓国・朝鮮関係史研究会，2001，『千葉のなかの朝鮮』明石書店．
千葉県史料研究財団，1999，『千葉県の歴史（別編地誌 2 地域史）』県史シリーズ 37，千葉県．
千葉県立千葉高等学校国際社会研究会，1998，「外国人労働者実態調査 1995 年〜1996 年」駒井洋編『新来・定住外国人資料集成』明石書店．
hand-in-hand ちば，1993，『女性移住労働者の人権と健康に関する事例調査報告——妊娠・出産を中心として』．
石戸光，2009，『千葉の内なる国際化——地域と教育の現場から』千葉学ブックレット千葉の政治経済 1，千葉日報社．
長澤成次編，2000，『多文化・多民族共生のまちづくり——広がるネットワークと日本語学習支援』エイデル研究所．
長澤成次，2003，「日本語ボランティアネットワークの役割と課題」駒井洋編『多文化社会への道』明石書店:173-200．
奥島美夏他，2010，「特集　千葉県における多文化共生の取り組み——教育支援を中心に」『国際社会研究』神田外語大学国際社会研究所紀要・創刊号:163-343．

# 2 外国人は教育に何を求めるか ―中国人ニューカマー家族の事例から考える―

## はじめに

[事例1] リンさん(仮名、以下同)家族には夫婦と3人の娘がいる。父親のリンさんは1986年に留学で来日し、2年後に母親と長女を呼び寄せた。大学院を修了したリンさんは、日本の大手企業に就職し、その間次女と三女が生まれた。順風満帆のリンさん家族に転機が訪れたのは、長女が中学校に進学してからだった。母親は三人の娘を連れて中国に帰ったのである。原因は夫婦関係ではなく、娘たちの教育だった。日本の教育を見捨て、中国に帰国したリンさん夫婦にその原因を尋ねてみると、日本では学校教育の内容は「薄い」こと、塾に通わせると教育費が高いこと、子どもたちが次第に中国語を忘れていること、そして中学生以降男女の交友関係が心配があることを理由として挙げた。

子どもの教育のために、家族の分断や国際間の移動をいとわない気持ちはリンさん家族でなく、多くの中国人ニューカマー(以下特に説明がない限り、「中国人」と呼ぶ)家族に見られることである。外国人児童生徒の教育を考える際に、学校教育が議論の焦点となりがちで、初期の日本語教育や適応指導が注目される。このように家族に視点を変えると、表面化されない多くの問題が見えてくる。

リンさん家族のような事例を、先行研究では「家族の物語」というメタファーから説明している(広田1994、志水他2001など)。「家族の物語」というのは、外国などに移住する際には、主導的な役割をしている家族メンバーがいて、物語の「主役」である。それに同調する「脇役」と場合によって生まれる「犠牲役」がいる。リンさん家族の場合、来日は父親の留学や就職が主たる目的だった。キャリアアップや収入を増やす志向は家族の物語の主たるテーマであり、その場合父親は物語の主人公であった。母親と子どもたちは、この物語の中では否応なしにもとの生活を離れざるを得ない脇役か犠牲者となるわけである。しかし、「家族の物語」は、留学、就職、長期滞在の物語が子どもの教育によって変わる。この場合、子どもが物語の主人公となり、これまでの主人公であった父親は犠牲役となる。

リンさん家族の物語には続きがあった。4年前に長女が大学受験して、日中両方の、どちらも名門と言われる大学に合格したのである。意外なのは、リンさん家族は日本を進学先として選択した。その理由は日本社会の成熟度と、(日本以上の)中国の大学卒業生の就職難であった。この家族の事例からわかるように、国際移民時代における教育は、移住先を判断する重要な指標であり、教育は引き付けるまたは引き離す力を持つソフトパワーなのである。

本稿では、中国人を中心に家族の視点から外国人児童生徒に対する教育事象を検証し、教育に対する彼らが持つ意識と期待、それを実現するための教育資源と教育戦略を記述・分析すると同時に、そこに見られる問題点を指摘し、「共生社会」における教育の在り方について考察していく。

## 1 在日中国人とその教育の概況

　法務省入国管理局によると、2010年現在在留資格を持つ中国国籍保持者は約68万人であり、在日外国人在留資格保持者（同約210万）の約32％を占め、最大グループである。在日中国人は大きく戦前から来日しているオールドカマーと1980年代以降来日したニューカマーに分けられる。

　オールドカマーは「老華僑」とも呼ばれ（以下「華僑」と呼ぶ）、近代以降東京、横浜、阪神、長崎、函館のような旧開港場に移住してきている人たちである。150年以上の歴史を持つ華僑社会は、独自のネットワークと伝統を保持しながら日本社会との共存をはかり、中華街や南京町と呼ばれるチャイナタウンを作ってきた。日本社会に溶け込みながら華僑華人としてのアイデンティティを保持する象徴は、民族学校＝中華学校の存在であった。中華学校は基本的に華僑自身によって自主運営され、カリキュラムの内容は中国（または台湾）と同様なものが多いが、日本の一般学校（いわゆる「一条校」）と同様、国語（中華学校では「日本語」と呼ぶ）、社会などの科目を教えており、卒業生のほとんどは日本の高校に進学している。中華学校は日中、中台関係に翻弄されながら、華僑社会に貢献してきたが、世代が重なることで華僑の日本国籍への帰化が増え、一時入学者の減少が目立った。

　在日中国人の絶対的多数を占めているのはニューカマーである。ニューカマーの来日は1980年代に入って本格的に始まり、その背景には中国側の改革・開放への政策転換というプッシュ要因と、同時期に空前の好景気に沸く日本は10万人の留学生を誘致するプル要因があった。80年代以降に来日した中国人は、華僑に比べて様々な面で特徴を持つ。

　まず、日本の華僑は居住地、職業、中国の出身地域などにおいて比較的に均一であったのに対し、ニューカマーは多様化している。華僑は均一性を持つがゆえに、血縁、地縁、業縁と呼ばれる「三縁」によって独自のネットワークや組織を作ってきたのに対し、多様性を持つニューカマーはそうした傾向が見られない。筆者らが行ってきた調査では、多くのニューカマーの友人ネットワークは同国人、同郷人に限ったものではなく、日本人や職場のネットワーク作りにかなり熱心であることが分かった（王・周2006）。

　ニューカマーが持つもう一つの特徴は高学歴者が多い。前述のように、1980年代来日した彼らの主体をなしていたのは留学生であった。当初の目標を達成した後に、多くの留学生は入管法の改定や日増しに強くなる日中の経済関係を背景に、日本の企業に就職し、滞在を長期化している。元留学生に加え、1990年代以降、IT産業の振興によって、高学歴の技術者も来日した。このように、技術職、専門職に就く人はニューカマーに占める割合は高い。

　日本在住は長期化しているが、流動性も非常に高いのはニューカマーの特徴である。一定年数を超えて日本に居住すると、日本国籍への帰化や永住資格を取得することができる。近年、こうした資格の取得者が増えていることは滞在の長期化を意味していると言える。しかし、資格を取得したからと言って、彼らは日本を唯一の永住地に選んだとは言い難い。坪谷（2010）は先行研究を引用

しつつ、中国人ニューカマーを「永続的ソジョナー」と呼んでいる。この概念は帰国（または第三国）への再移動や母国への執着をありながらも、具体的な移動計画は立っていないと定義されているが、中国人ニューカマーが持つ深層の定住意識を描き出していると言える。

多様性、高学歴、居住が長期化するが高い流動性を持つ。このようなニューカマーの特性は当然子どもの教育に対する彼らの意識に反映する。次は具体的な事例を紹介しつつ、その傾向と問題点を見ていくことにしよう。

## 2　「高い」教育期待

中国人は全体的に教育に対する期待が高く、教育支出も高い。

　[事例2]　リョウ君は現在24歳の大学院生である。彼の教育歴は驚くほど多彩だ。5歳に両親と来日し、幼稚園から小学校3年生の前期まで日本で過ごした。両親は仕事が忙しくなり、また日本の小学校では「遊びが多く、あまり勉強していない」という理由で、リョウ君を中国の祖父母に預け、中国の私立「貴族」学校に入学させた。「貴族」学校は私立のバイリンガル学校で、小学校から英語による主要科目の教授と中国語の学習の他、コンピューターなどの技能演習科目もあり、全寮制である。その費用と入学金は中国人の平均賃金の数倍をするものであった。

　だが、新しい問題も出てきた。そうした環境に育ったリョウ君は金銭感覚が異常であった。ジュース一本を買うのに、中国元で100元（約1200円）を出し、遠く離れて暮らすわが子を思って多額の送金をする親を失望させた。それを変えようと、中学生になったリョウ君を今度はイギリスに送り出した。仲介業者に支払う費用と現地で世話する家族に支払う費用を合わせて一千万円単位となった。イギリスに留学したリョウ君は結局あまりなじめず、滞在先の家族ともトラブルを起し、一年後両親の元に帰ってくることになる。日本ではリョウ君は趣味のアニメ制作に興味を持つようになり、専門学校を志願したが、両親は大学への進学を強く望み、それに妥協して芸術学部がある私立大学に入学した。

リョウ君にかかった教育費用は、両親によると二千万円は下らないという。そんなリョウ君を養っている両親は決して高収入ではなく、また高学歴でもない。リョウ君の父親は中国の文化大革命の時に高卒し、農村に下放した世代である。下放先で同じ都市出身の母親と出会い結婚し、故郷の都市に戻った。その後、たまたま観光に来ていた日本人と知り合いになり、その人が保証人となって来日した。円高の時代にアルバイトと勉強を両方やり遂げ、日本語学校を修了した後に中華レストランのコックとなった。その後、独立して店舗を持つオーナーとなったが、収入は特別に裕福というわけではなく、生活ぶりも非常に倹約である。

リョウ君の両親は中国にいた時、大学に行ける環境ではなかった。だから、その希望を息子に託

している。両親は彼に最高の教育を受けさせようという思いは、値段の「高い」学校へという行動につながった。

リョウ君の事例は決して特殊なケースではない。多くの中国人は子どもには大学やそれ以上の学歴に進んでほしいし、進学先や学校名にも非常に意識している。だが、リョウ君家族同様、その理想を実現する行動が必ずしも適切でない場合がある。正確に言うと行動そのものが適切かどうかというより、その行動を決定する条件に重要な要素が抜け落ちていることがある。それは情報などの教育資源のことである。

## 3 乏しい教育資源とその構造的原因

[事例3]（シさん母親）「（娘の高校受験について）私は何も知らなかった。通っている中学校では成績は上の方で、学校の面談でも先生はいいことしか言わない。私たち夫婦も日本の中学校に行った経験がないから、あまり特別なことはやらなかった。娘もその時には少し反抗的だったので、結局受験のことは彼女自身に任せていた。塾に通った方がいいよって知ったのはたまたま知り合った中国人の親からだった。その子は中1からすでに通っていて、娘は中2の終わりごろからだったから、今考えると娘には悪いことをしたなあと思う時もある。

それでも高校は公立の女子高に受かって、私たちもそれなりに満足していた。高校の成績は学年でもトップレベルなので、大学受験は大丈夫じゃないかと期待したが、結果はだめでした。…学校の先生は『心配ない』と言っていて、それにすっかり信じてしまったのはやはり良くなかったと思う。…娘の教育は失敗だった。私たちにも責任があるが、学校にすべてを任せたのは一番よくなかったと思う。」

中国では受験のことを含めて学校は子どもの教育に主導的、中心的な役割を果たしている。一方、日本では学校と家庭との連携、受験塾の存在など中国と大きく異なる教育事情がある。在日中国人の中には、日本の教育をよく研究し、子どもの進学や受験などに関する情報を熱心に収集している中国人の親も確かに少なからずいる。だが、シ母親のように、十分な理解がないまま後悔してしまう家族は多数いることは事実である。情報に対して敏感であるか否かという側面はあるが、構造的な原因も存在している。

その一つは日中両国において家族の性別役割に対するとらえ方の違いである。性別役割は、たとえば「男は仕事、女は家庭」といった役割期待または「母親は子どもの養育の直接的担い手であり、父親はその行為の経済的基盤の支え手である」といった考え方として反映される。日中両国の性別分業に対する考え方を比べると、日本では伝統的に家事、育児は母親が中心であるという役割期待があるのに対し、中国では仕事、家事、子育てなどの家族を単位とする活動は夫婦が共に担うこと

が基本的である。特に学齢児に対する読み書きの教育活動はむしろ父親の役割として見られることが多い。

　ある中国人の父親は、子どもの小学校入学説明会に出席して非常に驚いたという。学校の体育館をびっしり埋まっているのは、自分以外はほぼ全員女性だった。説明会は平日の勤務時間に設定していることは働く父親を想定していないし、説明会においても学校側はその父親の存在を無視するかのように、「お母さんは」と連呼している。同じことはたとえば塾が家庭と連絡を取る時、保護者会の後の懇親会など、当然のように母親は子どもの教育を管理・監督している担い手である扱いである。子どもの教育に中心的な役割を果たしている母親、その母親たちもまた子どもの教育のために、PTAや地域活動から必要な情報を集める。このスタイルは中国人の母親が理解しないことが多い。

　父親の長期間労働によって、教育を含めた育児全般は母親にかかるという性別分業は、多くの中国人女性にとって受け入れるのに時間がかかる。特に、日本で留学の経験がなく、また就職・就労経験を持たない専業主婦の場合、日本語能力が低いこともあって、日本社会との接点が少なく、必要な情報が欠如していることが多い。

## 4　家族関係から見る日本語教育

　外国人児童生徒の教育を語る際に、まず想起されるのは日本語の問題である。実際、文科省が打ち出している外国人児童生徒に対する教育の柱は、初期の日本語教育とその延長にある適応指導である。果たしてそれがこの問題の核心だろうか。確かに、日本語が唯一の公用語である環境の中で、学校生活や社会生活を問題なく送るのに日本語教育は極めて重要である。しかし、外国人の家庭内部からみた場合、問題はそう単純ではない。

　［事例4］　れいさんは現在11歳、公立小学校に通っている女の子である。父親は技能の在留資格を持ち、中華レストランのコックとして働く。れいさんは小学校三年に母親とともに来日し、公立小学校に編入学した。そこにはれいさん以外に中国人の児童は3人いたが、いずれも日本生まれであまり中国語が話せない。担任も中国語ができないのだが、たまたま事務職員に趣味で中国語を習った人がいて、最初の学校生活、家庭との連絡事項などはその職員の力を借りてなんとかできた。

　小学校には日本語補習も取り出し授業もなかったが、事務職員やボランティアの手伝いがあった。両親もれいさんの日本語学習に熱心に取り組み、家庭教師として中国人留学生を呼ぶなどして積極的であった。れいさんはみるみるうちに日本語が上手になり、一年ほどして日本語で作文できるようになった。学校の連絡事項は自分で親に伝えられるようになり、役所で証明書の発行など日本語が必要な時には、親に代わってやることさえある。日本の学校生活に順調に適応しているれいさんだが、母親は別の心配を抱えるようになり、

筆者に次のように語った。

「私たち（夫婦）はれいを連れてきた当初はやはりすごく心配した。外国人だと、日本の学校でいじめに遭うじゃないかと。幸いなことで、れいは熱心な先生（職員を含む－筆者注）に会って、大きなトラブルがなかった。来日した当初は日本にいたくない、おじいちゃん、おばあちゃんのところに戻りたいと泣いたこともあって、今と比べるとうそのように日本の学校を楽しんでいる。

…私たちは基本的に今の生活に満足しているのだが、これからどのぐらい日本で暮らすかは決まっていない。なので、れいには中国語も忘れないでほしい。中国人なんだから。

…最近れいのことで気になることはやはり中国語が忘れていること。そして中国語で話すのは恥ずかしい。この前、家族で遊びに行って、電車の中で話しかけたら『中国語で言わないで』と怒って言ってきた。しまいに帰りの電車ではわざと遠い席に座って近づこうとしない。家でも中国語で話しかけてもあまり返事がないし、また日本語がまざるようになった。小さい頃からおじいちゃん、おばあちゃんにかわいがられていてよくなついていたが、最近は電話で話すのはめっきり減った。中国語がかなり忘れてしまっているのはやはり寂しい。」

世代間のギャップはれい家族に限ったことではなく、移民家庭を含め一般家庭にもよく見られることである。しかし、一般家庭では修復機能を持つことが多いが、移民・外国人家庭では深刻になるケースがある。

外国人家族を取り巻く環境は非常に複雑である。家庭の中では親が中心となって中国的「文化環境」が形成されるが、一歩外に足を踏み出すと異文化になる。家族メンバーがそれぞれの社会的文脈の中で「適応」をしていくが、そのスピードに差が生まれることが多い。若年世代では、急速に日本語、日本文化に適応していくのに対し、親世代はそれについていけない。こうして家族間のディスコミュニケーションが生まれる。そもそも異文化環境に適応していく中で、精神的・心理的な困難やストレスが発生しやすく、「家族」はそういったカルチャーショックをやわらげる役目をしているのだが、相互のコミュニケーションが疎かになると、それも機能しなくなるおそれがある。

さらに深刻なのは、発達段階にある子どもが抱えるアイデンティティの問題である。この事例のように、親子間の日本語能力の違いによって本来親が担う家族の渉外機能は子どもが変わる現象がある。そうした中で、親に対する尊敬の念が薄らぎ、さらに圧倒的に優位である日本文化に日々接することで、子どもたちは親世代と同一視されること（中国人にみられる）に嫌悪感を覚えたり、自らの文化、出自を自己卑下したりすることで、アイデンティティクライシスを経験することである。この現象自体は移民家族に限定されたものではないが、一般家庭はそれを修復する機能を持っていることが多いのに対し、家庭内の「多文化」環境は深刻な対立を生み出すこともあり、家族が持つ情緒安定機能を損ない、家族としての一体感が失われる事態にもなりうる。

## 終わりに

　ここまで、事例分析を通して中国人家族が抱える教育問題について記述・分析してきた。家族の視点から中国人児童生徒の教育を眺めた本稿の主な内容は次の三点である。

①中国人の国際移住家族は全般的に教育に対する期待度が高く、教育支出も高い。子どもの教育のために、家族の分断や再移住の意思を持つのも少なくない。
②日本という異文化環境に移動する中で家族における性別分業が構造的に変わり、母親の育児・教育に対して過度の期待がかかっている反面、母親の日本語能力、日本社会との接点（ネットワーク）によって獲得できる情報が制約されている。
③家族の視点から文化適応、言語習得の問題について考察すると、異文化環境における世代間のギャップが顕在化する現象が分かる。このような現象は場合によって家族機能の低下を招き、異文化適応過程における家族の連帯感を損なうものとして注意する必要がある。

　以上のことから、外国人児童生徒の教育を考えると、どのような示唆があるか、最後は共生社会における教育の在り方に関連して述べることにする。
　外国人児童生徒に対する文科省や地方の行政機関における取組は、日本人同様の義務教育の無償就学保障や、日本語教育のための増配教員配置など、未だに限られた施策しか行っていないでいる。それは、多くの先行研究に指摘されているように、日本における初中等段階の教育は国民のための教育と定義されているからである。この基本理念の枠内で考えられる外国人生徒児童の教育対策はおのずと補償的なものにならざるを得ない。では、日本語ができる、日本の学校に目立った問題を起こしていないだけでは、「共生社会」の教育目標が達成したと言えるだろうか。上述した事例をみると、ノーと答えざるを得ない。
　外国人教育問題の改善には、たとえば一部の地方自治体や民間団体が行っている母語保持教育の実施に対して、公式に導入するのはどうか、また外国人の親に対して日本語教育のサポートや教育事情の紹介を積極的に実施するのはどうか、といった議論と対策が考えられる。このようなコンセンサスの形成には、帰するところに外国人を一時の「助っ人」とみるか、それとも日本社会の一員として受け入れるかといった外国人政策や国家理念にかかっていると言える。
　21世紀に入って、グローバリゼーションが急速に進み、商品市場をめぐる争奪戦の中、技術とその担い手である人材の確保はますます重要な課題となっている。西欧各国では、従来の国民対非国民という構図から脱却し、デニズン、シチズン、住民という概念を導入して、国民統合と多文化尊重を両輪にシチズンシップ教育が唱えられている。少子化、グローバル化時代において、今はもう一度「共生」を問い直し、外国人政策を根本から練り直す曲がり角に来ていると言える。

＊本稿は、「中国人定住家族の家族関係、役割構造の変容と子どもの教育に与える影響に関する実証研究」（平成17年度～19年度、研究代表周飛帆）、在日中国人の子どもを取り巻く教育環境に関する研究調査」（平成20年度～22年度、研究代表周飛帆）で行った計21の中国人国際移動家族（在日10家族、在日後帰国した4家族、国際結婚4家族、来日後カナダに渡る3家族）に対する4年以上の追跡訪問調査に基づいて書いたものである。

周　飛帆（千葉大学）

【参考文献】

王小沴・周飛帆，2006，「中国人在職者の友人ネットワークに関する調査研究」千葉大学国際教育開発センター紀要『人文と教育』第2号．

志水宏吉・清水睦美，2001，『ニューカマーと教育－学校文化とエスニシティの葛藤をめぐって』明石書店．

周飛帆，2007，「模索するチャイニーズ・ディアスポラ」嶺井明子編著『世界のシティズンシップ教育－グローバル時代の国民／市民形成』東信堂．

周飛帆，2008，「日本における異文化間教育研究とその理論－家族と社会化のパースペクティブ」張佩霞・王詩栄編著『日本語言文化研究』湖南大学出版社．

坪谷美欧子，2010，「滞日中国人による『永続的ソジョナー』アイデンティティの形成」永野武編著『チャイニーズネスとトランスナショナルアイデンティティ』明石書店．

広田康生，1994，「アジア系新移民（Asian American）調査研究の視点－アメリカにおけるエスニック・コミュニティのゆらぎ」奥田道大・広田康生・田嶋淳子『外国人居住者と日本の地域社会』明石書店．

# 3 大型団地にみる日系南米人労働者のコミュニティ ―八千代市の事例から―

## 1 在日外国人住民の集住背景

　千葉県の沿岸工業地域には大型団地（公営住宅）が点在しているが、その多くで少子高齢化に伴う住民の過疎化が進み、製造業の工場が多い地域には90年代以降、外国人住民が急増していった。本稿で取り上げる八千代市でも、日本人住民189,038人（2010年9月末、八千代市2011）の約2.1%にあたる外国人57カ国（無国籍含む）4,054人が、機械・金属・食品加工などの工業団地の周辺に集住している（表1-3-1）。

　八千代市内では、主要幹線に沿って1970年代中頃までに3つの工業団地が建設された。これらの工業団地には市内の212製造業事業所の過半数、従業員約9,000人の8割以上が集中し、総製造品出荷額・付加価値額の9割近くを生み出している（表1-3-2）。特に、食品加工業は付加価値額では市内製造業の首位、製造品出荷額でも金属製品製造業に次いで第2位にあり、19の事業所数に市内総従業員の3分の1以上にあたる3,062人が従事している。これは、コンビニエンスストアやスーパーマーケットで販売する弁当食（おにぎり・総菜も含む）の製造で、調理・盛り付けのほぼ全工程が手作業で行われるためである。その他、カップ麺、パン、菓子などの加工・パッキングも行われている。

　食品加工工場は、工業団地開設以前から操業していた若干の企業を除き、1990年代以降に新設ないし他所から移転されたものである。近年の自動車産業の不況にもあまり影響を受けず、今日では代表的地場産業へと発展した。2つの工業団地の周辺には市内の農家の約3分の1が集中しており、セブンイレブンやam.pmなどへ一日10万食を出荷する工場もある。この年中無休・24時間稼働の職場に外国人労働者が流入したのである。比較的軽作業である食品加工業は日本人・外国人とも女性が中心で、出産・育児に合わせたパート・アルバイトも多かったが、離職・引き抜きが頻繁なため、大手企業が協議して2001年から南米人の直接雇用を開始し、男性や十代の若者も就労するようになっていった。

　外国人労働者は、食品加工工場の多いL工業団地（表1-3-2）に隣接するA地区の大型団地（以下、A団地と呼ぶ）、L・M工業団地の中間にあり賃料の安いD団地、M工業団地に隣接するF団地などに集まっており、資金を貯めると周辺のB地区などのアパートや一戸建てへ移ってゆく。2009年末現在、これら3つの団地の外国人住民は全体の3〜13%以上を占め、他地区の1〜3%未満を大幅に上回っている。なかでも、A団地には市内の4分の1強の外国人が集中しており、外国人登録者1,136人（表1-3-3）に対して、実際の入居者は1,300〜1,500人程と推計される。これは、群馬・茨城・愛知・静岡などとの間を往来する日系南米人労働者が親族・友人宅に身を寄せて職を探したり、市外へ就労・一時帰国する間に又貸しをするためである。2011年3月の東日本大震災後はブラジル人・中国人がやや減ったものの、多くは踏みとどまって働き続けている。

外国人人口からみた八千代市は、千葉県内の上位10自治体に入っているものの、総数に占める割合は4％弱にすぎない。しかし、県内が中国、韓国・朝鮮、フィリピン、タイなどのアジア系を中心としているのに対して、同市ではブラジル人が第1位、ベトナム人が6位の国籍集団という特色がある。これは先述の通り、食品加工工場が安定稼働のために日系南米人社員を導入したことと[1]、付近の瓶缶製造工場でもやはりベトナム人を直接雇用しており、その一部が食品加工工場にも流れて来るようになったためである。この2つの国籍集団は、それぞれの雇用主が借り上げたA・D団地に入居している。南米出身者はブラジル人が中心だが、ペルー、ボリビア、メキシコ、アルゼンチンなどのスペイン語話者を合計すると市内第3位のフィリピン人より多い。

表1-3-1　八千代市の主要国籍集団（2010年末）

| 国籍 | 人数 | 主な在留資格（上位3） |
|---|---|---|
| 総数 | 4,054 | |
| 1. ブラジル | 1,065 | 定住者、日本人の配偶者等、永住者 |
| 2. 中国 | 760 | 永住者、日本人の配偶者等、家族滞在 |
| 3. フィリピン | 512 | 永住者、日本人の配偶者等、定住者 |
| 4. ペルー | 499 | 永住者、定住者、日本人の配偶者等 |
| 5. 韓国 | 389 | 特別永住者、永住者、日本人の配偶者等 |
| 6. ベトナム | 274 | 永住者、定住者、永住者の配偶者等 |
| 7. タイ | 83 | 永住者、日本人の配偶者等、定住者 |
| 8. 米国 | 57 | 人文知識・国際業務、永住者、日本人の配偶者等 |
| 9. インドネシア | 43 | 特定活動、日本人の配偶者等、永住者 |
| 10. バングラデシュ・インド | 各27 | 永住者、家族滞在、定住者・日本人の配偶者等 |

【出典】八千代市2011

表1-3-2　八千代市の製造業と工業団地毎の内訳（2007年値）

| 項目 | 市内合計 | うち3工業団地 小計 | L | M | N |
|---|---|---|---|---|---|
| 製造品出荷額等（円） | 22,219,118 | 19,280,799 | 9,716,763 | 6,852,359 | 2,711,677 |
| 付加価値額（円） | 7,878,711 | 6,741,003 | 2,797,213 | 2,947,137 | 996,653 |
| 事業所数 | 212 | 111 | 29 | 47 | 35 |
| うち 食料品 | 19 | 10 | 6 | 2 | 2 |
| うち 金属製品 | 61 | 32 | 8 | 17 | 7 |
| うち 一般機械 | 44 | 26 | 5 | 8 | 13 |
| 従業員数（人） | 8,923 | 7,452 | 3,713 | 2,681 | 1,058 |

【出典】八千代市総合企画課2009『工業統計調査結果報告書』

表1-3-3 八千代市の地区別外国人人口（2009年11月末）

| 地区 | | 人数 | 主な国籍集団（人数） |
|---|---|---|---|
| 総数 | | 4,188 | |
| うち | A（団地） | 1,136 | ブラジル(695)、ペルー(249)、フィリピン(79) |
| | B | 579 | ブラジル(219)、中国(107)、フィリピン(62) |
| | C | 573 | 中国(155)、韓国(115)、フィリピン(104) |
| | D（団地） | 362 | ベトナム(190)、ペルー(43)、中国(35) |
| | E（団地） | 292 | 中国(78)、フィリピン(62)、韓国(39) |
| | F（団地） | 272 | 中国(103)、ブラジル(54)、ベトナム(31) |

【出典】八千代市内部統計

## 2 食品加工工場の従業員としての生活サイクル

　沿岸工業地帯からやや外れた内陸部の八千代市では、外国人住民の行動範囲が限られており、閉塞感・孤独感を助長しやすい。また、派遣やパートという不安定で転職の絶えない暮らしに伴う精神的負担に加えて、児童の就学問題や離婚・再婚・シングルペアレント化などに悩む家庭も少なくない。外国人集住地域となった上記の3団地にも多様なコミュニティがみられるものの、全般に流動的で相互の連携も希薄である。

　したがって、A団地の外国人住民の日常生活は、職場である食品加工工場と子弟の通う小中学校を中心に回っている。ブラジル人はオルクッチ（インターネット・コミュニティ）を通じて近況や転職情報なども交換している。また、学童も同朋と誘いあって同じクラブ活動や日本語教室に参加したがる傾向にある。ただし、これらは雇用主や学校職員などの日本人が組織・ケアする場であるため、待遇も企業・学校によって差が大きく、転職・転居によって容易に縁が切れてしまう。

　なかでも、日系南米人は日本語の不自由な者が圧倒的多数で、来日手続きから就労後の住居・銀行口座開設・託児・子弟の就学などを雇用主や斡旋（派遣）業者に完全に依存している。子弟たちも高等教育機関へ進学するのはごく一部で、中学卒業後は家族とともに工業団地で働く者も増えている。ブラジルからの直接雇用では、夫婦で採用された場合を除き扶養家族を伴って来日できない、一度離職したら再就職はできないなどの原則があり、経過観察後に定着した従業員には産休や家族呼び寄せが認められる。

　食品加工工場では決められたシフトに毎日出勤できることが重要条件で、始終変化する食材・調

理法・盛り付けなどに対応するため、最低限の日本語読解・ヒアリング力も必要となる。給与は勤務時間が不規則なため、派遣労働でも時給900円前後、残業代も合わせると月25万円になり、社会保険などを引いても手取り22万円程という。きちんとした企業・派遣会社は日本人・外国人従業員によらず労災に入らせ、厚生年金分の積み立ても行っている。また、日本語が上手い者は各部署・ラインのリーダー・チューター、班長・副班長などとして月1～3万円の手当がつく。ただし、月1回の健康診断で問題がみられる場合や、風邪や下痢などの症状があった場合は就労できない。だが、多くの外国人労働者は少々体調が悪くても黙って働こうとする。

　雇用主や斡旋業者にとって一番の問題は従業員の育児・託児である。従業員の多くは成人女性で子供をもつが、外国人は保育所より乳幼児のいる友人宅などに預けることが多く、子供のミルク・弁当も自分で準備しなければならない。託児費は1日5,000円程で、月20日働くと10万円もかかる。小中学校に通う子供が不登校や途中退出でいなくなり、親の職場へ連絡が来て迎えに行かなければならなくなることもある。派遣労働・パートでは急な欠勤が続くと解雇されてしまうので、いくつかの企業・派遣会社では1日1,000円未満～2,000円程度の託児所を開設し、簡単な日本語も教えるなどして安定稼働に努めている。また、休日中の派遣社員にも欠勤者の代行にできるだけ協力してもらい、友人・知人の紹介も奨励している。

## 3 児童の就学状況と学校のとりくみ

　八千代市には中部・北関東のような外国人学校がなく、A・D団地およびB地区に住む外国人労働者の子弟はほぼ全員が地区内の小中学校へ通っている。言語習得で苦戦しているのは、主に日系南米人とベトナム人、そして国籍によらず中学以上になって来日したティーンエイジャーであり、しばしば学校不適応や親の経済事情により不就学・不登校になる。また、親の離婚・再婚で家庭内の言語環境が複雑化したり、親兄弟の就職難などから来るストレス・鬱に影響を受けたりして、深刻なケースに至ることもある。

　市の年齢別外国人統計（09年11月末）によれば、小中学校就学児童にあたる5～9歳と10～14歳の合計は275人だが、市教育委員会の統計では市内小中学校（全33校）に在籍する外国人児童合計は196人であった（表1-3-4）。これらの統計は集計月が異なり、また5年毎の年齢コーホートは本来の就学年齢6～15歳と1年ずれているが、それでも79人もの差が出るとは考えにくいので、少なくともその一部は不就学児童とみてよいだろう。実際、在籍する196人の6割強にあたる123人がA団地のO～Q小学校とR・S中学校、D団地のT・U小学校とV中学校の計8校（Vは実際はB地区にある）に所属しているが、やはり両地区とも就学児童は在住児童より11～12名少ない（表1-3-5）。不就学児童たちは、就労する家族のために家事手伝いをしながら自宅学習をしたり、最寄りの教会・日本語教室などで日本語・母語を習っている。

　また、ブラジル人は本国の義務教育が中学2年生までで、高校へは自分で学費を稼いでから進学

する者も多いため、中学3年生になると欠席しがちになる。アジア人家庭はより教育熱心な傾向にあるが、やはり親の休暇や一時帰国にあわせて児童も欠席し、時には数週間から1か月以上も学校へ戻らない場合もある。その他、日本籍だが帰国子女やフィリピンやタイ、中国などとのダブル（ハーフ）であるために、漢字の読み書きや文章読解などに弱い児童もいる。

　外国人児童数が多く、個人差も大きい小中学校では、学級担任が生徒一人一人の実力を確認し、それに応じた指導をするのは困難で、県・市教育委員会や周辺住民の支援が不可欠になる。A・D団地には県教育委員会が1年契約で採用し主に日本語指導を任せる加配教員（研究加配）と、県・市教育委員会に配置され日本語・生活指導を行う児童（民生）委員[2]が派遣され、「ワールドクラス」（取り出し授業）を受けもっている。外国人児童は入学時に児童委員の作成した試験を受け、それを基にワールドクラスのコマ数や科目を決められる。その他、S中学校ではワールドクラスの一部を市国際交流協会下にある日本語教室に委託している。地元大学の筆者の教え子たちもS中学や日本語教室での同時通訳・指導補助に参加した[3]。

　学習上の問題としては、主に漢字の読み書きや文法用語の難しさ、暗算方式の違いなどがあるが、南米では稀な音楽や体育、教室での着替えや食べ慣れない給食などに抵抗を感じる児童もいる。また、教員がワールドクラスに入れた方がよいと判断したのに対して、保護者が自分の子はすでに日本語ができるので日本人児童と同等に扱うよう要求するケースもある。さらに、勝手に学校を抜け出したり、親の用事の通訳や家族の看病などで早退・欠席などをする児童も多い。教員たちはしばしば家庭を訪れて登校をうながしている。

表1-3-4　八千代市の外国人児童数（2009年4月）

| 地区・学校内訳 | | | 人数 |
|---|---|---|---|
| 市内小学校　小計 | | | 139 |
| 市内中学校　小計 | | | 57 |
| 合計 | | | 196 |
| うち | A団地（78人） | O小学校 | 23 |
| | | P小学校 | 14 |
| | | Q小学校 | 17 |
| | | R中学校 | 9 |
| | | S中学校 | 15 |
| | D団地（45人） | T小学校 | 19 |
| | | U小学校 | 15 |
| | | V中学校 | 11 |

【出典】八千代市教育委員会統計

表1-3-5　A・D団地の外国人児童就学状況　単位:人

| 児童の属性 | | A団地 | D団地 |
|---|---|---|---|
| 在住児童（6～15歳） | | 87 | 54 |
| 就学児童（小・中合計） | | 75 | 43 |
| うち | ブラジル | 38 | 2 |
| | ペルーなどスペイン語圏 | 21 | 10 |
| | ベトナム | 0 | 26 |
| | フィリピン | 12 | 3 |
| | 中国 | 2 | 1 |
| | タイ | 1 | 1 |
| | 韓国 | 1 | 0 |
| その他（日本籍ダブルなど） | | n.d.* | 約20 |

[注]A団地内の「その他」には、P・S2校で15名いるのが確認されている（2009年末）
【出典】「在住児童」は2009年11月末の市統計、「就学児童」は同年12月中盤の各学校統計

表立ったいじめは滅多にないが、グループ学習などで教員や日本人児童が外国人児童との接し方に困り、無理に課題をやらせないよう配慮したことが、かえって疎外していると受け止められることが多い。また、外国人児童も言語上の制約から何かと被害妄想に陥りがちで、例えば日本人児童が「うざい」「キモイ」と口にすると、自分に向けられているのではと傷つく。さらに、中学3年生になると高校受験の準備が学習の中心となり、進学しない外国人児童はクラスから孤立してゆく。早熟な子らは中学生ともなるとお洒落などを始める他、友人のパーティなどで出会いを求めたり、ゲームセンターやコンビニにたむろするようになる。

## 4 コミュニティとネットワーク

生活の中心ではあるが受動的な参加の場である職場と学校に対して、外国人住民のコミュニティやネットワークは①家族・親族、②団地の棟・街区の隣人、③エスニック・ショップ、④諸宗教の礼拝所など、同郷人によるものに偏っている。D団地では日本人・外国人住民が団地自治会を通じて友好関係を築いているが、多くの近隣団地で高齢化・過疎化が進み自治会が機能しなくなっていることを考えると、稀な例といえる。

まず、①の家族・親族は国によらず人間の最少社会単位であるが、特にブラジル人やペルー人は、来日経緯や子弟の教育を語る際、「家族は一緒にいるべきだ」と強調する傾向にある。これは、キリスト教の教えで家族の絆が重視されているためでもあり、また出稼ぎによって夫婦が離婚・浮気をしたり、子供が非行に走ったりする家族崩壊の実例が非常に多いためでもある。だが、親が自分の都合で子らに学校を欠席・早退させる時にも「日本語のできないパパにとってはお前が通訳なんだから、市役所へ一緒に来なさい。今日は学校に行かなくていい」「熱を出しているのはお前の弟だよ、帰って面倒をみなさい」といった言説が聞かれる。こうして児童たちは、家族想いで責任感の強い人間に成長する者がいる一方、学習を阻害され親の家事労働者や留守番役にされる場合もある。

単身赴任や家族の離散も多い外国人労働者にとって、②の隣人は①に準じる存在である。食品加工工場に隣接するA団地の外国人労働者は、単身赴任であれば2人1部屋ないし4〜6人で1軒に入居し、家族連れは基本的に1軒ずつあてがわれる。団地のどの棟・街区に入居するかは空き状況や時期によるが、これが自然にひとつの単位となって人間関係が築かれてゆく。仕事の情報交換をしたり宅配の食糧などを共同購入したりするだけでなく、休暇や一時帰国の際は留守宅の管理を頼んだり、子供がいれば預けたり一緒に通学させたりもする。ポルトガル語圏であるブラジルとスペイン語圏のその他諸国の出身者は、お互いの母語でも日常会話はかなり理解しあえるが、文化や生活習慣が異なるためかえって仲が悪くなることも多い。だが、同一棟・街区の住人は全般に良好な関係を築き、協力し合って暮らしている。

③のエスニック・ショップ（雑貨店・レストランなど）は、国内の主要な外国人集住地域に比べ

ると八千代市にはわずかしかみられない。A・B・D・E団地／地区には1店舗ずつ雑貨店兼軽食スタンドがあり、うち3軒は南米人向けで、1軒がベトナム人向けである。D団地付近にはベトナム人の中古車販売・修理店もある。こうしたエスニック・ショップは、買い物・食事がてら近隣外国人住民との交流をはかる重要な場となっている。夜勤の労働者が不規則な時間に食事に来たり、休暇前夜に集まって憂さを晴らすことも多いので、営業時間が長くなり、DVDや辞書、インターネットやカラオケのコーナー、宅配サービス、旅行業などと多角化してゆく店もある。だが、群馬県大泉町のような日系南米人向けの弁当配達業や学童送迎・託児などのビジネスはまだない。その他、E地区には日本人の経営だが日系南米人数名を受付事務兼通訳として雇っている診療所があり、A・B地区の南米人の大半が治療に通っている。

　八千代市の場合、④は主にカトリック・プロテスタント諸派のキリスト教組織で、韓国・フィリピン・中南米などの人々が市内の既存教会やビルの一角などを借りて集まり、日曜礼拝やクリスマス・復活祭などの主要行事を執り行っている。外国人住民にとっての宗教組織は個々人の信仰にとどまらない。例えば、指導者は種々の悩み相談やカウンセリング、病気や在留手続きの支援といった滞日生活上の指南役でもあり、教会の寄付金も必要に応じて病人や帰国者の援助に使われる。日本語・母語の勉強会や無料クリニックを開いている教会もある。A団地にはアセンブリーズ・オブ・ゴッド教会のブラジル人牧師も2000年から訪れ、南米人信者60~70人程に対して礼拝を司っている。この教会は神奈川などのブラジル人コミュニティにもあり、交流会や連絡会議などで互いの地域を往来している。また、八千代市には群馬や静岡のようなブラジル人学校がまだないため、青少年に日本語・ポルトガル語指導も行っている。筆者の教え子たちも教会の依頼を受けて日本語指導に通っている（詳細は奥島2010a参照）。

初級~上級に分かれて学生サポーターから日本語を学ぶ南米人住民（2010年6月）

## 5 地域連携へ向けた県・警察・市の動き

　以上のような近年の外国人労働者の急増に対して、千葉県庁・千葉県警察・八千代市役所はそれぞれ支援・防犯対策を打ち出してきたが、最近は市民諸団体や大学も含めた地域内の連携体制を整えようとする新たな動きがみられる。

　総務省は2005年から全国の地方公共団体に多文化共生の推進を呼びかけ、日本語の不自由な定住外国人の社会統合を急いできた。これを受けて、千葉県庁でも2009年度から公募による「千葉県多文化共生社会づくり推進モデル事業」（A団地内のO～S5校連絡協議会、筆者ら大学教員による多文化共生研究会など6団体）を実施し、翌10年度にはその成果を踏まえて「多文化共生社会づくりセミナー」（奥島2010b）や「外国人県民懇談会」を開催した。

外国人県民懇談会で、「日本語を使って自分の意見を述べ、他の外国人市民の役に立ちたい」と意欲的に発言する報告者たち（2010年10月）

　また、県警もリーマンショック後の治安維持対策の一環として、2009年度から「外国人集住地域総合対策」に乗り出し、同年末には市役所・商工会議所・小中学校および教育委員会・UR都市再生機構なども招聘して「外国人集住地域総合対策連絡協議会」を立ち上げた。これも不況下の外国人労働者の犯罪・暴動などを予防し、犯罪組織の勧誘などから守るための全国規模の施策であり、外国人の多い団地・公営住宅などの「集住インフラ」が重点領域となった。県警のみならず、八千代市警も巡回パトロール（移動交番）や小中学校・日本語教室の外国人児童との交流、中学卒業後の行き場がない南米人の就労支援などを試みている。

　一方、八千代市役所では従来、在留手続きや職安などの通訳が不在で、外国人は自前で通訳を手配するか、県国際交流センター・近隣法律相談所などを紹介されていた。1990年代に入って外国人労働者が急増すると、もともと姉妹都市交流のために設置された国際交流協会の下位部会に外国人向け日本語教室が出来、現在までにA・D団地を中心に7教室が運営されるようになった。その後、県庁・県警のネットワークづくりの流れを受けて、八千代市も2010年秋に「八千代市多文化交流

センター」をA団地商店街に開設し、各種相談を受けつけるようになった。11年度前半は、毎月30〜50人台の外国人住民が相談・見学に訪れているが、相談者はほとんどが南米人である（八千代市多文化交流センター2011）。

　こうした動向は喜ばしいものの、支援活動の多くは職場・学校と同じく日本人側からの一方的な働きかけになりがちなことも否めない。地域連携体制の整備・強化を進めるとともに、外国人住民とのコミュニケーションを一層深めつつ、彼らのコミュニティ・ネットワークと日本社会の接点を増やし広げていくことが今後の課題である。

[謝辞]

　調査・支援活動にあたり、多大なご支援・ご協力をいただいた八千代市役所、国際交流協会、多文化交流センター、教育委員会、A・D団地小中学校教員ならびに学生、派遣企業A、キリスト教会、エスニック雑貨店・レストラン、D団地自治会、住宅管理協会、そして全ての地元外国人市民の方々に深く御礼申し上げる。

奥島美夏（天理大学）

【注】
(1) 2010年初頭は大手2社で550人近い日系ブラジル人およびその配偶者を雇用している。コスト高や派遣法の見直しなどにより、この2年程はパート従業員でも仕事・日本語のできる者は直接雇用に切り替えられ、技能研修生も一部導入されている。だが、2010年夏からは技能研修制度改革で技能実習生のみの受け入れとなり、また2011年末には派遣法改正案の採決が見送られるなど、めまぐるしい制度の変化に雇用主・労働者とも翻弄されている。
(2) 民生委員・児童委員は県・市などの首長が推薦し、厚生労働省の委嘱で児童・高齢者・障碍者などを中心とした地域社会への奉仕活動に携わる。さらに、1994年に創設された主任児童委員は、他の児童委員の連絡調整や、児童福祉関係機関や教育機関などとの連携役も兼ねている。
(3) この活動は2010年度千葉県庁委託「多文化共生社会づくり推進モデル事業」の助成を受けた（5節参照）。

【参考文献】
奥島美夏, 2010a,「外国人支援の地域連携デザイン――みどり市の場合」『国際社会研究』1号:201-256.
奥島美夏, 2010b,「千葉県における多文化共生社会づくりの課題――コーディネーターと地域連携デザイン」（千葉県庁主催「多文化共生社会づくりセミナー」基調講演資料、2010年10月29日ホテルポートプラザちば）
八千代市, 2011,「八千代市各種統計データ」(2011年11月1日閲覧)
　http://www.city.yachiyo.chiba.jp/siyakusyo/toukei/html/toukeisyo22.html#2. 人口
八千代市多文化交流センター, 2011,「平成23年度生活相談統計」(4〜8月分)

第1章

# 4 千葉県内のフィリピン人カトリック共同体

## はじめに

　日本のカトリック教会は全国に16の教区を持ち、信者数[1]は448,440人（2010年12月現在）を数える。信者が一番多いのは、東京都と千葉県からなる東京教区で96,146人、第2位が長崎教区（長崎県）63,081人、第3位が横浜教区（神奈川県、静岡県、長野県、山梨県）の56,055人である。

　東京教区には75の小教区（各教会を中心とする単位）があり、そのうちの15小教区が千葉県内に存在する。あいうえお順に、市川、鴨川、木更津、五井、佐原、館山、千葉寺、銚子、東金、豊四季、習志野、成田、西千葉、松戸、茂原である。東京教区全体の信者9万6千人余りのうち、何人が千葉県内の教会に所属しているかは統計が公開されていないのでわからない。東京都には60の小教区があり、都心部の大教会では信徒が1万5千人を超えている場合もあることを考慮すると、千葉県内のカトリック信徒は、仮に教会数で割ってみると1万数千人程度になるのだろうか。

　実は上の信者数はほとんどの場合、日本人信徒についてでありフィリピン人は含まれていない。筆者は7、8年前から、フィリピン人信徒の多い千葉県下のいくつかの教会を訪問してきた。その体験から、千葉県内にはフィリピン人信徒がかなり多いという印象を持つ。

## 1 英語/タガログ語ミサ

　2011年7月現在、千葉県内の教会では表1-4-1のように、日本語以外に英語、タガログ語[2]、スペイン語、ポルトガル語のミサが行われている。日本語と英語を併用するミサもある。英語は、市川、木更津、五井、千葉寺、東金、成田、西千葉、松戸、茂原の9教会、タガログ語は豊四季と松戸の2教会である。筆者は、これらのうち6つの教会の英語のミサに出席したことがあるが、出席者の9割以上（場合によっては全員）がフィリピン人とその家族だった。そのことを考慮すると、千葉県では英語のミサ、タガログ語のミサの主な対象はフィリピン人であるといってよいだろう。ちなみにスペイン語のミサには、スペイン語を母語とするペルー人などのほかに、近隣でポルトガル語のミサが行われていないためにブラジル人が出席することもある。ポルトガル語のミサはもちろんブラジル人が対象である（右表）。

　日曜日のミサの時間は教会により異なるが、普通は午前中に日本語のミサがある。さらにその教会に外国人神父が配置されている場合には、日本語のミサとは別に、午後に英語でミサを行うことがあり、また、近くの他の教会やCTIC（カトリック東京国際センター、Catholic Tokyo International Center）[3]のフィリピン人神父が巡回して英語またはタガログ語のミサを行うこともある。さらに、教会によっては日本語と英語を併用する国際ミサ（International Mass）という形式もある。

[1-4-1] 千葉県下の外国語ミサ一覧

| 教会名 | 言語 | 曜日・時間 |
|---|---|---|
| 市　川 | 英語 | 第1日曜、14：00 |
| | スペイン語 | 第2, 4日曜、13：30 |
| 木更津 | 英語 | 毎日曜、14：00 |
| 五　井 | 英語 | 第1, 2, 3, 4日曜、12：30 |
| 千葉寺 | 英語 | 第1, 2, 3, 5日曜、14：00 |
| | 日・英語 | 第4日曜、11：00 |
| | スペイン語 | 第4日曜、17：00 |
| 銚　子 | 日・英語 | 毎日曜、10：15 |
| 東　金 | 英語 | 第3日曜、16：00 |
| 豊四季 | タガログ語 | 第3日曜、15：00 |
| 習志野 | ポルトガル語 | 第4日曜、12：30 |
| 成　田 | 英語 | 第3日曜、11：30 |
| | スペイン語 | 第3日曜、13：30 |
| 西千葉 | 英語 | 第1日曜、12：30 |
| 松　戸 | 英語 | 第2日曜、13：00 |
| | タガログ語 | 第4日曜、15：00 |
| 村上団地 | スペイン語 | 第3土曜、18：30 |
| | ポルトガル語 | 第3土曜、18：30 |
| 茂　原 | 英語 | 第1日曜、14：00 |
| | 日・英語 | 第4日曜、11：00 |

［外国語ミサ一覧（東京都/千葉県）2011年7月、カトリック東京国際センター］

　数年前のことだが、ある小さな教会のミサに出席したことがある。この教会では日本語と英語でミサが行われていたが、出席者80人のうち日本人が20人、残りはほぼ全員がフィリピン人だった。かなり極端なケースであるが、そういう教会も千葉県内に存在する。

　千葉県に限ったことではないが日本人信徒の多くは高齢者である。日本人信徒総数は先述のように45万人近くというレベルを維持しているが、全体としては高齢化が著しい。その日本人信徒に対して、日本全国にはほぼ同数の外国籍信徒がいると推計される。フィリピン人、ブラジル人、ペルー人などである。これらのどの国でも国民の多数をカトリックが占めている。もちろんこうした国々から日本に移住、あるいは働きにきている人たちの全員がカトリックではなく、カトリックであったとしても日本で毎週ミサに出席しているとは限らない。しかし、日本人45万人に対してほぼ同数の外国籍信徒が日本国内で生活していることは間違いなく、日本のカトリック教会の将来を考えるとフィリピン人信徒の働きはきわめて重要である。

## 2 フィリピン人の多い教会

　カトリック教会では信徒の集団、あるいはグループ化され一定のまとまりを持つ信徒の集まりを共同体（コミュニティ）とよぶ。フィリピン人を中心とする共同体のことをフィリピン（人）共同体（Filipino community）という。そして、千葉県内の教会には規模の違いはあるものの、おおむねどこの教会でもフィリピン人共同体が存在する。

　東京に近いA教会の場合、主任司祭（神父）は現在まで長くCTICの所長をつとめており、教会としても外国籍信徒にたいする理解がある。この教会ではフィリピン人神父が助任司祭をつとめて

おり、英語のミサが定期的に行われている。出席者のほとんどはフィリピン人とその家族で、実質的にはフィリピン人共同体を対象としているといえる。フィリピン人とその家族を対象とする集まり、催し物、クリスマス・パーティなどが毎年行われている。

千葉市内のB教会も主任司祭は日本人だが、CTICのフィリピン人神父を迎えて定期的に英語のミサが行われている。ここでも出席者の大多数はフィリピン人とその家族である。フィリピン人の多数は（他の教会でも同じことだが）、日本人の夫を持つ女性たちである。主任司祭はこうしたフィリピン人共同体の活動に理解を持ち、教会役員のなかからフィリピン人共同体との連絡役を任命している。また、フィリピン人側では日本人と家庭を築き、永住するフィリピンの女性たちを中心として共同体が組織されており、継続的な活動が保証されている。英語のミサには毎回100名〜150名が出席している。

同じく千葉市内のC教会の主任司祭は、メキシコの宣教会から派遣されたメキシコ人神父がつとめている。この神父は神学を日本で修め、日本社会、日本のカトリック教会に対する理解が深い。そして、日本語、スペイン語以外に英語にも堪能で、この教会ではほぼ毎週、日曜午後に英語のミサが行われている。フィリピン人信徒の数も多く、100人をこえるフィリピン人とその家族が英語のミサに出席している。また、日本語と英語による国際ミサもあり、日本人と外国籍の信徒（大多数はフィリピン人）が一緒にミサに出席する場が設けられている。

D教会には、修道会に所属するフィリピン人神父が助任司祭として配置されている。この教会も20数年前からフィリピン人が集まり始め、現在ではしっかりとしたフィリピン人共同体が存在する。毎月一回、日曜の午後にタガログ語のミサがあり、多いときには150人近くが出席している。日本人のシスター、信徒のサポートを受けて、日本人とフィリピン人を両親にもつダブルの子どもたちの堅信式なども、定期的に行われている。

内房のE教会には、最近まで外国人の神父が任命されており、英語のミサが毎週定期的に行われている。月に一度は東京からCTICのフィリピン人神父が来訪し、英語のミサを担当している。英語のミサにはフィリピン人以外の外国籍の信徒の姿も見えるが、やはり大多数はフィリピン人とその家族である。

その近くのF教会についても同じことがいえる。主任司祭は日本人だが、100名をこえるフィリピン人共同体が存在し、毎週日曜日に英語のミサがある。教会内の掲示、案内は日本語と英語が併記されており、外国籍の信徒、とくにフィリピン人を同じ教会のメンバーとして受け入れる配慮が行き届いている。

以上は数例にすぎない。千葉県では、ほとんどの教会にフィリピン人やブラジル人を中心とした共同体がみられるといってよい。

## 3 フィリピン人の宗教実践

　ローマ・カトリック教会はローマ教皇を頂点とする位階制を持つ世界宗教であり、ミサは言語の違いはあっても世界中で同じ形式で行われている。降誕節（クリスマス）や復活節（イースター）などの1年間の教会暦年上の祝祭日も基本的には同じだが、国や地域によって特別の日に特別の聖人のための祝日がもうけられていたり、その国に特有の信心業が行われている。

　フィリピンの場合、毎年1月の第3日曜には、セブ島セブ市でサント・ニーニョ（Sto. Niño）を祭る盛大なフィエスタが行われる。サント・ニーニョとは、スペイン語で「聖なる子ども」、つまり幼子イエスのことで、フィリピンではこのサント・ニーニョに対する崇敬、信心が大変盛んである。日本でもフランス系の女子修道会などで幼きイエスへの崇敬は見られるが、一般の日本人信徒の間ではほとんど知られていない。

　このフィリピンに特有のサント・ニーニョ崇敬を日本のカトリック教会に持ち込んだのはフィリピンの人たちで、1980年代以後のことである。在日フィリピン人の、とくに女性であれば、サント・ニーニョの小さな聖像、聖画、祈祷書、メダイ（メダル）やペンダントを持っている。そして、フィリピン人共同体が活発な教会の聖堂には、サント・ニーニョ像がおかれていることが多い。

　東京教区では千葉寺教会で2009年1月に、サント・ニーニョのための特別ミサとお祭りが行われた。それ以前にも日本各地の教会でサント・ニーニョ崇敬のための小規模な集まりは行われていたが、フィリピン人を中心とする外国籍信徒の共同体に日本人が加わり、ミサのほかに教会の敷地内で行列、フィリピン料理の会食、ゲームなどが行われたのは、筆者の知る限り、これが初めてのことだった。その後2011年1月には、四谷の麹町・聖イグナチオ教会でもフィリピン人共同体が中心となって、サント・ニーニョ崇敬のために東京大司教によるミサ、行列、集まりが行われた。

　サント・ニーニョ像とならんで、フィリピン人が多い教会の聖堂には、聖ロレンソ・ルイス（San Lorenzo Luis）の聖像が置かれている場合がある。千葉県の教会でもこの聖像を置いているところがある。聖ロレンソ・ルイスはマニラの華人街で生まれ、ドミニコ会のスペイン人神父とともに布教のため来日したが、沖縄で捕らえられ、長崎奉行所におくられた。棄教を迫られたが、最後まで信仰をすてることなく、1637年に長崎で殉教したフィリピン人である。1981年にマニラでローマ教皇ヨハネ・パウロ二世により列福、1987年にローマで列聖された聖人で、日本16聖人の1人に数えられている。

　聖ロレンソ・ルイスの祝祭日は9月28日で、2011年には東京教区の六本木フランシスカン・チャペル・センターで、東京大司教により特別のミサが行われたが、その準備には千葉県の教会からも多くのフィリピン人信徒が参加している。ちなみに聖ロレンソ・ルイスは海外で働くフィリピン人の守護聖人としても知られている。

## 4 多文化の教会をめざして

　千葉県の教会においても日本人信徒と英語のミサ、タガログ語のミサのフィリピン人共同体が密接に交流しているというわけではない。多くの教会では年に一度のバザーに、フィリピン人共同体のメンバーがフィリピン料理を出品し、日本人信徒と交流する機会があるが、それ以外は同じ教会にあっても基本的には別々のミサに出席する。

　また、千葉県内のフィリピン人が皆、こうした英語やタガログ語のミサに出席できるわけでもない。毎週こうしたミサに出席しようと考えれば、多くの場合、毎週異なる教会に足を運ばなくてはならない。それでもなお母語あるいは英語によるミサは多くのフィリピン人にとって魅力的である。ミサの中心は聖体拝領だが、それ以外に母語または英語で聖書の朗読をきき、フィリピン人の神父の説教をきき、聖歌を歌う。あるいは祈りを唱える。そうしたことも実は参加者にとって聖体拝領と同じくらい大切である。その意味で、これまでのところ、フィリピン人共同体を支えている原理の1つは英語またはタガログ語による定期的なミサ（たとえ月1度であるとしても）であるといえる。

　フィリピン人共同体が維持されるためには、その地域に定住する多数のフィリピン人が存在することが必要である。1980年代のように、フィリピンから日本に働くために来日し、半年、あるいは1年、2年という短期間で帰国する人たちが多かった時期には、かれらには日本の教会に関わる余裕は精神的にも時間的にもなかった。英語かタガログ語のミサに出席するのがせいぜいだった。日本人信徒の側も、こうしたフィリピン人は数年でフィリピンに帰国するのだから、英語のミサに出席してもらえばそれでよいだろうと考えていた。しかし、フィリピン人と日本人との国際結婚が増え、第二世代が誕生し、フィリピン人が永住するようになると、自分たちの言語によるミサ、それにもとづいた集まり、共同体を築こうという動きがあちこちで見られるようになった。

　千葉県の教会に限ったことではないが、教会との間でフィリピン人共同体が良好な関係を築くことができるかどうかは、その教会の主任司祭との関係に大きく依存する。かつて東京教区のいくつかの教会で、フィリピン人が英語のミサに集まり始めたころ、教会によってはこうした外国籍の信徒（とくにフィリピン人）を疎ましく感じ、かれらがミサ後に信徒会館で会食をすると、その後の清掃が十分でないとか、ゴミの分別ができていないなどという批判が噴出したことがあった。教会に集まるフィリピン人目当てに食べ物の露天商がでたり、教会周辺での不法駐車が問題になったこともある。それらの摩擦にはそれぞれに理由があるが、その教会の主任司祭の考え方、フィリピン人とのつきあい方、姿勢に大きく関係することでもある。日本人にとってはとるに足らない些細なことでも、フィリピン人側がそれを自分たちが受け入れられていない証しと感じ、その教会から遠ざかってしまうことも少なくなかった。

　余談だが、第二次大戦後の1950年前後に、中華人民共和国の成立をうけて布教活動が困難になったカトリックの修道会、聖コロンバン会は中国にいた多くの神父を日本に異動させ、内房、外房の

教会に配置した。そのためこれらの地域ではつい最近まで外国人、とくに聖コロンバン会の神父が各教会に主任司祭として配置されていた。一般論として外国人神父は、同じく日本社会で外国人であるフィリピン人の悩み、心情をよく理解できる立場にある。英語で意思疎通をはかることもできる。さらに、これもまた一般論だが、日本のカトリック教会で歴史的に構築されてきた一種独特の雰囲気から、フィリピン人も外国人の神父も自由であり、これまで両者の間では（おそらく日本人神父とのあいだ以上に）より安定した信頼関係が結ばれてきたのではないかと筆者は推定している。

少し具体的に見ていくと、各教会には教会委員会あるいは信徒会のような会議体があり、主任司祭とともに信徒が教会運営にあたっている。教会によってはそうした会議体にフィリピン人共同体（あるいは英語ミサ共同体）の代表が任命されている。あるいは日本人の役員がフィリピン人共同体との連絡役を務めている場合もあり、日本人とフィリピン人共同体との間での意思疎通が円滑にいくことをめざしている。千葉県下の教会の場合、両者の関係はかなり円滑になりつつあると思われる。しかし、いくつかの教会をのぞいて、日曜日午前に行われる日本語のミサ（日本人共同体）と午後の英語またはタガログ語のミサ（フィリピン人共同体）とは切り離されており、両者の交流は少数の個人レベル以外ではあまり進んでいないのではないかと筆者は考える。

フィリピン人側の問題もある。特定の教会に所属せず、英語またはタガログ語のミサを求めて、複数の教会にでかける人が少なくない。そのため、特定の教会に対する帰属意識が希薄な場合がある。日本の教会には教会籍という考え方があり、信徒は特定の教会のメンバーとして教会維持費を払い、その教会の運営に参加しているが、フィリピンにはそうした習慣がないことも理由の1つである。

フィリピン人共同体の現状は、おおよそ上に述べた通りである。現在の大きな課題の1つは、フィリピン人と日本人との間に生まれた子どもたちの信仰形成をどうするかということである。子どもたちの多くは日本語を第一言語として育っている。日本で生まれ、地域の小学校、中学校で学ぶかれらは、フィリピン人の母親と、場合によっては英語やフィリピン語で会話することはあるとしても、基本的に両親とは日本語で意思疎通をはかっている。

幼年期にはかれらは母親と一緒に英語またはフィリピン語のミサに出席しているが、学齢期になるとカトリック信仰の基本を学ぶ必要がでてくる。しかし、母親は信仰にかかわる日本語を十分に理解してはおらず、子どもに教えることが難しい。教会の日曜学校では日本語で信仰の基本を教えているが、通常そうしたクラスは午前中に行われる。母親が出席する英語またはタガログ語のミサは午後に行われるため、親子の間に亀裂が生じてしまうという問題が起こっている。

にもかかわらず、これらの第二世代の子どもたちのなかには英語またはタガログ語のミサで侍者を務める者も多く、人数の点、さらには、かれらが若い世代に属するという点からも、日本のカトリック教会の将来はかれらに負うところが大きいと筆者は考える。

**寺田勇文（上智大学）**

**【注】**

(1) 『カトリック教会現勢2010』では、一般の「信徒」に聖職者、修道者、神学生を加えたものを「信者」としており、ここではその区分にしたがう。

(2) フィリピンのマニラを中心とするタガログ地域の言語。国語であるフィリピン語（Filipino）はタガログ語（Tagalog）を基礎として発展した共通語である。

(3) 日本に滞在する外国人をサポートするために東京大司教区100周年記念事業として、1990年に設立された。外国人の自立サポート、収容されている外国人のサポート、外国人の信仰サポート、外国人支援ネットワークへの参加、協力を主な活動としている。カトリック目黒教会内に事務所がある。

**【参考文献】**

カトリック中央協議会, 2011, 『カトリック教会現勢2010年』.

カトリック中央協議会出版部（編）, 2010, 『カトリック教会情報ハンドブック2011』カトリック中央協議会.

谷大二ほか, 2008, 『移住者と共に生きる教会』女子パウロ会.

寺田勇文, 2010, 「海外からの移住者と宗教実践：東京大司教区のフィリピン人共同体を中心として」私市正年・寺田勇文・赤堀雅幸（編）『グローバル化のなかの宗教：衰退・再生・変貌』（地域立脚型グローバル・スタディーズ叢書4）上智大学出版 :91-110.

寺田勇文（編）, 2009, 「特集・日本のカトリック教会と移住民」『上智アジア学』第26号.

# 日本に来て

月下　芽（千葉大学教育学部生）

　私が中国から日本に来たのは10歳、小学校4年生のときでした。日本の小学校は中国とは違い、宿題も少なく、授業中もトイレに行けるなど、自由な校風が目立ちました。しかし日本語が一言もわからなかった私は、その校風について質問することも、理解することもできませんでした。今思えば、そのせいで私は奇妙な行動を多くとっていた気がします。そしていつの間にか、クラスメイトからは無視され、いじめの対象になっていました。そんなときも、私はいじめの事実を先生に伝える手段もなければ、伝えたところで良くなるとも思えなかったので、じっとこらえることしかできませんでした。そのとき、私は言葉の壁の問題を痛切に感じました。言葉が通じないことによって誤解が生じることは、ある程度覚悟していましたが、それがいじめにつながってしまったことは、私にとってつらい経験となってしまいました。

　その反面で、日本に来て良かったと思うことも多々ありました。一番良かったと思うのは、日本の文化や慣習を知ることができたことです。私は日本で、思いやりのある人に多く出会ってきました。日本では、電車やバスで年配者に席を譲る場面をよく見かけます。しかし中国では、その場面はほとんど見られません。実際私は席を譲って、お金で買った席だから譲らない方が良いと怒られたこともありました。もちろん私も、自分を一番大事にするべきだと思うが、その中でもしっかり他人に対する思いやりを持てることは、とても素晴らしいことだと思います。私自身も思いやりを持つ人に多く出会ったことで、随分助けられてきました。

　日本は言葉の通じない外国人にとってはとても住みにくい場所だと思います。しかし、その壁さえ乗り越えてしまえば、日本人に接することができて良かったと思うことはたくさんあるはずです。私は日本に来て辛いこともたくさんあったが、やはり来てよかったと思っています。

# 5 千葉県内のモスク設立とムスリム移民

## 1 千葉県内のモスクとムスリム移民

　千葉県内に「モスク」と呼ばれるイスラームの礼拝施設があることをご存じだろうか。実は2011年現在、千葉県内には5つの「モスク」と少なくとも3つの「ムサッラー」がある（表1-5-1）。「モスク」は、アラビア語の「マスジド」に当たり、恒久的かつ比較的大規模な礼拝施設を指す。一方で「ムサッラー」は、一時的かつ比較的小規模な礼拝施設を指すことが多い。日本では、ムスリム（イスラーム教徒）が購入した物件による礼拝施設を「モスク」と呼び、賃貸物件など将来的に移動する可能性が高い礼拝施設を「ムサッラー」と呼ぶのが一般的となっている[1]。モスクであれムサッラーであれ、外観からはそれが礼拝施設であることを判別できないものも多い。しかしながら毎週金曜日の昼休みになると、これらのモスクやムサッラーには、近隣のムスリムたちが集団礼拝のために一斉に集まる。集団礼拝後には周辺のインド料理店に集まって会食したり、ハラール食材店[2]に集まって買い物を楽しんだり情報交換したりするムスリムたちも多い。

表1-5-1　千葉県内のイスラーム宗教施設一覧

| 市区町村名 | モスク／ムサッラーの別 | 関連団体 | 開設年 |
| --- | --- | --- | --- |
| 市川市 | モスク | 宗教団体A | 1997 |
| 山武市 | モスク | 宗教団体B | 1995 |
| 白井市 | モスク | 宗教団体B | 2001 |
| 木更津市 | モスク | 宗教団体B | 2010 |
| 千葉市 | モスク | 宗教団体B | 2010 |
| 千葉市 | ムサッラー |  | 2010頃 |
| 柏市 | ムサッラー | 特になし（近隣住民のみ） | 1992頃 |
| 千葉市 | ムサッラー | 留学生団体 | 2007 |

出典「イスラーム便利帳・国内主要礼拝所（マスジド）と団体」
（http://www2.dokidoki.ne.jp/islam/benri/benriindex.htm）（アクセス日2011年1月9日）
および筆者自身の調査より、筆者が作成

　ではこれらのモスクに集まるムスリムとは、どのような人々だろうか。その大多数は、イスラーム諸国から1980年代後半以降に来日したニューカマーの外国人である。千葉県内の企業や工場で働く人、自営業者、留学生などさまざまな背景を持つ。金曜礼拝に集まるのは、主に男性ムスリムである。千葉県内の外国人登録者数をみると（表1-5-2）、インドネシア、バングラデシュ、パキスタン、マレーシア、イランといったイスラーム諸国出身者は、合計しても4千人程度に過ぎない。フィリピン、ブラジル、ペルーといったキリスト教国出身者（合計2万5千人）とは規模が異なる。しかしながら外国人ムスリムたちは、キリスト教徒以上に、自ら礼拝施設を開設する必要性に迫られていた。

表1-5-2 千葉県内の外国人登録者数の推移

| 国籍 | 1987 | 1990 | 1995 | 2000 | 2005 | 2010 |
|---|---|---|---|---|---|---|
| 外国人総数 | 21,288 | 33,171 | 58,507 | 77,406 | 101,372 | 115,675 |
| 上位6カ国 ||||||||
| 中国 | 3,280 | 5,919 | 11,638 | 19,278 | 31,931 | 45,946 |
| 韓国・朝鮮 | 12,863 | 15,402 | 16,297 | 17,275 | 18,266 | 18,465 |
| フィリピン | 1,726 | 3,807 | 7,964 | 12,801 | 16,532 | 17,104 |
| タイ | 219 | 681 | 2,220 | 4,210 | 5,230 | 5,328 |
| ブラジル | 116 | 1,780 | 6,831 | 6,537 | 6,564 | 5,048 |
| ペルー | 9 | 471 | 2,905 | 3,172 | 3,658 | 3,451 |
| イスラーム諸国・南アジア諸国の上位国 ||||||||
| インド | 52 | 115 | 344 | 652 | 1,535 | 1,562 |
| スリランカ | 91 | 149 | 431 | 957 | 1,559 | 1,507 |
| インドネシア | 98 | 148 | 368 | 864 | 938 | 1,216 |
| ネパール | 14 | 22 | 67 | 156 | 336 | 1,046 |
| バングラデシュ | 67 | 87 | 451 | 797 | 1,131 | 886 |
| パキスタン | 105 | 211 | 568 | 767 | 780 | 791 |
| マレーシア | 204 | 422 | 416 | 581 | 723 | 624 |
| イラン | 40 | 123 | 1375 | 773 | 602 | 511 |

出典）千葉県『千葉県内の外国人登録者数』各年版（各年末現在）
注）網掛けは、外国人登録者数の最も多かった年を示す

　外国人ムスリムたちが1990年代以降に独自の礼拝施設を開設した第1の理由は、既存の施設の数が極めて少なかったうえ、東京都内など大都市に集中していたという地理的不一致の問題がある。移民の宗教活動は、既存団体の施設を活用することが多い（Min 1992: 1378-9）。ニューカマーのムスリムも、1980年代は既存の施設を利用して、イスラームの宗教実践を継続していた。しかしながら、ニューカマーのムスリムの多くは、群馬県や埼玉県など都心から離れた地域に居住しており、ムスリムの人口分布と既存の施設の分布が一致していなかった。遠くの施設を借りる形での宗教活動に限界を感じたニューカマーは、有志によるネットワークを形成し、1990年代に入って宗教団体を設立し、地方都市に独自のモスクを開設するようになった。

　第2の理由として考えられるのは、ニューカマーのムスリムと出身国の宗教団体とのつながりである。実際に1990年代以降に開設された礼拝施設のいくつかは、出身国の宗教団体と何らかのつながりを持つ（桜井 1998: 54; 小牧 2000: 109）。また礼拝施設を管理・運営する宗教団体の多くは、出身国別に分かれる傾向が見られ、最も多いのはパキスタン人の団体で、次がバングラデシュ人の団体である。このような宗教団体の分裂や独立といった現象はイギリスのムスリム社会でも見られ、その背景にあるのはイスラームの多様性である（長谷 1993: 277-8）。イギリスのムスリムは、しばしばマスコミによって1つの集団であるかのように扱われてきたが、それは正確な理解ではない。イギリスのムスリムは、一枚岩の集団ではないし、そのように機能したこともなく、出身国、出身地域別、かつ宗派別に、それぞれが独自の宗教コミュニティを作り、おのおのがモスクを運営している。出身地の南アジアにおける宗教的多様性を反映して、移民の宗教組織もきわめて多様であるという。

ここでは、千葉県内の2つの宗教団体を事例として取り上げ、日本の地方都市にムスリムがモスクを開設していった経緯を具体的に見てみよう。

## 2 宗教団体Ａの事例 ―パキスタン人中心から日本人を巻き込んだ宗教活動へ

1つ目の事例として取り上げる宗教団体Ａは、1990年代以降に外国人ムスリムによって設立されたイスラーム団体の中で2番目に大きな規模の団体である[3]。2011年現在、日本国内に4つのモスクと2つのムサッラーを持つ。1番大きな宗教団体Ｂ（次項）が独自の布教方法を特徴としているのに対し、宗教団体Ａはクルアーン（聖典コーラン）やハディース（預言者言行録）を規準とした、比較的オーソドックスな宗教的立場を表明している。既存のイスラーム団体や他の団体とも、さまざまな交流があり、ニューカマーのムスリムによる宗教活動の代表的な事例と言える。

パキスタン人やバングラデシュ人といった南アジア系外国人の日本出稼ぎは1980年代半ばから徐々に増加していたが、1987年頃に「外国人労働者」としてその存在が社会問題化され始め、1988年に入国者数はピークを迎えた。そして1989年1月15日に査証相互免除協定が一時停止されたことを受けて入国者数は激減し、その結果超過滞在者数が増加した。また1990年の入管法改定に向けた一連の作業において、南アジア系外国人は、国家の成員として望ましくないと判断され、排除の方針が決まった（福田 2002: 50）。このような状況下の1989～90年頃、日本での生活環境がイスラームから乖離していくことを懸念した、あるパキスタン人男性が、宗教団体Ａの設立を発案した。

この宗教団体Ａの設立に影響を与えたのは、「ジャマーアテ・イスラーミー」と呼ばれる世界的なイスラーム団体である[4]。ジャマーアテ・イスラーミーは、イスラーム思想家であるサイイド・アブール・アーラー・マウドゥーディー師（1903～79年）が創設した宗教団体である（井上 2003: 6）。イギリス植民地時代に、反英運動に連動して始まった大衆的イスラーム運動の流れをくみ、1941年にインドで設立された。当初は布教活動をしていたが、1947年のパキスタン分離独立後は、政治に関与するようになる。政治や経済への積極的発言[5]が、この宗教団体の特徴と言える。（小牧 2000: 106, 109）。

マウドゥーディー師は、イスラーム化政策を推進したハック政権時代（1977～88年）のイデオローグとして知られる（井上 2003: 8）。聖典に近代的価値をあわせて解釈・理解する「イスラームの近代化」を批判したが、一方で西欧近代的価値を否定する復古主義運動とも異なっていた。「西洋の学問に通じながらイスラームを現代的に編纂する」けれども「はじめにイスラームありき」という立場に立ち、近代教育を受けた人材と宗教教育を受けた人材を交流させた団体運営を行った（井上 2003: 8）。現在インド、パキスタン、バングラデシュ、スリランカといった南アジアのほかに、イギリス、アメリカ、日本、ドイツ、イタリア、マレーシア、アラブ首長国連邦など、世界各国でその関連団体が活動している。

宗教団体Aの場合、当初はパキスタン人10人の仲間がパキスタン人同郷団体のメンバーとして既存のイスラーム団体の会議に参加していた。この同郷団体は、主に同胞への互助活動などを行っていたが、組織としては「脆弱」であった。同郷団体での組織化に限界を感じた有志6人は、1991年7月に独自の団体「宗教団体A」の設立を決め、1991年末か1992年初頭に活動を開始した。宗教団体Aが1994年に作成した規約によると、公式的な設立年月日は1992年10月11日となっている[6]。設立後、最初の活動は貯金とダイアリー（礼拝の時刻や文言を収めたスケジュール帳）の発行であった。また1992〜93年には、雑誌の発行を開始した。

　1990年代前半は、在日パキスタン人と日本人女性との結婚が増加した時期でもある。これを受けて、1994〜95年には男性メンバーの配偶者女性らが、女性の参加者を増やす目的で「婦人部」を設立した。そしてそれまで男性のみで行っていたキャンプのようなイベントに、女性も参加するようになった。当初の「婦人部」はパキスタン人女性が大多数を占め、日本人女性はごく少数であったことから一緒に活動していたが、その後日本人女性の参加者が増えたため、言語別に2つに分けた。

　宗教団体Aの場合、設立後に拠点をたびたび変更しており、独自の拠点を持つことが重要課題となっていた。まずは1993年頃に神奈川、1995年頃に茨城にムサッラーを開設した。また近隣に礼拝施設のない地域では、公民館を借りて集団礼拝を行っていた。

　1996年には、ムスリムの所有物である正式なモスクを開設するため、宗教団体Aとしては初めて、礼拝施設用の物件を市川市で探し始めた。市川市を選んだ理由は、当時から外国人の多く住む地域であったからである。物件の条件は、比較的交通の便の良い場所にあり、礼拝の方向と物件の方向が一致することであった。また、静かな住宅街は、住民との摩擦が生じることが懸念されるため除外した。最終的に、元はパブとして使われていた中古物件を購入して改修し、1997年8月、市川市にモスクを設立した。立地環境は、住宅と商店の混在する地域であり、駅からは徒歩圏内である。前が公園であることが、この物件を選んだ決め手である。なぜならば、年2回の宗教行事の際にこの公園を利用できるだけでなく、日常的な活動時でも子連れの人たちが子どもを遊ばせることができるからである。

　2003年、モスクが老朽化して台風で壁が壊れてしまったため、改築が決定された。宗教団体Aは、モスク改築のために、新たに基金を設立した。また近隣住民約40軒を、1軒ずつ挨拶して回った。その後、自営業者を中心に献金が集まり、2004年6月にはモスクが再オープンした。改築したモスクのデザインは日本人の建築士によるものである。外装は白を基調としたシンプルな造りで、周囲の住宅とも調和している。

　市川市のモスクの主な活動は、毎週金曜日の昼の集団礼拝と毎週土曜日の夜の勉強会（主に外国人向け）である。宗教団体Aのモスクには女性用スペースが必ず併設されているため、女性の活動参加者も多い。これらの活動参加者の多くはパキスタン人であるが、南アジア、東南アジア、アフリカ、中央アジアなど、さまざまな国籍の外国人ムスリムの参加も見られる。また日本人向けの

勉強会も継続的に開催されており、日本人の活動参加者も多い。さらに子ども向け勉強会にも力を入れている。平日放課後にはイスラームの勉強と学習支援を兼ねた「イブニング・スクール」が開催されているほか、夏期休暇中には「サマー・スクール」、ラマダーン（断食）期間中には「クルアーン読誦教室」が開かれる。

## 3 宗教団体Bの事例 ―南アジア系外国人中心の宗教活動

2つ目の事例として取り上げる宗教団体Bは、独自のテキストを使用した独特の布教方法を特徴としており、1990年代以降に外国人ムスリムによって設立されたイスラーム団体の中で1番大きな宗教団体である。

この宗教団体Bの設立に影響を与えたのは、「タブリーギー・ジャマーアト」と呼ばれる世界的なイスラーム団体である[7]。タブリーギー・ジャマーアトとは、イスラーム思想家であるムハンマド・イリヤース師（1885～1944年）が創設した布教団体[8]である（小牧 2000: 107）。こちらもイギリス植民地時代、反英運動に連動して始まった大衆的イスラーム運動であり、1926年にインドで設立された。ムハンマド・イリヤース師は、北インドのデーオバンド・イスラーム神学校（ダールル・ウルーム・デーオバンド）で学び、北インドで布教活動を始めた後、ニューデリーに本拠地を移し、タブリーギー・ジャマーアトを組織した。1947年のパキスタン分離独立を機に、パキスタンのラホール近郊（ラーイーウィンド）に本部を移した。現在もインド亜大陸を中心に、多くの支持者を集めている。インドではニューデリー、バングラデシュではダッカに同組織の各国本部がある。タブリーギー・ジャマーアトの特徴は、独自の布教方法にある。独自の教材を用いて仲間同士で学び合うほか、世界各国・全国各地のモスクやムスリムの自宅を訪問し、布教活動することが奨励されている。

日本に最初にタブリーギー・ジャマーアトのメンバーが布教に来たのは1956年で、以降も頻繁に来日している。この布教活動は特に日本人ムスリムに思いのほか大きな影響を及ぼしたという（サマライ 1997: 8）。1960～70年代は、パキスタン人の同郷団体メンバー（主に自営業者）も海外からの訪問団を積極的に受け入れていた。その後1983年には、日本でもタブリーギー・ジャマーアトの勉強会が始まった。当初はパキスタン人自営業者の東京都内の事務所を借用していたが、後に東京都内の既存のイスラーム団体の建物を活動拠点として利用するようになった。

1990年頃、意見の相違をきっかけに一部のメンバーが既存の活動から離脱し、埼玉県浦和市で宗教団体Bを立ち上げた。この時から、イスラーム学者であるインド人男性が活動の中心となった。さらに1991年には、埼玉県春日部市に物件を購入し、独自のモスクを開設した。これは日本におけるニューカマーによるモスク開設の最初の事例となった。新たな活動拠点を獲得したことで、宗教団体Bの活動はより活発化した。また日本人配偶者女性たちの活動も、この時期から活発化し、個人宅や既存の宗教施設を借用して勉強会を開催するようになったという[9]。

1995年に、宗教団体Bは千葉県内で初めてのムサッラーを八街市内に確保した[10]。その中と

なったのはバングラデシュ人労働者たちであり、礼拝施設として小さなプレハブを借りた。当初の活動参加者は、主に建築用資材の溶接工場で働いていたバングラデシュ人30名程度で、パキスタン人は2名程度しかいなかった。その後1998年頃には、隣接する山武市内で現在の物件をモスクとして購入し、施設を移転させた。こちらは、元は印刷会社として使われていた2階建ての建物で、礼拝の方向と物件の方向も一致していた。2000年当時の活動参加者は、バングラデシュ人90名程度、パキスタン人20名程度まで増えたという。2000年に内装を、2005年頃には外装をリフォームして徐々にモスクらしい建物へと近付けていき、改築はしていない。1階は礼拝施設、2階は勉強会のための宿泊施設として利用されている。山武市のモスクの主な活動は、毎週金曜日の昼の集団礼拝と、毎週土曜日の夜の勉強会である。また時々3日間の泊まりがけの勉強会に参加して、他のモスクを相互訪問するのが宗教団体Bの活動の特徴である。加えて女性用の礼拝スペースがないのも、宗教団体Bの礼拝施設に共通する特徴である。

2011年現在、山武市のモスクを管理しているのは4人のメンバーで、その構成はパキスタン人2名、スリランカ人1名、バングラデシュ人1名である。またイマーム（導師）はスリランカから招聘した人物である。開設当初の主要メンバーだったバングラデシュ人たちは全員帰国してしまった。現在の活動参加者は、バングラデシュ人が5名程度、パキスタン人も20名程度であるが、一方でスリランカ人が50名程度まで増えた。工場労働者はほとんどいなくなり、多くの人が中古車の販売や貿易に従事する自営業者である[11]。

2000年代に入り、宗教団体Bは千葉県内にさらに3つのモスクを開設している。2001年には白井市に、2010年には木更津市と千葉市にモスクを開設した。木更津市のモスクはパキスタン人とスリランカ人が多く、千葉市のモスクはバングラデシュ人が多いといった若干の違いは見られるものの、千葉県内の4カ所の活動参加者はほぼ南アジア系外国人のみである[12]。山武市のモスクはこれらのモスクを統括する「千葉県本部」のような立場にあるため、責任者たちは順番を決めて3つのモスクを巡回している。こうしたシステムも、宗教団体Bの中で定められたルールである。

## 4　まとめにかえて

以上、千葉県内の2つの宗教団体を事例としてとして見てきたが、同じ南アジア系外国人ムスリムの活動であっても、その特徴は大きく異なることが分かるだろう。その背景には、イスラーム諸国において存在するイスラームの多様性と、出身国側の宗教団体や布教活動から受ける影響があると考えられる。とはいえ、日本においてその活動を展開させる事例も見られるので、最後にそれを指摘しておきたい。

たとえば宗教団体Aの場合、設立時に影響を受けた「ジャマーアテ・イスラーミー」との関係は人的交流程度になっている。設立から20年が経過した今は、日常的な活動が安定してきた。特に有力な日本人ムスリムを次々と活動に巻き込んできたことで、パキスタン人中心だった活動を日

本人にも参加しやすいものへと発展させてきた。近年はさまざまな国籍の活動参加者を幅広く受け入れており、それが宗教団体Aの活動の特徴であると言えよう。

一方、宗教団体Bはムスリムが宗教的により真面目になることを重視しており、そのためには拠点を開設し、そこに人が集まるようにすることが重要であると考え、日本各地で積極的にモスクを開設してきた経緯がある。その結果日本におけるニューカマー主導の宗教活動の先駆者となり、千葉県においてもモスクを初めて開設したパイオニアとなった。その活動形態は、設立以降20年以上ほとんど変わっておらず、日本人ムスリムや日本人配偶者女性にとって参加しづらい一面があるのも事実である。しかしながら他方で、地方都市において人口の少ない南アジア系外国人が協力して共に宗教活動に参加できるという別の利点も見られ、事実、宗教団体Bの活動もまた活発に続いている。

日本人住民にとっては、イスラームはなじみの薄いものかもしれないが、実は千葉県内の地方都市において、これらの宗教活動は15年、もしくは20年も前から根付いていたのである。日本人住民側も、9.11以降にマスコミを通じて固定化されたイスラームへの偏見を乗り越え、その宗教実践に少しでも関心を持ち、近隣住民でもある外国人ムスリムの話に耳を傾けてみることをお勧めしたい。

福田友子（千葉大学）

【注】
(1) 「イスラーム便利帳・国内主要礼拝所（マスジド）と団体」より（http://www2.dokidoki.ne.jp/islam/benri/benriindex.htm）（アクセス日2011年1月9日）
(2) ハラール食材とは、ムスリムが食べることを許された食品を指す。たとえば肉およびその加工品は、決められた方法で屠殺された肉を使用していなければハラールと認められない。また酒、豚肉は禁じられている。
(3) 宗教団体Aについては、執行部メンバーであるパキスタン人男性1人、日本人女性4人への聞き取り調査で得られたデータによる。聞き取りは日本人女性3人に対して、それぞれ2003年8月8日、2004年5月9日、2004年9月27日に、パキスタン人男性に対して2006年4月13日に行った。さらに日本人女性に対して2008年7月12日に聞き取りを追加した。詳細については福田（2007a）も参照のこと。
(4) 「ジャマーアテ・イスラーミー」については、パキスタン人同郷団体の元代表であるパキスタン人男性に対して、2008年6月17日と7月10日に聞き取りをした。詳細については福田（2012b）も参照のこと。
(5) ある日本人女性は、マウドゥーディー師の思想における宗教と経済活動との関連性について、「Weberの『プロテスタンティズムの倫理と資本主義の精神』に似ている」と指摘した（2008年7月12日聞取）。
(6) 正式な記録というものは残されていないので、他の年月も含めて、すべて関係者の記憶やメモによるものである。近年、宗教団体Aはその活動経緯をまとめる作業を進めている。
(7) 「タブリーギー・ジャマーアト」については、パキスタン人同郷団体の元代表であるパキスタン人男性に対して、2008年6月17日と7月10日に聞き取りをした。さらに同郷団体の元代表である別のパキスタン人男性に対して、2010年1月18日と2月8日に聞き取りをした。詳細については福田（2012b）も参照のこと。
(8) 岡井（2007a: 31）は、タブリーギー・ジャマーアトを、明確な「宗教団体」ではなく、「宗教運動」であると捉えている。タブリーギー・ジャマーアトの活動展開については桜井（2003）、宗教実践については、岡井（2007a; 2007b）を参照のこと。

⑼ 2005年8月22日と8月31日、日本人女性からの聞き取りによる。
⑽ 宗教団体Bの千葉県内での活動経緯については、山武市のモスクの管理責任者の一人であるパキスタン人男性に対する2011年12月30日の聞き取り調査で得られたデータによる。
⑾ パキスタン人の自営業者および中古車貿易業者については福田（2007b; 2012a; 2012b）を参照のこと。
⑿ 日本人ムスリムの参加はほとんどなく、日本人ムスリムは宗教団体Bの東京都内のモスクに集まる傾向が見られるという。

**【参考文献】**

福田友子, 2002, 「国家による成員の選別過程──1990年入管法改定と『日系人』を事例として」『社会学論考』23: 31-56.
────, 2007a, 「移民による宗教団体の形成──滞日パキスタン人ムスリムを事例として」『日本都市社会学会年報』25: 63-78.
────, 2007b, 「トランスナショナルな企業家たち──パキスタン人の中古車輸出業」樋口直人ほか『国境を越える──滞日ムスリム移民の社会学』青弓社: 142-77.
────, 2012a, 「パキスタン人──可視的マイノリティの社会的上昇」樋口直人編『日本のエスニック・ビジネス』世界思想社: 221-249.
────, 2012b, 『トランスナショナルなパキスタン人移民の社会的世界』福村出版.
長谷安朗, 1993, 「送り出し地域の貧困と移民先の苦難──パキスタン・ミールプールからイギリスへ」梶田孝道編『ヨーロッパとイスラーム──共存と相克のゆくえ』有信堂: 264-84.
井上あえか, 2003, 「パキスタン政治におけるイスラーム」『アジア研究』49(1): 5-18.
小牧幸代, 2000, 「インド・パキスタンにおける大衆的イスラーム運動の動向研究──国際化する布教組織『タブリーギー・ジャマーアト（布教団体）』と『ジャマーアテ・イスラーミー（イスラーム団体）』の実態調査を中心に」庭野平和財団『研究・活動助成報告書』8: 106-10.
Min, Pyong Gap, 1992, "The Structure and Social Function of Korean Immigrant Churches in the United States," International Migration Review, 26(4): 1370-94.
岡井宏文, 2007a, 「モスクの設立とイスラーム組織の展開」店田廣文編『関東大都市圏における在日ムスリムの社会的ネットワークと適応に関する調査研究』2005〜2006年度科学研究費補助金基盤研究(C)研究成果報告書: 15-41.
────, 2007b, 「イスラーム・ネットワークの誕生──モスクの設立とイスラーム活動」樋口直人ほか『国境を越える──滞日ムスリム移民の社会学』青弓社: 178-209.
桜井啓子, 1998, 「関東近郊のモスクをたずねて──在日ムスリムのコミュニティ」『PRIME』8: 51-60.
────, 2003, 『日本のムスリム社会』ちくま新書.
サマライ, サリー・M. 1997, 『日本におけるイスラーム普及の歴史と発展』イスラミック・センター・ジャパン.

# 6 外国人学生をめぐる現状と課題

## 1 1980年代以降の日本の留学生受入政策とその現状

　本稿であつかう「外国人学生」は、「出入国管理及び難民認定法」の別表第1の4で定める「留学」という在留資格[1]を有している者を対象とする。現実には、「家族滞在」等の資格で日本に住まい、諸学校で学んでいる「外国人学生」も存在するが、それらについては対象外とし、いわゆる「留学生」のみを扱っていくことを初めにお断りしておく。

　1980年代はじめ、日本で学んでいる留学生数は1万人程度に過ぎなかった。その状況を転換し、「先進国としては10万人程度の受入を目指すべき」との方針を中曽根康弘内閣が打ち出したのは、1983年のことである。この「10万人計画」は、別表のように、すべり出しは順調であったが、1990年代には4、5万人台での停滞が続き、実現を危ぶむ声もあった。しかし、2003年、ついに10万9千人となり、目標値を達成することを得た。さらに2009年には13万越え、2010年に過去最高の14万1774名を数えるに至った。しかしながら、2011年5月現在の集計は13万8075名で、東日本大震災のため、前年比2.6％の減少となった[2]。

　ここ数年、最高値を更新し続けてきた理由は、2008年春、福田康夫内閣が「日本を世界により開かれた国とし、アジア、世界との間のヒト・モノ・カネ・情報の流れを拡大する「グローバル戦略」展開の一環として位置付け、2020年を目途に30万人を目指す」という「留学生30万人計画」を発表したことが大きい。文部科学省が作成した「『留学生30万人計画』の骨子とりまとめ」[3]には、大学と日本社会に対する次のような提言がなされている。まず大学には、「留学生を引き付けるような魅力ある大学づくりと受入れ体制」の大項目の下、①優れた留学生獲得に向けたインセンティブの付与（英語のみでの学位取得など）、②留学生にとって安心で魅力ある受入れ体制等の整備（奨学金、宿舎、卒業後のフォローなど）、③海外も含めた日本語教育の充実、の3項目を挙げる。一方、日本社会に対しては、「留学生にとって魅力ある社会―日本の社会のグローバル化―」の大項目の下、①将来の魅力あるキャリアのための就職支援・雇用の促進、②地域・企業等のコンソーシアムによる交流支援、の2つを挙げている。

　つまり、これらの体制を漸次整備していく中で、30万人という受入目標を達成していきたい、ということであるが、果たして実際はどうであろうか。以下では、日本全体および千葉県内の留学生の現状に触れるとともに、その課題についても考えていきたい。

留学生数の推移（各年5月1日現在）

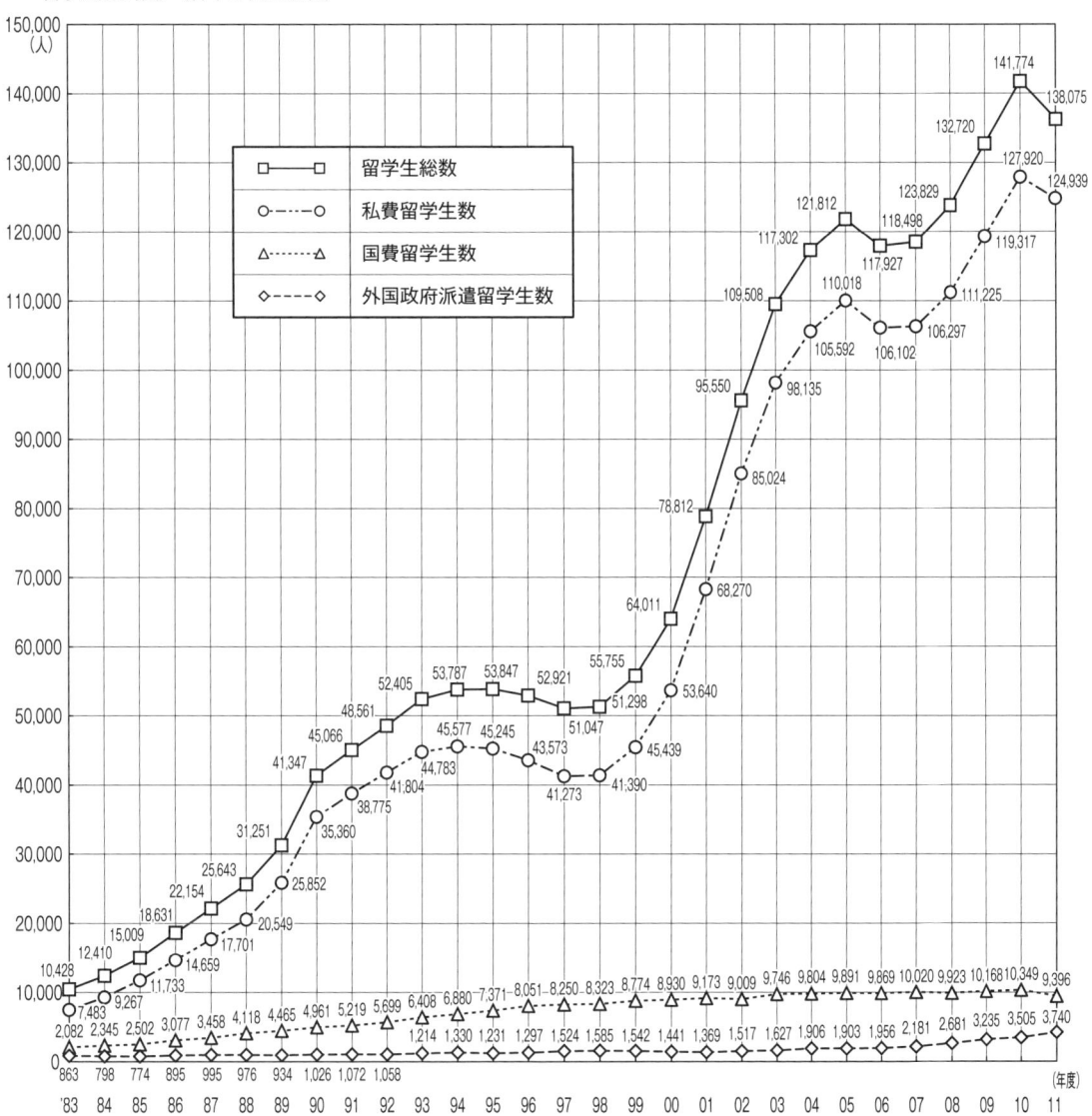

## 2　全国における留学生数とその特質

　2011年5月現在、日本に在学している留学生14万余の特質を簡単に見ていきたい。まず、出身国別では、中国が8万7500名で、全体の63％を占めている。第2位は韓国で1.7万名余（全体比13％）、以下、3位台湾4600名、4位ベトナム4000名、5位マレーシア2400名と続く。留学生全体の94％がアジア出身者であり、欧州学生は2.7％、北米学生は1.3％を占めるに過ぎない。

　在学段階別では、大学院生が全体の29％、学部生が50％、専修学校生（専門課程）が18％、短大生・高専生・準備教育課程生3％である。全体の半数は学部生だが、一方で、専門研究に励む大学院生が3割いる点に注目しておきたい（ちなみに、大学院生の63％は国立大学に、一方、学部

生の83％が私立大学にそれぞれ在籍している）。

専攻分野別では、社会科学専攻40％、人文科学専攻20％、工学専攻17％の順となり、その他の分野はみな3％以下である。「留学生は日本の先端科学技術を学びに来る」というイメージがあるかもしれないが、実際には経済や政治・法律を学ぶ学生が4割を占めているのが、昨今の傾向である。在日留学生の大半を占める中国人学生の興味関心がそこに寄せられているゆえ、と言い替えて良いかもしれない。

留学生の住環境については、公的宿舎に入居している留学生は20％で、残りの80％は、民間アパート等で生活をしている。つまり、一般市民と隣り合わせで生活している学生が多数を占めているのである。

就労問題についても触れておこう[4]。卒業後、日本で働くために在留資格変更許可申請を2010年に行った外国人は、8467名で、うち7831名に許可が与えられた（許可率92.5％）。「留学」から変更した在留資格で最も多かったのは、「人文知識・国際業務」でこれが全体の69％を占め、次が「技術」の18％。両者の合計で87％になっている。出身地別では、中国4874名（62％）、韓国1205名（15％）、台湾279名（4％）がトップ3であり、留学生数をほぼ正確に反映した結果になっている。

なお、日本での就職を目指した資格変更の申請数が、過去最多だったのは、2008年である（11789名が申請し、11040名が就労ビザを取得）。その前年にあたる2007年から09年までは申請者が1万人を越えていたが、2010年は、2割弱もの減少を見たことになる。経済停滞が雇用縮小を招いている事情に連動した結果であろうか。

## 3　千葉県内における留学生受入数とその特質

日本学生支援機構が取りまとめた2011年5月のデータによれば、留学生が学んでいる地域は、東京が最も多く、4万3188名（全体比31％）を数える。第2位の大阪が1万325名なので、東京集中の度合いが相当高いことが分かる（なお、この集計は、大学の本部が所在する都道府県に学生数を集約する方式を取っている。つまり、東京に本部を置く某私立大学が、A県に設けた新学部で多数の留学生を受け入れていたとしても、その数は「A県」ではなく、「東京」の留学生数にカウントされている）。千葉県には全国で7番目の4850名の留学生がいて、神奈川よりも上位に位置している[5]。

県内で留学生を最も受け入れている大学は、千葉大学の1025名である。次いで、城西国際大学（東金市）882名、明海大学（浦安市）の859名と続く。全国に眼を転じると、最多受入大学は早稲田大学で、なんと3393名もの留学生が在籍している。次に多いのは、日本経済大学（福岡県）の3378名、東京大学の2877名、立命館アジア太平洋大学（大分県）の2692名と続く。2千名台を受け入れている大学は以上の4校。また千名台の受入校は17校あるが、千葉大学もその1つである。千葉県内では、私立大学の受入人数も多く、その結果、留学生受入数が全国でも上位に入る現状に

ある。

　以上は2011年5月のデータによるものだが、千葉県総合企画部国際課が、同年5月に行った「千葉県内大学等在学留学生数調査」[6]の結果も紹介しておきたい。それによれば、千葉県内に学部キャンパスを有する大学、短期大学、高等専門学校のうち、留学生を受け入れている学校は52校、その人数総計は6518名である（大学別の数値は未公開）。支援機構による数字（4850名）とだいぶ開きがあるが、本部が他府県にあっても、千葉に学部を置く大学の留学生数をも算入しているための差であろう。出身別では、中国が5159名（全体比79％）。韓国が483名（同7％）、台湾135名（2％）がトップ3で、ここでも中国が圧倒的な比率を占めている。

　居住地別では、千葉県内在住は65％（4240名）に留まり、東京都在住者が29％を占めている点に注目される。アルバイトや交通の便などの理由と推測するが、やや驚かされる数字である。

　この調査は、県内の市町村別在住留学生数も出している。千葉大学などが所在する千葉市が1333名（31.4％）で最も多く、以下、城西国際大学がある東金市が443名（10.5％）、市川市408名（9.6％）、柏市384名（9％）、船橋市381名（9％）、松戸市357名（8.4％）と続く。住む場所は大学が所在する千葉県内だが、アパートは東京に出やすい総武線、常磐線沿線に借りる、という傾向も見て取れるように思われる。

## 4　今後の課題―「30万人受入計画」の行方

　文科省「『留学生30万人計画』の骨子とりまとめ」[7]は、「30万人」を受け入れる「我が国（日本）にとっての留学生交流の意義」を7つ挙げる。そこには、「我が国と留学生の出身国・地域との国際親善の強化」という一般的内容だけではなく、「我が国の経済活動の担い手として、労働市場に（優秀な）人材を確保」する、「留学生という若者の活力が少子高齢化を迎えた我が国又は地域を活性化」するなども「意義」としている。さらに「我が国の大学等における留学生交流の意義」も七つ挙げるなか、「知的国際貢献の実現」のような理念的抽象的な内容だけではなく、「少子化に対応した経営安定化」というきわめて現実的な意義付けもしている。

　確かに、「少子高齢化」などを抱える日本の近未来を留学生に助けてもらいたい、という考えも分からない訳ではない。しかし、現在の2倍もの数の留学生が日本で安心して学んでいくためには、文科省が「骨子とりまとめ」（本稿1節で紹介）で述べるような、奨学金や宿舎などの整備、また卒業後の就職先確保がこれまで以上に必要になるだろう。さらに、地域で生活する留学生および元留学生たちを、企業はもとよりであるが、一般市民たちが日本社会の構成員として認め、相互協力を行っていく態勢を構築しないと、「地域活性化」もままならない。

　たとえば、現在の留学生の3割余が大学院生である。修学年次が長くなり、また年齢が高くなれば、母国に残した配偶者や子どもを呼び寄せ、あるいは日本で家庭を持つ事例は当然増えてくる。卒業後の就労者増加も同様な事情を抱える。本書の他章では、外国人児童の教育また家族の日本語教育

について多く論じているが、留学生の増加政策は、家族を含めた支援を地域ぐるみで考えることが必要になることを忘れてはならない。「10万人受け入れ計画」を進めていた時代でも、この種の問題がすべて解決できた訳ではない。ましてや「30万人受け入れ」は、文科省や大学の一方的な動きだけではなく、社会全体が自覚し容認しないと、相当な困難を伴うだろう。

　2008年春に「30万人受け入れ計画」が打ち出された後の日本社会は、リーマンショック等による経済不況に見舞われ、現在でも回復したとは言えない。それに対し、中国は、経済危機をいち早く脱し、2010年にはGDPで日本を抜き、世界第2位に躍り出た。豊かになっていく中国の若者が、今後留学先を日本からアメリカなどにシフトしていくこともあり得るだろう。また、在日留学生の第二勢力である韓国も、サムソンやLGなどが、世界市場で日本のメーカーを凌駕しつつあり、日韓の経済や技術をめぐる関係性が変わっている現状がある。

　このような状況に加え、2011年3月の東日本大震災およびそれに伴う放射能問題は、さらに暗い影を落とすことになった。もはや「30万人」はすでに現実的な数字と言えないかもしれない。しかし、この未曾有の状況においても、日本で学ぶことを選択してくれている留学生は、まだ多数いる。1983年に、日本が「10万人受け入れ」を打ち出した際は、「先進国としての任務」という大上段からの題目が掲げられていた。もちろん今も日本の技術や産業で世界の最先端を走る分野は多いだろう。しかし、今後は「先進者が後進に教えを施す」という権力的なタテ関係とは異なり、協働的相補的なヨコの関係性を留学生とともに創っていくことが求められているように思える。つまり、相互の強い信頼関係を構築することを第一義として、その結果「××万人」という数値が伴えばそれで良し、という柔らかな構えで臨んでいくべきはないだろうか。

　こうした観点から考えると、留学生（外国人学生）との向き合い方は、日本社会が21世紀を新たな形で展開していくための試金石になっていくように、筆者には思えるのである。

見城悌治（千葉大学）

【注】

(1)　「留学」の資格は、「本邦の大学、高等専門学校、高等学校（中等教育学校の後期課程を含む。）若しくは特別支援学校の高等部、専修学校若しくは各種学校又は設備及び編制に関してこれらに準ずる機関において教育を受ける活動」ができると定めている。法務省入国管理局HP（http://law.e-gov.go.jp/htmldata/S26/S26SE319.html）。

　なお、以前の「出入国管理法及び難民認定法」は、「留学」以外に、「就学」の在留資格を設け、日本語学校等に在籍する外国人にそれを与えていた。しかし、「留学生の安定的な在留のため」との理由で、2009年7月から「留学」に一本化されている。当面は、「活動内容に変更がなければ、『留学』に切り替える必要がない」とされているため、本稿が主に使用する2011年5月のデータでは、「就学」資格による外国人学生もまだ含まれていると思われる。

　ここで2011年5月現在の日本学生支援機構がまとめた「日本語教育機関における外国人留学生受け入れ状況」のデータも紹介しておきたい。人数は、2万4594名（前年より23％減）。出身地別では、中国が1万7354名（全体比68％）、次いで韓国の2862名（11％）である。居住地域別では、東京が1万4247名（全体比56％）で、第2位の福岡1843名を大きく引き離している。ちなみに、千葉県下では884名（全国第5位）が学んでいる。

(2) これらは、文部科学省の外郭団体である「独立行政法人　日本学生支援機構」が取りまとめ、発表している数値である（「平成23年度外国人留学生在籍状況調査」http://www.jasso.go.jp/statistics/intl_student/data10.html）。一方、法務省が発表した2010年末段階の外国人登録者中、「留学」の資格で日本に滞在している外国人は、20万1511名である（法務省HP「登録外国人統計表」http://www.moj.go.jp/housei/toukei/toukei_ichiran_touroku.html）。

2010年5月段階での支援機構による「留学生」数は14万人とされるので、両者の数値に6万人余の違いがある。その理由として、7ヶ月後の調査であること、これまで「就学」ビザ取得者として数えられていた3、4万人が「留学」に組み込まれたこと（2009年の法務省データでは、「留学」資格が14.6万人、「就学」資格が4.6万人だった）などが考えられる。しかし、「留学」の資格を得ながらも、実際には諸学校で学んでいない外国人の存在もあることを窺わせる。

なお、2010年末の外国人登録者総数は、213万4151名であり、最多は「永住者」資格者の56万人である。「留学」資格も多い部類に入り、全体の1割弱を占めていることになる。

(3) 文部科学省HP「「『留学生30万人計画』の骨子」ととりまとめの考え方」2008年4月25日付、http://www.mext.go.jp/b_menu/shingi/chukyo/chukyo4/houkoku/attach/1249711.htm

(4) 以下のデータは、法務省入国管理局HP「平成22年における留学生等の日本企業等への就職状況について」（http://www.moj.go.jp/nyuukokukanri/kouhou/nyuukokukanri07_00046.html）参照。

(5) 法務省入国管理局HP「平成22年末における外国人登録者統計について」によれば、千葉県内の外国人登録者数は、11万4254名で、そのうち、「留学」資格は1万188名に与えられている（http://www.moj.go.jp/nyuukokukanri/kouhou/nyuukantourokusyatoukei110603.html）。なお、日本学生支援機構のデータでは、2010年5月現在、千葉県内の日本語学校に1275名が在籍していたとされる。

(6) 千葉県HP「千葉県内大学等在籍留学生数調査について」　http://www.pref.chiba.lg.jp/kokusai/joho/ryugakuseisu.html

(7) 前掲、文科省HP「「『留学生30万人計画』の骨子」ととりまとめの考え方」

# 7 外国人住民をめぐる法的諸問題

## 1 外国人とは

　外国人住民をめぐる法的諸問題を論ずる場合に、まず法的に「外国人」とはどういう人を指すのかを確認する必要があります。

　法的に「外国人」とは「日本の国籍を持たない人」を指し、日本以外の国の国籍を持っている人及びどこの国の国籍も持っていない人がいます。

　そして、どのような場合に日本の国籍を与えるかについては国籍法という法律によって決めることになっています。

　このように、どのような場合に国籍を与えるかは古来から当然に決まっているものでも、万国共通の基準によっているものでもなく、それぞれの国の決め方によって異なることになります。日本においても、これまで何度か国籍法が改正され、日本国籍を与えられる人の内容が変化してきました。

## 2 出入国に関する問題

### (1) 入国について

　まず、外国人が日本に入国するためには日本国の許可が必要です。外国人が「日本に入国したい」と希望しても、当然には日本に入国できません。

　つまり、「入国の自由」は外国人には認められていないのです。現在の日本においては、出入国管理及び難民認定法（以下「入管法」といいます）という法律により、一定の事由のある人（例えば貧困者・放浪者等で生活上、国や地方公共団体の負担になる恐れのある人、麻薬・覚醒剤等の犯罪を犯したことのある人、1年以上の懲役又は禁固の刑に処せられたことのある人、日本国から退去強制されて5年以上経過していない人等）は、日本への上陸が認められていません。

### (2) 滞在について

　次に、上陸を許可された人も日本に滞在するには在留資格が必要です。

　この在留資格については、入管法に細かく規定されており、その資格内容によって、日本国内で行うことのできる活動範囲や、在留期間がそれぞれ異なっています。

　そして、日本国内において在留資格を変更したいと希望する時には、資格変更について入国管理局の許可が必要です。

　なお、外国人の場合でも一定の在留資格（例えば永住者、日本人の配偶者、定住者等）の人は、外国人の身分又は地位に基づいて在留資格を与えられていますので、活動範囲（永住者は在留期間についても）には制限がありません。

### (3) 出国について

外国人が日本から出国しようとする場合には、「出国の自由」は認められます。

しかし、刑事事件を犯すなどして身柄拘束されている場合等には制約があります。

また、一定の場合には、強制的に日本から退去させられることがあります。例えば、在留資格に認められた在留期間を過ぎて許可なく在留したいわゆるオーバーステイの場合、麻薬・覚醒剤等の犯罪を犯し、有罪の判決を受けた場合、無期又は1年を超える刑に処せられた（但し、執行猶予の判決を受けた場合を除く）場合等です。

## 3 在留外国人をめぐる法的問題

### (1) はじめに

現実の日本には在留外国人の中に前に述べた適法な在留資格を持つ人と、適法な在留資格を持たない人とがおります。ここではまず適法な在留資格を持つ外国人について説明し、その後に適法な在留資格を持たない人に特別に発生すると思われる法的問題を説明することとします。

### (2) 基本的人権

① 適法に入国し、在留資格を有している限り、原則は日本人と同じであり、その基本的人権は尊重されなければなりません。

② しかし、選挙権及び被選挙権は認められていません。この点については、外国人も市町村の構成員であり、納税の義務も果たしているのに選挙権・被選挙権がないのは不合理ではないかという考えから、少なくとも地方議員の長や議会議員に関する選挙権・被選挙権を一定の外国人に認めようとする法案が国会に提出されるなど改正しようとする動きが具体化しています。

また、川崎市では1996年「川崎市外国人市民代表者会議条例」を制定し、代表者会議の意見を市長が報告を受け、議会に報告すると共に、公表するなどしています。

1985年頃、千葉県内の市について調査した際には外国人を市の人口数に含めていない（住民基本台帳に記載されている日本人のみ数え、外国人登録している外国人を数えなかった）市が多くあり、驚いたことを考えると大きな変化だと思います。

③ なお、外国人が原則として禁止されている職業も漁業・鉱業や通信事業等多くあります。

特に、公務員については、「外国人は公権力の行使または公の意思の形成への参画に携わることができない」との考えから国家公務員、地方公務員とも外国人は原則として就くことができないとされてきました。この点についても、先に述べた選挙権等と同じく外国人も住民（市民）であるとの考え等から、「公権力の行使または公の意思の形成」という内容をできるだけ狭くし、外国人も公務員に就けるよう考えるべきだという考えが増え、現在は、地方公務員のうち、看護師、助手、技師についてはもちろん、一般事務職、技術職、保母（父）、消防職等でも採用する自治体が増えています。

この点について、最高裁判所は、2005（平成17）年1月26日に、東京都が福祉職として採用した外国人職員にたいし、管理職試験を受験させなかったことが憲法違反か否かが争われた事件で、採用についても、昇任制度についても、自治体の裁量を認めた上で、「公権力行使等地方公務員（地方公務員のうち、住民の権利義務を直接形成し、その範囲を確定するなどの公権力の行使に当たる行為を行い、もしくは普通地方公共団体の重要な施策に関する決定を行い、又はこれらに参画することを職務とするもの）に関しては、外国人に受験の機会を与えなかったとしても合理的な差別である」と判示しました。しかし、今も批判が多くなされています。

　尚、国公立大学の教員については、1982（昭和57）年9月から法律により外国人も就けるようになっています。

### (3) 結婚について

① 手続き

　日本人と外国人が結婚する場合は、戸籍役場（必ずしも本籍地に限らず、居住地でも可能です）への届出をすれば成立します。この場合に日本人の戸籍謄本（本籍地以外に提出する場合）、外国人の婚姻要件具備証明書（各国によって具体的書類は異なります。大使館で確認するとよいと思います）を添付することが必要です。

② 国籍の変化

　日本の現行国籍法では結婚をしても、国籍に変化がありません。しかし、外国人男性が日本人女性と結婚した場合に、当該外国人男性の母国の法律によって異なる扱い（日本人女性の妻に当然に男性の母国の国籍が付与される場合や日本人女性の妻の選択によって男性の母国の国籍を取得することができる場合等）をすることがありますから注意が必要です。

　もし、日本人女性の妻に当然に男性の母国籍が付与される場合には当該日本人女性は二重国籍になりますから、一定の時期にどちらかの国籍を選択しなければ当然に日本の国籍を失ってしまいます（国籍法14～16条）。

③ 氏の変化

　日本人については新戸籍が作成されますが、氏は原則としてそのままです。

　もし、配偶者の外国姓を名乗りたい場合には、婚姻後6ヶ月以内に戸籍役場に氏の変更届をすれば可能です。

### (4) 離婚について

① 手続

　日本国内で離婚する場合は、結婚と同じく戸籍役場への届出可能です。但し、配偶者（夫又は妻）の本国においても離婚が認められるか否かは当該国の法律の規定によって異なりますから注意が必要です。

② 国籍の変化

　結婚と同じく日本の現行の国籍法では離婚によっての国籍の変化はありません。但し、結婚

によって外国籍を取得した場合には当該国の法律に従うことになります。

③　氏の変化

　原則としてそのままです。結婚によって氏を変更した人が、結婚前の氏に戻りたい場合は離婚から3ヶ月以内に戸籍役場にその旨届出すれば可能です。

④　財産分与や慰謝料請求

　日本の民法においては離婚に伴い、財産分与請求や慰謝料請求をすることが認められていますが、国によっては認められていない法制度をとっている国もありますから、国際結婚をした人が離婚する場合に、はたして財産分与や慰謝料請求をすることができるのかということが問題となります。

　様々な考え方があり、一義的に定まっているわけではありませんが、現在の日本における大方の考え方は、夫婦とも、もしくは夫婦の一方が日本に常居所を有する場合には日本の法律の適用を受けることとされていますので、このような場合には財産分与、慰謝料請求ともに可能ということになります。

⑤　親権者指定

　離婚する夫婦に未成年の子がいる場合、その親権者（監護・養育する者）を誰にするかを決めなければなりません。

　この場合も親権者制度について必ずしも各国が同一でないため、日本の法律を適用していいかどうかが問題になります。

　現在の実務では、当事者の一方が日本人であり、しかも親子がいずれも日本に在住している場合は日本の法律に従って解決することとされていますので、このような場合にはまず、夫婦が協議して決め、協議が整わない場合には、家庭裁判所で決めることになります。

⑥　ハーグ条約への加盟の影響

　国際結婚が破綻した夫婦間の子どもの取扱いについて、国際的にはハーグ条約（1983年発効）がありますが、日本はこれまで加盟していませんでした。

　ところが、諸外国から強い批判を受けていたこともあり、2011年5月20日に同条約への加盟を閣議決定しました。

　この条約では、加盟国に対し、国際結婚が破綻し、子どもの引き取りを巡る争いが起き、一方の親が子どもを無断で国外に連れ出した場合、子どもを一旦元の居住国に戻したうえで親権争いを決着させる手続を定めることを求めています。

　但し、日本では、加盟するにしても、国内法では虐待防止などに配慮し、子どもや配偶者に対する虐待や家庭内暴力が過去にあった場合などには、元の居住地に戻すことを拒否出来る例外規定を設けることにしています。

⑦　離婚に伴う外国人の在留資格について

　離婚によって、外国人の夫又は妻は「日本人の配偶者」という在留資格がなくなります。そ

して、新たな在留資格を取得しない限り、帰国しなければならなくなります。この新たな在留資格として「短期滞在」（最長90日間）への変更は比較的簡単に認められていますが、この資格では90日以内にいずれにしても帰国しなければなりません。そのため、在留期間の比較的長い外国人は「定住者」への資格変更申請をすることになります。

ところが、これまでは、この「定住者」への変更は入管当局は容易には認めず、やむを得ず帰国した人もいましたし、現在もその取扱いは原則は同じです。但し、現在は1996年7月30日付の通達により「日本国籍を持つ子を養育している外国人に対して定住の道を認めていく」ということになり、日本国籍を持つ子を現実に養育している外国人には、その在留期間の長短を問わず、「定住者」への資格変更を認めることとなりました。

また、日本に来て3年以上の期間が経過しており、将来の安定した生活が見込まれる場合など生活基盤がある場合には、「定住者」への変更も可能と言われています。

## (5) 就労について

① 前に述べたように外国人が日本で就労することができるか否かは、その在留資格によって、その可否及び就労内容が決まります。詳しくは入管法別表第一、第二の表に示されています。

② 就労できる在留資格を持つ外国人に対しては、入管当局が「就労資格証明書」を交付してくれます。

③ 労働者保護法規の適用

イ 労働者保護法規は全ての外国人就労者に適用されます。就労関係さえあれば、その外国人が就労資格を有しない、いわゆる不法就労者の場合（そもそも全く在留資格を有しない人や在留資格を有するが就労資格を持たない人など）でも適用されます。

ですから、就労資格が無くても、労働契約を締結し、実際に労働した場合には賃金請求が出来ます。もし、就労したのに賃金が未払いの場合には法的請求も可能です。

但し、雇用保険の加入については、就労資格を有しない外国人は加入できません。

ロ 仕事に従事している間（通勤途上も含む）に災害に遭った場合には、労働災害補償が受けられます。雇用主が当該外国人を労災保険に加入させていない場合に、その未加入を理由に労災申請に協力しない雇用主もいますが、労働者保護のために労災に遭ってからでも加入可能ですので、労災時未加入は労災申請拒否の理由にはなりません。

労災にあった場合には、まず、労基署に相談し、労災申請手続を採ることをお勧めします。当該外国人が不法就労者でも労災申請手続が終わるまで、労基署から入管当局や警察に通報することはありません。

なお、労災保険によって、受けられる補償の内容は、治療費、休業補償の一部、後遺障害補償などです。

ハ 災害にあった場合に、その原因について会社や第三者に責任がある場合には、労災補償とは別に当該責任者に対する民事賠償（労災で補償されない慰謝料や休業補償の残金など）の

請求も可能です。

　　　勿論、労災補償を受けた分については控除され、二重受給はできません。

ニ　外国人が災害に遭った場合に特有な問題がいくつかあります。まず、第1は、後遺障害が残った場合に逸失利益（当該外国人が後遺障害によって十分就労ができず、賃金が減少する分）を計算するわけですが、この計算にあたって当該外国人の基本賃金を日本における実質賃金もしくは平均賃金にするか、当該外国人の母国における平均賃金を基準にするかという問題であり、第2は労働能力喪失期間（日本人の場合は通常67歳までの期間とされている）と在留期間（外国人の場合は通常最長3年）との関係をどう考えるか、という問題であり、第3は慰謝料額を決定する場合に、日本の貨幣価値を基準にするか外国人の母国の貨幣価値を基準とするか、という問題です。

　　　これらの点については、明文をもって決められているわけではなく、様々な意見が出されています。原則は日本における賃金額を基準としながら在留予想期間経過後は帰国後の母国の賃金額を基準として計算するという方法が一番多く用いられています。

　　　慰謝料については、原則として日本の貨幣価値を基準に日本人と同等の慰謝料額を認める取扱いが多く用いられています。

ホ　会社や第三者が責任あるにも拘わらず、賠償金を支払われない場合には、勿論被害にあった外国人は裁判を提起することができます。不法就労者であっても同じです。裁判所から入管当局や警察に不法就労を通報することはありません。

## (6) 子どもについて

① 国籍

イ　日本において子どもが出生した場合、日本の法律では出生時に父又は母が日本国民であるときや、父母がともに知れないときまたは国籍を有しないときには子どもは日本国籍を取得します。

　　　しかし、国によっては、日本で生まれても外国人である親の国籍を取得する場合（中国、韓国、オーストリア、イタリア）などがあり、子どもが二重国籍となる場合があります。

　　　このような時には、22歳に達するまでにどちらかの国籍を選択しなければなりません。

ロ　日本人の子どもが外国で生まれた場合でも、日本の法律ではその子どもは日本国籍を取得します。しかし、国によっては生まれた国の国籍をも取得する場合（例えばアメリカ、カナダ、オーストラリア、ブラジル、パキスタン、英国など）もあります。

　　　この場合も二重国籍になりますが、この場合には出生届とともに（日本）国籍留保届をする必要があり、この届出を出生後3ヶ月以内にしない時は、子どもの日本国籍は出生時に遡って失うこととなってしまいますから注意が必要です。但し、この場合には20才未満であって、日本に住所を有する時は、法務大臣に届けることによって日本国籍を再取得することが出来ます。

又、以上のように、二重国籍（複数国籍）が生じた場合に、選択を強制する現行制度は人権尊重の観点から疑問があり、複数国籍保持を容認する方向で法改正をすべきであるとの意見も出されています（日本弁護士連合会）。

② 子どもの氏

　日本の国籍を有している日本人である親の氏（日本人親が結婚によって外国人配偶者の氏に変更している場合は外国人親の氏）を名乗ることになります。

　もし、子どもが外国人親の名を名乗りたい場合には、家庭裁判所に申し立てて許可を得る必要があります。

③ 養子縁組

　イ　外国人と養子縁組をする場合には養親となる人の本国法に準拠することが必要です。ですから、日本人が養親となる場合には日本の法律（民法）に従うことになります。但し、この場合に養子となる外国人の本国法が子どもを保護するため一定の条件を課している場合（例えば養子もしくは第三者の承諾もしくは同意または公の機関の許可、その他の処分のあることを要件としている場合）には、その要件も備える必要があります。

　ロ　養子縁組の手続についても養親の本国法によりますが、縁組が行われた場所の法律によることも可能ですので、日本で養子縁組をする場合には、全て日本の法律に従って手続すればよいということになります。

　ハ　外国人が日本人親の養子となった場合にも国籍は変わりません。

　　外国人が日本の在留資格を得たいために日本人親と養子縁組をしたいという相談を受けることがありますが、養子縁組をしたからといって当該外国人の在留資格に変更があるわけではありません。

## (7) 教育について

① 外国人も公立小・中学校に入学できるか

　日本国憲法は26条で「すべて国民は法律の定めるところにより、その能力に応じて、等しく教育を受ける権利を有する」と定め、養育を受ける権利を認めています。そして、一方で「すべて国民は、法律の定めるところにより、その保護する子女に普通教育を受けさせる義務を負う。義務教育は無償とする」と定めています。

　つまり、無償で（義務）教育を受ける権利を「国民」に認めているのです。

　ですから、外国人の場合には、当然には公立小・中学校に入学できません。一方、義務教育も「国民」に対してですから、外国人は日本の公立小・中学校に子女を通わせる義務もありません。

② 実際には、外国人登録をしている外国人子女に対し、公立小・中学校への入学を許可する市町村（教育委員会）が多いですし、授業料や教科書代も日本人と同じく無償としている市町村が多いです。

外国人が自分の子女を公立小・中学校に通学させたいと希望する場合には住居地の市町村教育委員会にその旨申し出て、許可を受ける必要があります。

③　大学入学資格の問題

　　　外国人は自分の子女を公立小・中学校に通学させなくてもよいのですが、日本の大学を受験するためには、現行法上は「学校教育法に定める高等学校を卒業したか、高等学校卒業以上の学力があると認めた場合」とされ、日本にある外国人学校については、「外国の高等学校相当として（文科省が）指定した外国人学校卒業生」とされているため、国立大学では、長い歴史を有する朝鮮高級学校やその他の指定されないインターナショナルスクール等の卒業者に受験資格を認めていません。しかし、私立大学や公立大学の多くは前に述べた「同等以上の学力があると認めた場合」に該当するとして、受験資格を認めています。外国人の人権尊重の立場から考えれば、同等以上の学力があると認めて、せめて受験を認めるのが当然のように思います。

## (8) 相続について

　相続に関する法律の適用は、被相続人（すなわち、亡くなった人）の本国法によります。ですから、外国人配偶者が亡くなった場合には原則として当該外国人の本国法が適用されますが、その外国法で「（居住しているなどの理由で）日本法による」と規定されている場合（「反致」と言います）には、日本の民法に従って相続することができます。

## (9) 医療について

　国民健康保険や国民年金等への加入についても現在は、国籍条項（国籍によって差異を設ける）が撤廃され、法文上は「全て」の人に許されています。

　ところが、国民健康保険については、厚生省課長通知（平成4年3月31日）で、概ね「外国人登録法に基づく登録をしており、入国当初の在留期間が1年以上であるもの」という制限を設け、実際の運用では1年以上の滞在期間を有しない人は加入を拒否されています。この点は合理的制限と言えるか大きな疑問であり、改善されるべきだと思います。

　また、国民年金法は「日本国内に住所を有する20才以上60才未満の者」を「被保険者」としています。ですから、外国人登録している20～60歳の外国人も被保険者とされていますが、60歳あるいは65歳を超えてまで日本に在留しようと考えていない滞在期間の短い外国人にとっては、掛け金の支払いをするだけで、給付を受けない（但し、帰国する場合には脱退一時金が支払われます）ことが明白であることから、国民年金の掛け金を納めることに抵抗を感じる人も多くいます。年金制度に対する考え方の相違という点もありますが、国民健康保険の運用実態と照らし考えると、あながち不合理な考えとも言い切れないと思います。

　そこで、現在、日本はいくつかの国と社会保障協定を締結しており、保険料の掛け捨て防止を図っています。

## 4 適法な在留資格を持たない外国人の場合

### (1) 結婚について

適法な在留資格を持たない外国人の場合も結婚届は提出できます。但し、結婚したからといって在留資格が付与されるわけではありませんので、引き続き在留資格を得られるようにしなければなりません。

その方法として日本人と結婚した在留資格を持たない外国人については、入管当局に出頭し、在留特別許可申請をすることになります。この場合、必ず許可されるとは限りませんが、最近は時間がかかっても多く認められているようです。また、入管当局が在留資格を認める際には、申請者の生活実態を重視しますので、結婚届を出し、真に結婚生活を続けていることを説明し、その裏付け資料等を提出することが重要です。

### (2) 労働について

前に述べましたように、適法な在留資格を持たない外国人でも、契約して労働した場合には賃金を請求することが出来ますし、就労中（通勤途上も含む）に災害にあった場合には、労災補償を受けることができます。しかし、この場合、実際には雇用主が不法就労者を雇用している事実が露顕するのを恐れ、労災申請をせず、あるいは外国人が申請することについて非協力ないしは妨害することが多くあります。不法就労外国人も入管当局に不法滞在等の事実を連絡されることを恐れ、権利主張しないことが多いですが、前に述べましたように労災申請をしたからと言って、入管当局に通報されることはありません。正々堂々と権利主張し、労災申請をした方がよいと思います。

### (3) 医療について

適法な在留資格を持たない外国人が日本で生活する上で大きな問題が国民健康保険に加入できず、病気、怪我の時に多額の治療費を必要とすることです。前に述べましたように、在留資格を持つ人でも「1年以上在留しなければ加入できない」のが厚労省の運用実態ですので、非常に多くの人が加入できずにいます。

日本に入国し、生活習慣や気候風土の違いから体調を崩すことが多いことを考えると、むしろ在留期間の短い人にこそ健康保険の適用が必要だと思いますし、在留資格を持たないため日本での生活レベルが低く、就労場所も劣悪なことが多い人達にこそ、健康保険の適用が必要だと思います。その意味で現在の日本の実態は人権尊重の点からは極めて不十分と言わざるを得ません。

## 5 新しい動き

(1) 2012（平成24）年7月9日から、外国人住民に対する管理制度が大幅に変わります。

(2) 新しい制度では、外国人住民を①特別永住者、②中長期在留者、③非正規滞在者に3区分して

管理することになり、これまでの外国人登録制度はなくなります。

(3) そして、正規滞在者である特別永住者と中長期在留者（これまでの永住者、定住者、日本人の配偶者、留学など）は、市区町村で外国人住民票を作成し、特別永住者は「特別永住者証明書（カード）」の交付を受け、中長期在留者は「在留カード」をの交付を受けることになります。一方、非正規滞在者は住民票は作成されず、在留カードも交付されません。

(4) この改正によって外国人住民に対する管理が厳しくなることが予想され、法的問題も新たに発生する可能性があります。

廣瀬理夫（渚法律事務所・弁護士）

# 第2章

# 広がる外国人住民とのネットワーク

### 概要

　第2章では千葉県内における外国人住民とのネットワークに焦点を当てていく。多文化共生という観点からも、外国人住民への直接的な支援のほか、地域住民と外国人住民とを繋ぐ支援は欠かすことはできない。私たちはさまざまな文化背景を持つ「隣人たち」とどのようにかかわっていけばよいのだろうか。

　「隣人」たちは私たちの見えないところで深い悩みを抱えている場合がある。とくに深刻なのは、日本における就労問題、女性であれば、日本人男性と結婚している女性の家族問題等である。第1節では移住労働者と連帯し、外国人の就労問題・家族問題等、多岐にわたって相談業務を行ってきたhand‐in‐handちばの取り組みを、第2節では20年にわたり外国人母子生活支援施設として、安心で安全な場所を提供するほか外国人の自立支援を行ってきたフレンドシップアジアハウス・こすもすの取り組みを紹介する。

　また、外国人労働者等が定住化傾向にある昨今、外国人の人権・権利というのも大きな問題のひとつである。第5節では定住外国人の人権を求めて、当事者自身が学び、権利を主張していった過程をつづった定住外国人の人権を考える市川・浦安の会の取り組みを紹介する。

　地域における多文化共生だけでなく、地球規模での国際市民としての活動も重要である。第3節

第2章

では、「顔の見える交流」を目指し、主に交流支援活動、国内啓発普及活動、フェアトレード商品の販売活動を行っている地球市民交流基金EARTHIAN（アーシアン）の活動を紹介する。

　さらに、「隣人」への支援も多様化している。第4節では外国人市民と地域住民との架け橋を目指し平成23年7月に誕生した四街道市国際交流協会の取り組みを、第6節では千葉県において行政・住民・民間団体・地域の国際交流協会等を繋ぐ中間支援組織として多文化共生に向けて取り組む千葉県国際交流センターの活動を、そして第7節では善意通訳として多岐にわたって多文化共生のまちづくりと支援にかかわってきた柏グッドウィルガイド協会の取り組みを紹介する。

相良好美（千葉大学大学院教育学研究科修士課程）

## 1 hand-in-hand ちばの取り組みから

　2011年いっぱいでhand-in-handちばの活動を終え、事務所を閉鎖することを運営委員会は決定した。中心メンバーが病気、家族の事情、生活の変化など、活動のための時間をとることが難しくなってきたことが直接の理由だが、社会の変化もある。政権の交代で「不法滞在」者が減り、また、当事者が問題解決のノウハウを身につけてきている。行政の対応も変わり、暗澹たる思いで窓口に立ちすくむこともなくなった。事務所の電話が全く鳴らない日があり、具体的に取り組むケースは激減していた。

### 1 移住労働者と連帯する全国ネットワークへの参加

　1999年6月5・6日、東京で「移住労働者・家族と共に生きる社会を目指して」を掲げた全国フォーラムが開催された。フォーラムに先立ち、1997年に「移住労働者と連帯する全国ネットワーク」が設立され、運営委員を送り出していた。このフォーラムに、私たちは実行委員として加わり、運営委員、会員が運営と分科会にのべ28名参加した。予想を超える当事者の参加もあり、このフォーラムが契機となり、文字通りの全国ネットワークとして、各地でそれぞれに活動していた人々が個々の問題の解決に当たるばかりではなく、行政交渉、政策提言など力をつけていった。

　また、フォーラムと前後して専門化したグループも立ち上げられ、私たちは関心に応じてそれらのグループにも参加した。DVなど女性の問題、医療、入管法、研修生、難民など問題別に、メーリングリストによる情報の交換や学習会、シンポジウムなどが持たれた。医療問題に精通したり、DVや人身売買など女性問題に深くかかわるなど、得意分野を持ち、関心が明確になるメンバーも出てきた。私は、「子どもの国籍を考える会」に参加し、弁護士や学者、ケースワーカーたちと、事例研究や調査、国籍法改正へ向けての提言など不定期ながらも非常に濃い内容の話し合いを続けることができた。

　「善意」や「気持ち」では解決することのできない法律や仕組みの壁があり、たとえば移住労働者の子どもたちの状況が劇的に変わった背景には法律の改正や条約の批准がある。まだまだ日本が批准していない移住者の権利に関する国際条約があり、国内法の整備や運用の問題もある。世界の動向にも関心を向けなければならなかった。

　しかし、私たちが最も優先したことは発足当時から変わらず、相談者に寄り添い、問題を具体的に解決する努力であった。全国フォーラムで出会った人々とのつながりはそのことに非常に役立ったばかりではなく、各地に共通な課題として連帯して取り組む流れが生まれた。1999年にhand-in-handちばが受けた相談者の国籍は20カ国にのぼり、相談者総数は226名、うち女性が166名を占める。訴えの内容は、結婚、離婚、子どもの認知、在留資格が多数だが、一人が多くの問題を抱えることは言うまでもない。

外国人女性が日本人男性と離婚する場合、在留資格、親権、養育費など必ず付随する問題がある。また、DVが潜んでいることが多く、日本人男性である夫は、家庭に恵まれずに育ったり、安定しない職業だったり、教育が受けられていない場合が多い。日本社会にある根の深い闇をいつも意識させられた。元代表故鈴木省吾牧師が「自分を含めた『日本人』や『日本』の変革につながる大切な意義を持つもの」であり、「氷山の一角にへばりつき、自分の体温でも氷を溶かす」と、かつて書いたことを実感しながら、歩みを進めた日々であった。

## 2 外国人女性の離婚と子ども

　1998年2月に一人のタイ人女性が事務所を訪れた。彼女は、千葉県の地方都市で、夫の両親の家業を手伝いながら生活してきたが、夫に別の女性ができた。彼女は関係の修復を望んだため、私たちは夫の両親と話し合いを持った。母親は、自分たちもできるだけの努力はすると約束したが、肝心の夫は「タイへ帰れ」の一点張りだった。調停も不調に終わり、裁判所の和解で離婚、慰謝料、二女の親権と面接交渉権を獲得した。私たちは、調停、裁判、役所や入管の手続きなどに必ず同行した。また、彼女はハウスクリーニングやタイ料理店などいくつもの仕事を掛け持ちし、毎月特急電車で三時間かかる地方都市へ子どもに会うために通った。生活が落ち着けば夫の両親のもとにいる子どもたちを引き取るつもりだった。手続きを進める中で、彼女の配偶者としての在留資格を更新する時期が来たが、もちろん夫の協力は得られず、短期滞在に変更になってしまった。「日本人の実子を養育する外国人親」には定住資格が与えられるという1996年の法務省告示があったので、離婚が成立すれば当然に定住者資格へ変更できると思っていたが、離婚成立後、この申請に対して「不許可」の裁定がなされた。

　彼女は、在留資格を求めてまた提訴しなければならなかった。幸い、理解ある弁護団に恵まれ、2002年4月、1審で勝訴が確定し、5月には3年の定住ビザを獲得することができた。この裁判では、「許可」か「不許可」しかない在留資格変更申請に対し何の説明もなく短期滞在ビザに変更したことは「信義則」に反する、同居できない親権者に対しても在留資格を与えるべきであるというのが原告側の主張だった。国側は彼女が日本にいたいために親権者になったと反論したが、裁判所は養育していない母親にも事情に応じて在留資格を与えるべきであるという判断を示した。これは多くの同様の母親たちにとって画期的な判例として評価されている。

　判決後も、子どもが病気の時や進学の相談は彼女の役割だった。祖父母は亡くなり、子どもの父親は再婚した。離婚、在留資格の変更など、うまくいかなかったとき彼女は「タイへ帰ろうか」と何度も悩んでいたが、もしあきらめていたら未成年の子どもたちは今どうしていただろう。子どもの福祉も、女性の権利も配慮しない国の姿を見せつけられたが、入管の決定を不当だとして支援の輪も広がった。

## 3　未熟児で生まれた子ども

　2001年11月、体重1000gで生まれたタイ人K君の医療費の相談を受けた。両親ともにオーバースティのタイ人で、健康保険に加入できない。K君はファロー四徴症で手術が必要だった。父親は、出産費用を分割で支払う約束をしていたが、転院先の病院ではICUの入院費一日約10万円がかかった。病院、市、県と交渉を重ね、養育医療、育成医療、小児特定慢性疾患研究治療費の適用を受けることができ、バイパス手術を受け退院にこぎつけた。交渉の席上、市の職員の「在留資格がないので入管へ通報義務がある」との発言に、命の危険のある乳児について相談している場ではないのかと驚かされた。

　両親は懸命に働き、治療費の残額を支払っていった。K君はやせて小さく、少し動くとぜんそくで唇が青くなり、目や歯なども治療が必要だった。心臓の根治治療もしなければならない。そんな中2006年の夏、父親が職場で摘発された。母親と中学生になっていた姉、K君は収容を免れたが、すぐに4人の在留特別許可を申請することにした。子どもたちは日本で生まれ育ち、タイ語の読み書きは全くできないこと、K君は日本での治療を続けなければならないことを理由とした。両親は日本で知り合い、二人の子どもが生まれていたが内縁関係だった。二人の婚姻届けから手続きを進めたが、オーバースティであること、父親が収容されていることで入管でも大使館でも、区役所でも何度も壁に突き当たった。陳述書などを提出し、あきらめかけていた2007年6月に4人に在留特別許可が与えられた。K君の症状を見て入管はとても飛行機に乗せられないと思ったのかもしれない。両親がまじめに働き病院への借金を支払っていることも好印象だったと思う。母親のTさんの強い意志が道を開いたと私たちには思えた。この決定は私たちにも大きな喜びだった。

　2008年、K君は小学校に入学し、ファロー四徴症と肺動脈閉鎖症の根治手術を受けることができた。元気に走り回るK君に会うとき、こんな時の来ることを想像もしなかった日々を思う。高校を卒業する姉のYちゃんの進路相談など、時々一家と会うことがある。東日本大震災の影響で断水したメンバー宅にKくんのお母さんから水が送られてきた。Kくんの家族と共に地域の仲間として生きてきたんだなあと実感している。

## 4　学校生活をサポートする

　K君の生まれた2001年に一人の男の子が小学校に入学した。両親がオーバースティのM君は、父親が彼の出生直後に強制退去になっている。その時、母親もいっしょに帰りたかったが、なぜか入管では二人を摘発せず、母親はアルバイトをつなぎながらふたりで暮らしてきた。幼稚園に入園させたが、休みがちなM君を心配した園長先生から私たちに相談があり、先ず区役所へ出生を届けることから支援を始めた。出生は2週間以内の届け出が義務付けられているために罰金を支払わなければならないことも知った。その出生届記載事項証明書に外務省の印をもらい、大使館に届ける

のだが、すべて直接出向かなければならず、一日がかりである。外国人登録を済ませたときは、小学生になっていた。

なにもかもが母国と違う入学準備に、学校から届く文書を翻訳して母親に説明しなければならなかった。こまごまとした準備－算数セットに名前を付ける、赤白帽子や防災ずきん、雑巾の準備など、ふたりのアパートを訪ねていっしょに作業した。入学後も母親の仕事中一人でいることの多いM君の様子を見に行き、病院に連れて行くこともあった。入学式や運動会にも同行した。卒園した園の先生たち、母子福祉推進員、朝、寝坊しているMくんを迎えに行って下さった担任、母親の友人たち、夏休みにM君を預かってくれた家族など、実に多くの人がこの母子の生活を支えた。在留資格のない場合、準要護家庭の適用を受けることができたが、生活保護や児童扶養手当は受給できず、健康保険にも加入できない。それを理解しない担任から修学旅行に保険証のコピーを求められたこともあった。提出できないことはM君にはつらいことだった。たまたまM君のアパートの近くに住んでいたメンバーが長年献身的に関わることによって、M君を見守る人々の輪ができ、かろうじて学校とつながり続けられたと思う。

母親は別の男性と同居を始め、彼には妹が生まれた。この男性も出産前に強制退去になってしまった。産科クリニックでは、私たちが責任を持たなければ診療はできないと言われ、出産時には立ち会うことになった。子どもの誕生は喜ぶべきことであり、無事生まれた時には本当に感動したが、在留資格もなく、法による保護の全くない子どもの将来に不安も大きかった。日本で生まれた子どもにはすべて同じように医療や教育を受けられるようになってほしいと心底願った。

その後、M君たち三人は警察に呼び出されるが、小さな子どもがいたためか理由はわからないが在留資格を得ることができた。中学を卒業したM君はマンション工事の現場で働いている。母親はタイに身内はいないという。在留資格を得ると、たいていの人がパスポートを作り一時でも帰国するが、M君一家はずっと日本にいる。M君はもちろん日本語しか話せない。もし、彼らが強制退去になっていたら、タイでどんな生活が待っていただろうか。妹が生まれる夜、まだ小さかったM君とふたりで夕食を食べたことを思い出しながら、彼らの幸せを祈っている。

## 5　広がる支援への関わり

地域で生活する外国籍の人を支えようとするのは私たちばかりではなかった。彼らとともに支援活動を行った経験は、多少マンネリに陥り、あきらめが先に立つこともあった私たちにはフレッシュな発想を与えられ、大いに刺激を受けた。私たちの限られた力では相談者のすべてに直接関わることは不可能で、今後はネットワークを生かし、助言やつなぐという役割が大事になってくるだろうと予感した。

**（アフリカからの難民）**

親交のある牧師から電話での相談は、彼の責任を持っている教会に来ている女性のアフリカ人の

夫が2004年9月1日から入管に収容されている、助言を、というものだった。部族間の争いで親族をみな殺しにされた彼は来日して難民申請をしていたが不許可になっていた。日本人と結婚しているということで在留特別許可を求めることが現実的と判断しそのように助言した。話を聞くと、すでに法的にできる全ての手は打たれていた。あとは、面会で彼を支えること、広く理解を求めて署名活動をすることになった。署名活動に初めて取り組む牧師は、丁寧に誠実に、賛同者を募り全国の教会に日本の難民の問題点を訴え、署名を呼びかけた。2005年6月、仮放免になり、2006年3月に在留特別許可が与えられた。

**（李兄妹を支援する）**

中国残留婦人の家族として来日して8年たった家族が、婦人と血縁関係になかったということで上陸許可と在留資格を取り消され、父親は収容されたという相談があった。高校生の兄と高校受験間近の妹には中国へ帰国しても生活は困難と思われ、弁護士に相談の結果、子ども二人が在留資格不許可処分の取り消しを求めて提訴することになった。彼らの日本語教師を中心に「兄妹の在留を求める会」が作られ、強制退去になった両親に代って裁判の支援、生活の世話、受験勉強まで支え続けた。会のメンバーの、兄妹を思う愛情とエネルギッシュな行動力に目を見張りながら、私たちも一会員として協力した。兄は高裁で勝訴し、2007年3月、二人に定住者として在留資格が与えられた。

**（木更津研修生事件）**

2006年8月、千葉県木更津市の養豚場で、中国人研修生による殺人事件がおきた。「外国人研修・技能実習生制度」が非常に問題のある制度であることは理解していたが、すでに「研修生問題ネットワーク」が活動しており、千葉県には研修生が多いことを知っていたが問題に取り組むことはしてこなかった。しかし、木更津市で起きた研修生が置かれた象徴的な状況を示す事件は、研修生ネットからの呼びかけもあり、面会、傍聴、会計処理、ニュースレターの発行などに判決後も関わりを続けている。学習会も開催し、研修生とは名ばかりの単純労働者として扱われているこの制度が廃止されることを願っている。

## 6　見えない支えがあって

私たちが活動を続けてこられたのは、本当にたくさんの支えがあったからだ。だんだんと内向きになる傾向の社会で移住労働者問題に理解を示す多くの方たちには感謝の気持ちでいっぱいである。また、少しずつ広がった他グループとの学び合い、連携は大きな力となった。今後の運動は、動員や上からの要請に応じるのではなく、自覚を持ったひとり一人が生活と切り離せない事柄として関わるというかたちで根付いてほしいと願うし、そうなりつつあるのを感じる。

月に一度持たれた時間をかけた運営委員会は私たちにとってメンバーが共に課題を担い、問題を共有する貴重な時間だった。事務所で電話を取るメンバーは10数名であったが、その他に会計や

バザーなどの事業を担当し、名簿を管理し宛名シールを用意してくれる委員やボランティアがいた。見えないところでこまごまとした事務処理などをするメンバーがいなければhand-in-handちばは成り立たなかった。

　年に一度、市川北口祭りに合わせて、市川三本松教会を借りて開催されるバザーには多くの方が駆けつけ、例年40万円をこえる利益があった。ニュースに掲載される裁判の日程を見て傍聴する会員も多かった。講演会や交流会も開催したが、そのたびに大勢の出席があり励まされた。県内のさまざまなグループ、教会、幼稚園などから招かれ、活動について話す機会を与えられた。

　また、メンバーの家族の理解と支えがなければ続けられなかった。訪問時の運転やバザーへの参加という積極的な関わりから、時には批判もあったが快く活動へ送りだし、お役所の不当な決定に憤慨することまで付き合ってくれた。子どもたちは日常に移住労働者の存在を感じながら成長した。

## 7　hand-in-handちばがなくなっても

　外国籍の住民が差別や偏見から解放される日を待たず解散しなければならないことに残念な思いはある。この数年は事務所を維持することはできたが、それ以上のヴィジョンを持てなかった。発足当初からのメンバーがそのまま活動を担い、若い世代へ引き継ぐことができなかった。定住化傾向にある移住者の変化するニーズに応えて、活動を広げていく力量がなかった。hand-in-handという会の名に込められた「つなぐ」役割も充分だったとは言えない。私たちにかろうじてできたことは、相談者とともに歩きまわることだったが知識の不足など悔いの残ることもある。と言って、過酷な現実に押しつぶされ限界に悩む暗い日々だったわけではない。そこから信頼が生まれ、大きな喜びを共にすることができた。

　hand-in-handちばは、ある条件のもとで生まれた、慈善やボランティアというより生き生きとしたひとつの運動だった。メンバーがさまざまな感想を述べている。「自分のしてきたことに後悔はない」「自分の持っていた『ものさし』が変わった」「これでなければならないと思っていたものは世の中にはそれほどない」「私と他者、私と家族の関係を考えさせられた」「楽しかった」。移住労働者の存在は私たちに世界の現実を見せ、日本社会の変革を迫った。それに応えようとして自分自身の価値観や生活を見直すことになった。生きるということの意味を常に考えさせられた。既成の価値観から解放された空間を共有した相談者、仲間たちとこれからも地域で生活する中で「共に生きる」社会を求めていくことになるだろう。

菅野真知子（hand-in-handちば）

## 2　「FAHこすもす」の実践から見える在日外国人の生活課題

### 1　「フレンドシップアジアハウス・こすもす」設立当初の状況

　1975年のベトナム南北統一前後に、インドシナ3国から多くの難民が安住の地を求めて、陸路、海路を使って、近隣国やアメリカ・ヨーロッパなどに出て行った。日本にももちろん彼らはやってきて、政府は重い腰を少しずつ上げながら受け入れてきた。そして日本は1980年代、この難民問題をきっかけにNGOが次々と結成され活動を開始していった（JVC；日本ボランティアセンター、SVA；曹洞宗ボランティア会、CYR；幼い難民を考える会など）。以前から活動していたNGOと合わせて、これを契機に日本も海外に向けて活動するNGOが急増し、その後いくつものNGOが世界的に活動を展開するNGOとして成長している。

　一方国内的には、インドシナ難民の受入れの際一般住民側としては「第二の黒船の到来」と言われて、彼らを開かれた心で、隣人としてどう受けとめて行けば良いかが議論された。

　当時、インドシナ難民と呼ばれる人たちは、国の庇護を受けて「難民定住促進センター」に入居でき、そこで短いながらも日本語の教育を受け、日本についてのオリエンテーションを受け、仕事の斡旋を受けて地域社会（言葉の問題があるため町工場のような所しか就職できない）に出て行くことができた。しかし就職先（大抵工場の2階やその近くに住むことになる）の工場の人々や近隣の人々は、いきなり言葉の良く解らない外国人が出現したことに戸惑い、どう接したら良いか悩み、過剰に反応したり無視や無関心だったりと、大げさに言えば異邦人と初めて暮らすことになった日本人という様相であった。難民として来た人たちも、手さぐり状態で地域の人々との対応に困惑し、うまくコミュニケーションがとれて交流が持てて地域の一員になれた人と、どうしてもうまく行かずに同国人の集まる地域に移転してしまい、いつの間にか日本の処々に「ベトナム村」「ラオス村」などができてしまったという状況もあった。

　そしてインドシナ難民に続いてアジアや中東、南米あたりから「外国人労働者」と言われる人たちが流入し、男性は3Kと呼ばれる建設現場や工場などで、女性は夜の巷で身柄を実質的には拘束された形で働き出していた。特に夜の巷で働く女性はフィリピン・タイ・中国・韓国などアジアからの女性が多く、別の問題が生じ始めていた。

　「外国人労働者」と言われる人々については、不法入国、不法滞在であることが根底にあるため、人権無視の場面続出の中で、人道的見地から彼らをサポートする人々やボランティア団体が現れ、医療、賃金不払い、労働条件などの改善に力を注いだ。しかし一般には彼らの受け止めはインドシナ難民の人々とは違い、総じて冷たい視線での対応が多かったように思われる（不法滞在なるが故に）。人手不足の中、日本人が働きたがらない職場に就き、劣悪な労働条件の中で働いている男性外国人労働者たちは、それでも（工場で片腕を切断してしまっても、賃金不払いのため食べることもままならなくても）時には心ある人々に助けられながら生きているが、女性は人身売買の被害者

でありながらそのシステムに気づかない人もいて（気づいて警察や知人に助けを求め無事帰国できた例もあるが）、日本人男性との間に子どもができ、地域社会の中に入っていく人たちが多くなっていった。そしてそれは又新たな問題（DVや子どもの問題）を生じさせることになったのである。

　日本人男性の言葉を信じて、いきなり夜の世界から地域社会に住み始め、日本の言葉、文化や習慣や制度に無知のまま、程なく生まれる子どもを育てるために懸命になればなるほど、育児観や文化の違いや自国の家族の生活を支えなければならないという立場を夫に理解してもらえず夫の暴力が出現してしまう例が多くなり、幼い子どもを抱えてそこから逃げて来る女性が、行き場がなくて、再び元居た夜の世界に子どもと共に戻ったり、友人宅に身を寄せたりしている実例が多数あった。1990年頃の事である。

　その母子の窮状を救う必要があることを痛感して「フレンドシップアジアハウス・こすもす」を創り、手さぐりで活動を開始したのが1991年の事であった。ほとんどが不法滞在の彼女たちのためには法内の施設ではなく、個人的なシェルターとしての活動でなければならなかったため、経済的に困窮した中での運営であった。そしてそこで出会った現実は多問題にわたり、前途多難が予測された。

　設立当初の役割は、①母子にとって安全で安心な場所の提供、②離婚、親権、滞在許可の取得など問題解決への支援、③育児や家事、金銭感覚、日本の習慣などの生活に関する支援、④日本語学習、就労や居住地の設定などの自立支援、であった。当時は捜し当てて来訪する男性や家族（男性の両親）、我々に呼び出され来訪を促されて来る男性など種々だけれど、危険を承知でその男性たちととことん話合い、原因を自覚してもらい、今後の方針にも賛同してもらうように努めた。母子だけが唯逃げるだけでは理不尽なので、しっかり話をすることが私の信条であった。

　当時は日本人男性は40代から60代がほとんどで、女性は20代それも前半が多く、ジェネレーションギャップも大いに影響していたと思われるが、何より許せなかったのは、アジア人女性で夜の酒場で働く女という蔑視観である（今も変わっていない）。育児観、文化の違いや生活習慣の違いは、お互いに違いを認めた上で、知ろう（知り合おう）と努力すれば少しずつ解消されるものである。しかしこの場合の大半の日本人男性はそのような意志を持たず、自分の論理や感情を女性に押しつけ、従わなければ暴力を振うというパターンが大半だった。

　うまく地域に受け入れられ馴染むことができた例を見ると、女性本人の努力と性格も大きいが、何より男性の家族（特に両親）が女性を受け入れ、サポートしてくれた場合であった。彼女たちは自国の学校（中学校相当）を出て間もなくに、ブローカーの口ききで日本に働きに行くことを決意し、貧しい家族を助けるために働いて得たお金を送り続けているので、日本について学んだことなどないのだということを念頭に置いて、彼女たちを受け入れる必要がある。

　当初にこすもすに入居して来る女性たちはほとんどオーバーステイで、若い（20代前半）女性で、まだ幼い子どもを抱えていた。国内の支援団体からの依頼がほとんどで、前述の夫から逃げて来たり、病気の子どもを抱えていたり、難民認定申請中の女性もいた。女性だけでなく母子を共に

受けとめる施設が日本中どこにもなかったということと、外国人受入れに地域の隣人たちが不慣れであったこと、地域の中にもアジア人蔑視観があったこと、もちろんそんな時期なので地域にコーディネーターが居なかったことなど、インドシナ難民の受入から続く外国人を受け入れ、共に暮すことへの模索の時期であったと思う。

## 2 母子寮―母子生活支援施設としての活動―

1995（平成7）年経済的な困窮と地域化し始めた外国人母子問題を見定めて、社会福祉法人運営の母子寮とすることを決意した。市役所等から措置を受けされて入所となるため、正規のビザがないと措置の対象として扱ってもらえず、結果、オーバーステイの人たちに対しては今まで通りボランティアとして支援することにしたのである。その背景にはワイフビザを持っている女性が増えたこと、日本人男性の子どもなら日本国籍を持っている子どもがほとんどであるという事実があったこと、そしてこの問題は地域の問題として、地域の人々だけでなく、市役所など行政も関与して取り組む必要があることを強調するためでもあった。行政と一緒にこの外国人母子の問題に取り組み、母子の生活と子の将来の保障を確かなものにしなければならないと考えたのである。

当初母がオーバーステイ状態にある場合は（子も無国籍であったり、未就籍状態だったり）、市や児童相談所や学校や施設も取り扱ってくれなかったが、1994年に日本は「国連子どもの権利条約」を批准したことによって状況が変化し、どんな状態にあろうと何国人であろうと、子どもの持つ権利は保障されなければならない。どんな時も「子どもの最善の利益」を優先させなければならないということが周知され、子どもの公的なものへの参加が認められるようになった。従ってこすもすの子どもたちも、母がどんな状況にあろうと学校への入学や転入、保育園への入園が可能になり、学校側も事情を考慮して対応してくれるようになった。

市役所からの措置依頼による入所を受けることとなり、全国の福祉事務所から夫の暴力で逃げて来た母子の入所依頼を受け、その母子の安全を護り、福祉事務所の担当相談員とも協力し合いながら、問題の解決や生活の安定を計り、1～2年の内に自立ができるようサポートするという形で運営しているのだが、ここで問題になるのはアフターケアである。

退所した母子へのアフターケアとしては、心の悩み事相談や子育て支援、市役所や学校、保育所の手続きや相談、離婚のための諸手続き、裁判所や入管や病院への同行、ゴミ出しや協同作業などアパートや近隣の人々との日常生活のあり方への支援、子どもの進路相談などである。更に母たち

☆主な入所及び退所理由
「FAHこすもす」の主な入所及び退所理由

| 入所理由 | 退所理由 |
| --- | --- |
| 夫、又は同居関係にある男性からの暴力及び不和、離婚、生活困難、借金、居無し（含産前産後） | アパートへの自立（主に公営）<br>夫の元へ帰る<br>帰国 |

の生育歴を見ると父又は母からの被虐待体験者や家庭生活体験の不足や育児放棄の被害者であったりする場合が多い。そのため育児や家庭生活、そして人間関係の構築ができにくい母たちが多く、自立の妨げになっている。いずれも多岐にわたることと、1つ1つが労力のかかる事が多く、スタッフには根気と忍耐と愛情が必要である。最近では自立はしたものの地域にあって孤立しがちであったり、生活に余裕がない母が多いため、潮干狩りやキャンプや花火大会などのイベントに誘い楽しい一時を親子で過すよう工夫をしたりしている。

　因みに平成22年度の入退所の状況を記すと、入所9件中8件が夫ないし内縁の夫によるDV被害でありこれはずっと変化していない。退所は5件あり、アパート自立が2件、帰国が1件、他施設への異動2件（夫に居場所が解ってしまったための異動）という状況である。アフターケアを続けている母子家庭は現時点で18家庭。子どもの進学のことや病気のことが大きな問題となっている。

〈現在までの入所状況〉

| | | フィリピン | 日本 | ベトナム | タイ | 中国 | カンボジア | イラン | スリランカ | トルコ | ラオス | 台湾 | 韓国 | ルーマニア | ブラジル | インドネシア | ボリヴィア | ガーナ | 合計 |
|---|---|---|---|---|---|---|---|---|---|---|---|---|---|---|---|---|---|---|---|
| H3.4〜H23.6 緊急入所者 | 母 | 37 | 16 | 4 | 3 | 1 | 1 | 1 | 1 | 1 | 0 | 0 | 0 | 0 | 0 | 0 | 0 | 0 | 65 |
| | 子 | 53 | 22 | 7 | 0 | 1 | 1 | 0 | 1 | 0 | 0 | 0 | 0 | 0 | 0 | 0 | 0 | 0 | 85 |
| H7.2〜H23.6 措置入所者 | 母 | 65 | 54 | 4 | 4 | 5 | 0 | 0 | 0 | 0 | 1 | 1 | 1 | 1 | 1 | 1 | 1 | 1 | 140 |
| | 子 | 106 | 91 | 7 | 6 | 7 | 0 | 0 | 0 | 0 | 2 | 1 | 2 | 2 | 1 | 1 | 2 | 2 | 230 |
| H3.4〜H23.6 合計 | 母 | 102 | 70 | 8 | 7 | 6 | 1 | 1 | 1 | 1 | 1 | 1 | 1 | 1 | 1 | 1 | 1 | 1 | 205 |
| | 子 | 159 | 113 | 14 | 6 | 8 | 1 | 0 | 1 | 0 | 2 | 1 | 2 | 2 | 1 | 1 | 2 | 2 | 315 |

　最近のこすもすへの入所母子は、設立当初に比べると年令の高い女性が多く、従って子どもも多子であったり年令の高い子どもがいる率が高くなってきている。

　それに伴って新たな問題が生じている。1つは言葉の問題。学校でも高学年になると同学年の学力に追いつけず、毎日スタッフが学習の支援をしなければならないことなど本人も周囲も大きなストレスを抱えることになる。高校進学など進路についても問題になる。2つ目は母と子の文化摩擦による母子断絶の現象である。子どもは日本語の読み書きのできない、発音やイントネーションのおかしい日本語を話す母を軽蔑しはじめる。母は日本の消費文化に染まっていって母の国の文化や貧しさを軽蔑視する子どもが心配であり、理解できない。

　加えてDV現場を目撃している子どもは、成長に伴い、それをどのように自分の中に落とし込んでいったら良いか解らないジレンマがある。母子両者へのケアが必要である。しかしこんなケースもあった。小学校6年生で母の呼び寄せで来日した女児に、宿題を中心に毎日スタッフが勉強につき合い、退所後も勉強を教えてと電話をして来た。その都度教えることを通して彼女は見事希望校に合格した。又別の子どもは日本人の親族のサインが入学の際必要ということなので、日本人の父側の親族と連絡を取り叶えてやることで無事入学できたりと、きめ細かく繋がることで1人1人の

進路と生活を保護していくことができた。
　1990年代から現在まで多くの問題点をその時々に指摘してきたが、ここにその主なものを列挙してみる。
　◎　各所に日本語塾や日本語サロンを
　　　　生活をしてみると、言葉の大切さを痛感させられる。誤解が暴力を誘発する原因となることは数々。日常生活の中で無理なく通える場所にもっと多くの日本語塾や交流もできるサロンの出現が待たれる。
　◎　避難場所とその方法の周知を
　　　　暴力夫からどこへどう避難すれば良いか。災害の時にはどこにどう逃げたら良いか。その他多くの周知事項を解りやすい日本語か何ヶ国語かに翻訳して広報することを、もう少しきめ細かく実施して欲しい。
　◎　学校側の理解と協力を
　　　　スクールカウンセラーやソーシャルワーカーを置く学校が増えたが、外国人家族に対しもうひと工夫が望まれる。地域にいる言葉の解る人への協力依頼を市や学校などが主になって働きかけることで、1つの外国人家庭と地域をつなぐなど。
　◎　地域に外国人のためのソーシャルワーカーの設置を
　　　　国際化が進む今後の地域社会にとって、外国人も共に住みやすい地域を作って行くためには、外国人の種々な分野に精通したソーシャルワーカーを、市役所なり公民館なりに配置し、相談に応ずることができ、ネットワークを通して多くのサービスや社会的資源を受けられるようにすることは大事なことである。
　　　　地域に配置されている主任児童委員や市の家庭相談員などの増員を計り、多くの研修を通して有効な働きができるようにすることも一案である。そして当事者である外国人家族には、その存在を周知させることも必要になる。
　◎　年令の高い子への日本語教育とその進路は？
　　　　自国で成長し、高学年（中学生位）で先に日本に来ていた母の呼び寄せで来日するなど高令で来日する子どもが増えているが、日本語を母語としないこれらの子どもの教育についてのシステム作りが急務である。(学力差、進路への影響など)
　◎　母の強制送還に同伴される子どもの権利保障について
　　　　日本で生まれ育ち、日本文化に馴染み、日本の友人知人を持って心豊かに暮らしていた子どもが、ある日突然母が不法滞在で収監され、それに伴って母と共に強制的に母の国に帰される子どもがまだ数多くいる。子どもにとってその衝撃は大きく、緘黙状態になってしまった子どももいた。果してこれは子どもの権利に照らしてどんなものか、皆で考えていかなければならない問題である。
　◎　不就学児の教育を受ける権利の保障について
　　　　外国籍世帯で世帯全員が不法滞在という状況に置かれている子どもだけでなく父が日本人で日本国籍をもっている子でさえも、母の不法滞在が解ってしまうなどの理由で不就学の子どもがいるという

事実はもうだいぶ前から言われていたが、今だに目立った対策がない。発見や支援のしにくい環境に住んでいると言われるが、地域で地域住民としての支援対策に入れて考えるべきことではないだろうか。

## 3 外国人母子の地域での自立

日本人の問題としても、母子家庭の問題は貧困や就労（非正規雇用、低賃金）とリンクして虐待の大きな要因として上げられている。もちろん虐待する母の問題は複雑な理由が重なっての苦悩の末の虐待であったり、虐待の連鎖に苦しんでいたりするのが、貧困がその引き金になっていることもある。

夫の暴力が直接の原因で母子家庭となってしまった外国人家庭の場合も、更に貧困から逃れることは難しい。外国人であっても、生活保護や児童扶養手当など母子への制度は利用できるが、制度が整っているだけでは福祉は進展しない。これは日本人も外国人母子も同じことだが、例えば彼女たちに必要なのは実際に就労の世話をしてくれる人（ハローワークに一人で行く自信のない人、自分の希望や心情をうまく相手に伝えられない人にとっては必要）、収入の確保に力を貸してくれる人、必要な時に子どもを見てくれたり、アドバイスをしてくれる人、側にいて暴走しそうになる自分を止めてくれる人、不安や迷いを受けとめて方向を示唆してくれる人、役所の手続きやルールを教えてくれる人、そして母親自身をしっかり受けとめてくれる人が身近に居てくれることである。援助を求めて一歩を踏み出すことができず、何とかその日その日が過ぎていても、遠からず崩壊の危険を孕んでいる家庭が意外に多いのである。

このようなひとり親家庭も含めた家庭全般の相談機関として「児童家庭支援センター」が現在全国に86余ヵ所あるが（当法人運営の児童家庭支援センター「ファミリーセンター・ヴィオラ」では、相談者の大半が外国人を含む家庭である）、他の相談機関も含めて皆一生懸命機能しようとしているが、これらのシステムでは不十分で、彼らの望んでいることを満たしていないように思う。

ここに「FAHこすもす」に関わり、一応の問題解決をして自立して行った母子家庭のアフターケアが困難な事例をあげて、地域での自立のあり方について考えてみたいと思う。

この家庭には、使える社会資源はすべて提供して経済的な安定を図り、就労も子どもの通学も問題なしと考えてアフターケアを中断した。しかし結局この母は仕事をやめてしまい、子どもへの対応のまずさから子どもは問題行動を起こしてしまった。夫の暴力からは解放されたが、結局又要保護家庭に戻ってしまった。彼女には身近で支える人が常に必要だということになるが、これはまた地域に在る多くの母子家庭の母親が求めていることと同じである。

しかしそれは、機関や組織としての働きでは叶えられない。きめ細かく、末長くとなると、身近な存在になってくれる地域の誰かが必要なのである。

**花崎みさを（FAHこすもす）**

## 3 顔の見える交流を目指して ―地球市民交流基金 EARTHIAN―

### 1 団体設立の経緯

　基本理念「わたしたちは、この地球に住むすべての人々が人間として尊重され、自立し、良い環境の中で平和に暮らしていけることを願っている。」

　しかし、現実は格差が広がる一方の「南」と「北」との関係、危機的状況といえる地球環境、繰り返される民族紛争などの多くの問題を抱えている。わたしたち日本人の暮らしは、「南」の国々、またそこに住む人々と深い関係があり、食糧をはじめ資源など生活材の多くを依存することで成り立ち、「南」の人々の飢えや貧困、環境破壊を招くことに繋がっている。このようなわたしたちの生活や暮らし方を見直すことが必要だと考える。（1993年、設立趣意書より抜粋）

　1991年生活クラブ生協が行った湾岸戦争犠牲市民支援カンパ活動がきっかけになり、この活動の中から緊急時の一時的な支援ではなく、継続的な交流支援が必要だとの想いから、「国と国ではなく、人と人との顔の見える交流・支援」を目指して、1993年に任意団体として設立された。

### 2 これまでの歩み

　設立当初は「顔の見える交流」を目指して人との出会いや交流のため、国内活動として地域に住む外国人を招いての交流会、情報を得るため、専門家を講師に招いての学習会、講演会を企画開催していた。

　支援先については「顔の見える交流・支援」を目指していたが、なかなか思うようには関係は築けなかった。

　フィリピン、インドネシアなどのスタディツアーに参加し、支援交流をおこなっていた。当時は現在のようにメールなどの手段はなく、手紙でのやり取りもインドネシアの奥地の支援先とはなかなか困難な状況で継続出来なかった。

　海外の交流支援については具体的に目に見えることではないため、「アーシアンは何をやっているのかわからない」と会員からもそんな声が聞こえていた時期もあった。

　設立から1年後、会員以外の人々にも情報発信出来る拠点として、柏市松葉町に「アーシアンショップ柏」を開店した。第三世界の物品のフェアトレード[1]品販売は、直接国際交流に興味がない人たちにも物を通して「南」の国々、人々に関心を持つきっかけになって欲しいとの想いだった。その後2001年には2店舗目「アーシアンショップちば」を開店した。（ちば店は2007年5月に閉店）

## 3 法人格取得

2006年2月に特定非営利活動法人格を取得し、その際、そのまま設立趣意書の想いを活かし、現在に至っている。(2011年9月末　個人会員：463名、団体会員：5団体)

## 4 アルカイールアカデミーとの出会い

1995年設立から2年後、現在に繋がるパキスタン・カラチのスラム地域でアルカイールアカデミーを運営するムザヒル校長との出会いである。

アルカイールアカデミーは、ムザヒル校長が友人たちの支援協力を得て、パキスタン南部カラチ市のスラム地域で、義務教育さえ受けられない多くの子どもたちのために1987年に始めた無償の学校である。設立最初、生徒10人、先生はムザヒル氏1人だった。アーシアンが出会った1995年には、すでに生徒は800人で、午前、午後の二部制で授業をおこなっていた。

アルカイールアカデミーには一般の学校のように夏休みのような長い休みはない。というのもスラムの環境では休み中に働きに出てしまうと、学校に戻ることが出来なくなり、途中退学してしまうからである。学校に行った経験のない親たちに教育の必要性や大切さを理解してもらい子どもたちを学校へ通わせるよう説得するのは、とても大変だったそうである。ムザヒル校長がこの学校で実践してきたことで、このスラム地域の子どもの識字率は3％から現在では95％以上にもなっている。

アルカイールアカデミー授業風景

## 5 職業訓練校建設に向けて・・・同じ時を生きる子どもたちのために

アルカイールアカデミーの子どもたちは、貧困生活の中、高学年になると特に男子生徒は家計を助けるために働きに出ざるを得なくなり、途中退学が増える状況にあった。そんな状況を何とかしたい、子どもたちが将来に希望を持って学校に通い続け、学び続けて欲しい、そのために学びながら手に技術をつけられるように職業訓練校を建設したいということをムザヒル校長から聞いた。1995年以来、パキスタン訪問を通して交流を続けていく中で、校長の考えに賛同し、その建設に協力することを決定した。1998年には職業訓練校建設資金を得るためにチャリティコンサート、バザー、絵画展、関連団体や個人に協力してもらいカンパ箱のガラ（パキスタン製素焼きのつぼ）

を置いてもらうなどさまざまな活動を1年間かけて行った。その後も建設用地の取得など様々な問題に直面したが、とりあえず出来ることから始めようと小規模ながら職業訓練所として2001年開設することになった。

## 6 アルカイールアカデミー職業訓練所

　アルカイールアカデミーでは現在、分校も含め約2,500名の子どもたちが学んでいる。本校に併設された職業訓練所は男子生徒の電気科、女子生徒の縫製科があり、家庭の都合により学業半ばで学校を辞めて働く子どもたちが、辞めずに一般授業を受けながら同時に電気配線や縫製の技術を学ぶことを目的に2001年開設された。

　毎年行われる州の技術省の資格試験では多くの生徒が上位合格するなど成果があげている。資格を得た子どもたちの中にはこれを足掛かりに、さらに上を目指して勉強する子、請負業を共同経営する子、電気店で働く子、頼まれて服の仕立てをする子など、家族の稼ぎ手になり、この訓練所支援が確実に子どもたちの力になっている。

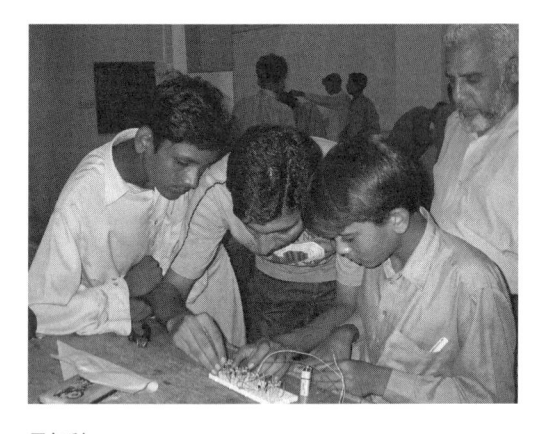

電気科 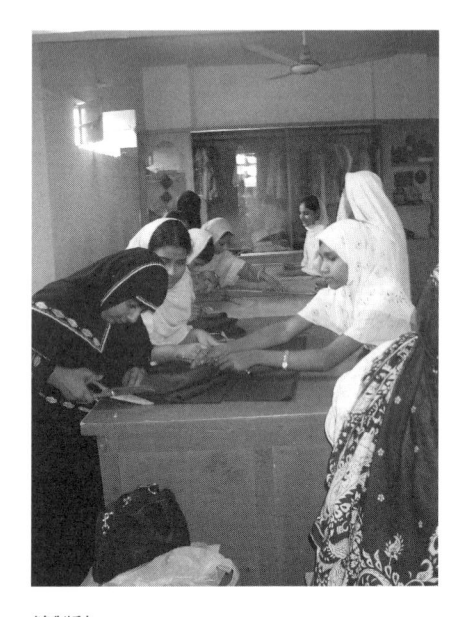　　　　　　　　　　　　　　縫製科

## 7 現在の主な活動

### I　交流支援活動

・パキスタン・カラチスラム地域のアルカイールアカデミー職業訓練所支援

　現地訪問を実行出来ない状況の中、古着事業を通して同じアルカイールアカデミーを支援している関連団体、NPO法人日本ファイバーリサイクル連帯協議会（JFSA）からパキスタン訪問後には現地の報告を受け、情報交換している。

JFSAの支援協力により、この4月に学校内に縫製工房が開設される。卒業生の仕事づくり、スラム地域の自立の拠点として期待されている。
・ラオス・サワナケート県「森林保全と持続的農業による生活改善プロジェクト」支援
（JVC：日本国際ボランティアセンター主催のプロジェクト）

　2000年から6年間、タイ東北部の農村支援「地場の市場づくり」プロジェクトを支援した。プロジェクト地訪問を実施した。2007年からはタイ支援で関係を築いてきたJVCのラオスのプロジェクトを支援している。現地訪問は実行出来ない状況であるが、ラオス現地担当者の帰国時には、報告会で詳しくプロジェクトの進捗状況の報告を受けている。

## Ⅱ　国内啓発普及活動・・・異文化理解・情報を得る・情報発信
・学習会・講習会

　設立当初は、いろいろな講師を招いての連続学習会など開催していたが、この数年は、フェアトレード品販売での関係先の協力を得て、国際交流に直接興味を持っていない人にも気軽に参加出来る企画が好評である。ヘナ講習会、ノクシカタ刺繍（バングラデシュの伝統刺繍）体験講習会、ワールドカップ開催年（2010年）はアフリカ文化学習会などを開催した。

・上映会（2010年、千葉と柏で開催）

　「おいしいコーヒーの真実」DVD上映会では、生産者の悲惨な実情や大手の業者に影響されている価格決定のメカニズムなどを知ることが出来、改めてファアトレードの重要さを理解することに繋がった。DVDの貸し出しを行い、出来るだけ多くの人に理解を広げる機会にしている。

・各国料理講習会

　料理は興味ある人が多く、毎回好評である。国際交流のイベントで知り合った方に料理講習会の講師をお願いし、その後も交流を続けている方もいる。料理だけではなく、その国の文化の紹介、例えば、現在では貴重になっている伝統的な刺繍の布の紹介や、民族衣装の試着体験など本やマス

パキスタンカレー講習会　　　　　　　　イベントでの出展

コミからでは知り得ない異文化に触れ、理解を深める機会にもなっている。(ラオス・ブータン・ネパール・パラグアイなど)

・パキスタンカレー講習会

　アーシアンのスタッフが講師として出向き、カレー講習に加えて、活動紹介と共にパキスタンの現状報告を行う機会になっている。

・各種交流イベントへの参加

　国際交流関連のイベントをはじめいろいろな団体主催のイベントに参加要請されることが増えている。活動紹介と併せてフェアトレード品販売をおこなっている。

### Ⅲ　販売事業・・・フェアトレードを広めたい

「アーシアンショップ柏」の運営

　1994年開店したショップは17周年を迎えた。最近では10年前には考えられない程若い世代を中心にフェアトレードの認知度は上がってきている。しかしヨーロッパ、アメリカなどに比較すると日本での認知度、その扱い額はまだ非常に少なく、遠く及ばないのが実情である。

　店舗での販売以外にも、各種イベントでの出展、生活クラブ生協展示会への出展、アーシアンBOX[2]を利用してお店などで扱ってもらったり、個人宅での集まりで利用してもらうなど、少しずつではあるがフェアトレードを広める活動を展開している。

　アーシアンにとっての販売事業の意義は、一つ目は交流支援活動の一環であり、二つ目はフェアトレードを多くの人々に広める国内啓発活動であり、と同時に三つ目としてアーシアンの活動を知ってもらえる広報活動の窓口にもなり、その役割は活動の大きな部分になって来ている。

　フェアトレード品はひとつひとつにその生産者の物語があり、正にアーシアンが目指す「顔の見える交流」である。

## 8　今後、活動は

　設立趣意書にある状況は、19年後の現在も依然として変わっていない。テロなどの脅威も加わりかえって悪化しているように思われる。加えて、国内に目を向けると、ここ数年来、格差が広がり深刻な状況がある。

　3月11日の東日本大震災後は計画停電、加えて原発事故の問題もあり、10日間活動を休止した。このまま活動を続けていていいのだろうか。アーシアンとして何をやるべきか、何が出来るだろうかと考える時間になった。被災地に駆けつけることが出来ない自分自身に無力感を感じていた。アーシアンに出来ることは、今まで通りに活動を継続することだと考えた。

　活動を通してお付き合いのある関連団体では、発展途上国での援助の経験を活かし、スタッフが

すぐに被災地に駆けつけていた。途上国のフェアトレード品の生産者からは支援や応援のメッセージが多く寄せられていた。アーシアンではその関連団体を通して被災地支援のためカンパ活動を行い現在も継続中である。

パキスタンからはアーシアンスタッフに被害がないかとの心配と励ましのメールが届いた。どれも「顔の見える交流」から生まれたことである。

設立以来19年が経過し、その活動は関わるスタッフと共に変化してきている。支援先訪問などの交流ツアー実施は難しい状況にある。アーシアンの19年間の活動の積み重ねを大事にしながら、会員はじめ、アーシアンショップを利用するひと、講習会の参加者、イベントで出会うひとたちへ一歩ずつではあるが、伝えていく役割を担っていこうと考えている。

藤田宏子（地球市民交流基金 EARTHIAN）

【注】
(1) フェアトレードとは公正な価格で取引する貿易、作り手の人権を守り、環境に配慮し、生産者と顔のみえる関係で相互信頼をしながら、継続的に行う貿易
(2) アーシアンBOXとは、アーシアンスタッフが直接販売するのではなく、イベント、個人的な集まり、お店で扱うなどしてその利益の一部が利用者に還元される仕組み

## 4　友の会から国際交流協会へ―四街道市

　平成 23 年 7 月 9 日、四街道市で「四街道市国際交流協会」が誕生した。市の協力のもと、活動の方向性が違う国際交流団体を統合してできた団体である。一方の団体である本会の経歴をここに紹介したい。

### 1　旭公民館主催の国際交流講座（平成 9 年 5 月～平成 10 年 11 月）

　平成 9 年、四街道市旭公民館は千葉県国際交流協会（現（財）ちば国際コンベンションビューロー千葉県国際交流センター）四街道市在住の賛助会員に対し国際交流活動の参加を呼び掛けた。その時の運営委員会の中心メンバーが後に四街道国際交流友の会を創設したのであった。

　異文化共生をテーマにすえ、季節毎にポットラックパーティー、ハイキング、ダンスパーティーを催行し、国際交流に関する学習会も開いた。日本人約 70 名、外国人市民約 20 名が参加し、四街道市民の異文化への興味の高さを知った。

### 2　「四街道国際交流友の会」設立（平成 10 年 10 月 1 日）

　1 年近い旭公民館の自主講座を共同企画実施する中で、運営委員は疑問を感じ始めた。イベントという日常とかけ離れた空間だけで異文化共生が実現できるのだろうか。まず異国に来て困っている外国人市民への恒常的な支援が必要ではないか。恒常的な支援とは何か。

　運営委員会の中心メンバー 6 名は話し合いを重ねイベント以外の活動を自分たちの力で実行しようと「四街道国際交流友の会」を 10 月に設立した。公民館での活動をしながらであった。

### 3　「にほんご教室」と「にほんごサロン」の統合（平成 11 年 4 月～平成 12 年 4 月）

　先ず、日本語学習支援から着手した。旭公民館で活動を共にした市内在住の日本語教師寺内久仁子氏（『にほんご123』共同著者、出版社アルク）を講師に迎え「日本語指導ボランティア養成講座」を二期（一期 10 回、計受講者約 40 名）実施した。受講者は殆どが子育てを終えた専業主婦で男性は数えるほどであった。受講後残った半数近くで「にほんご教室」を開設した。外国人市民（学習者）が来やすい場所を 3 ヶ所選び 3 クラス設置した。後に火曜午前クラス、水曜夜間クラス、木曜午前クラス、ジュニアクラス（駅前クラス・学校支援グループ）、出張クラス（学習者宅で授業）へと発展した。

　同時に外国人市民と地域住民が集える場として「にほんごサロン」を開設。主に学習者を対象に日本の風習や伝統文化の紹介、生活情報の提供等を行った。「にほんごサロン」が役割を最も発揮

したのは、平成 11 年の 2 回の台湾大地震救援募金活動であった。地震発生後、台湾のある学習者が"祖国の被災者を何とか助けたい。四街道でも募金活動をしたい"との相談を受け、市内及び応援に駆け付けた他市の台湾の人たちと市内の街頭に立ち募金を呼びかけた。この募金活動を機に四街道市社会福祉協議会の登録団体となり地域とのパイプが繋がった。房総ボランティアネットワークの集まりや千葉県国際交流協会の講座にも有志が参加した。翌年「にほんごサロン」は「にほんご教室」に統合され、後の親子サークル（おやこサークル）、社協まつり「ワールドキッチン」、バスツアー、ポットラックパーティー等地域との交流を目的とした活動を生んだ。

ポットラックパーティー

ワールドキッチン

### 4 外国人市民と地域住民との架け橋を目指して（平成12年5月～平成23年7月）

　同年 5 月に会員約 30 名が参加し総会を開いた。年度末には 56 名となり、その後毎年会員が増え続け友の会最後の年の 23 年は 90 名に達した。殆どの会員が日本語ボランティアで、この傾向は最後まで続いた。

会報誌『かけはし』は12年6月に創刊号を発刊、翌年6月に休刊する迄に3回発刊した。『かけはし』は正に友の会がその後10数年間も歩み続ける道を示唆した誌名であった。外国人市民と地域住民との間に架ける橋をより強固にするために、友の会の活動を"地域型国際交流"と位置づけ、にほんご教室の外国人学習者と共に小学校の国際理解学習や地域活動に参加し続けた。学習者の日本語力向上のために、20年に設立10周年記念「外国人によるスピーチ大会」を催行し、翌21年からは「外国人によるスピーチ発表会」と改称し市民文化祭に参加。現在に至っている。

　行政機関や学校・地域とのつながりが深まる中で、活動対象が海外にも及んだ。皮切りは12年から3年間続いた栗山小6年生と北京の蘇州街小6年生との文化交流（手紙や作品交換）の企画実行、蘇州街小学校の紹介者は在住中国人の千葉県国際交流協会民間文化大使、翻訳は中国人学習者と日本語ボランティアが担当した。翌13年には日本語ボランティアが日本語教師として赴任した中国の寧波技術学院生徒と麗澤大学、日中学院生徒間の文通の橋渡しをした。

　16年には教育委員会の依頼で米国ウィスコンシン州ワーワトサ東高校生徒と引率者をホストファミリーとして受け入れた。この活動を機に教育委員会との関係が深まった。18年に社会教育課の国際交流事業に参画。21年から学校教育課を通じて学校へ日本語ボランティア派遣を開始。地域（友の会）とのパイプができた学校教育課は日本語ボランティア、語学指導員、学校、教育関連機関・団体とのネットワークを構築し、本会との情報交換会を定例化した。本会もにほんご教室、学校取り出し授業の両面から外国籍の子供たちの日本語支援が可能となった。

　22年には市秘書広報課の紹介で千葉敬愛高校姉妹校オーストラリアのフォレスト高校短期留学生の日本語学習と日本文化体験授業を地域の文化サークル・団体と企画実行した。

　以上の活動を友の会と共に歩んできた会員5名の体験を通して紹介する。

日本語スピーチ大会での様子

## 「私の居場所」

日本語ボランティア：木本二美子

　私が日本語ボランティアを始めたきっかけは四街道市の広報で募集のあった「日本語ボランティア養成講座」でした。10年前主人の転勤に伴いアメリカとブラジルで過ごした5年半の生活を終えて帰国したばかりの頃のことです。異国で言葉が通じなくて買い物もろくにできなかったり、子どもの怪我や病気で不安だったりした経験を思い出し、"自国にいる外国の方々のお役にたてることをやってみたい"という気持ちで受講しました。

　3日間の短い講座でしたが、講師の寺内久仁子先生は日本語を教える時の文法の基本的ルールを分かりやすく説明してくださり、日本語を使って日本語を教える直接法を用いること、一度にあれこれたくさん教えないことなど大切なことを教えてくださいました。ただ、普段何気なく話している日本語ですがいざ教えてみようとするといろいろと疑問が出てきて随分むずかしく感じました。やっぱり自分には無理だろうかと、思っていたところ「ボランティアが足りないのですぐに来てほしい」とにほんご教室の担当の方からお電話を頂いたのです。

　不安を抱えたまま最初に担当した学習者はタイから来たばかりの若いお母さん・Jさんでした。日本語は挨拶くらいしかわからなかったため、身振り手振り、イラスト、人形、レアリアなどいろいろな手段を使って授業を進めていきました。毎回毎回必死で準備をしていました。本人の努力やご家族の協力によるものが大きかったと思いますが、Jさんの日本語が少しずつ上達していくのを聞いてとても嬉しく思ったものです。

　それから10年、途中お休みしたこともありますが、関わった学習者の方々は20人以上になります。まだまだわからないことが多く、あれこれと調べたり、教材を工夫したりして大変なこともありますが、色々な国のお話を伺うことができて、楽しんで続けています。にほんご教室は私の大切な居場所のひとつのように感じています。

　3年前から市内の小中学校へ出向いて外国人指導生徒の学習支援も行っています。市の教育委員会とタイアップした活動です。現在はアフガニスタンから来たばかりの小学校5年生を担当しています。最初に学校で会った時、ひどく不安そうな様子だったその生徒を見て、自分の子どもがアメリカで現地の小学校に入った時の様子が重なり、涙が出そうになりました。なんとか不安を取り除いてあげようと強く思いました。支援を始めて3ヶ月あまり、無事にクラスにも溶け込んで、覚えた単語を自分なりにつなげて友達とコミュニケーションをとれるようになり、楽しく学校生活を送っている様子を見てほっとしています。

　先日久しぶりにJさんに会いました。すっかり上達した日本語で色々なことを話してくれました。お子さんの小学校でPTAの役員もしているそうです。日本語スピーチ大会にも出ようと思っていると聞き、是非応援しに行かなくてはと思っている所です。ボランティアを続けていてよかったと思えたひと時でした。

## 「子どもから大人へ―3人の青年」

ジュニアクラス世話係：齋藤琴代

「先生、全国二位になったよ！」と電話の向こうの声は、やはり嬉しそうでした。

彼が日本へ来たのは7年前、小学校2先生の時でした。あいうえおから初め、兄弟二人で遊びながらふざけながら毎晩私の家へ来て日本語の特訓を続けたのです。それは台湾高雄出身の陳紀安君です。未だ束ない日本語で地域の小学校へ編入して4年間、サポートを受けながら卒業する頃には日本語も上手になり、喧嘩もいたずらも一人前にしながら成長しました。勿論二才年上の体の大きな兄、陳紀仲が常に庇護者であったからでもありました。中学に進むと彼は大人との会話を楽しむ様子を見せ、「山の上に鹿がいたのでシカと見たら鹿にシカトされた。」などの駄洒落を盛んに言って言葉遊びを楽しんでいました。国際交流友の会の第一回目の日本語スピーチ大会で優秀賞を獲得し、日本語の発音が素晴らしいとの講評を受け、それがはずみになって彼は高校入学後、弁論部に入ります。

高校では良き師に恵まれ研鑽を積み、2年生の時、千葉県高等学校弁論大会で最優秀賞となり、トロフィをかばんに報告のため私の家に寄ってくれました。

テーマは「人枝草、一點露」という出身地の高雄周辺の諺から日本と言う外国へ来て文化や言葉、生活習慣の違いの中で戸惑い、苦しみながらも壁を乗り越え日本への深い理解を示し始めた彼自身の葛藤ぶりを論じた内容です。副賞は台湾旅行でした。まさに彼にとっては「故郷へ錦を飾る」ことだったでしょう。その後3月11日の東日本大震災を経験し、身をもって被災の現状を知ろうとボランティア活動に参加し、現実をしっかり受け止めて来ました。その時の彼はもう確かに日本人とも台湾人とも区別なく広い心を持ったひとりの人間として歩み始めていました。

高校3年の夏、まだ復興の糸口さえ見えぬ福島県で開かれた高校総文に弁論部県代表として参加しました。彼の健闘を祈りました。全国二位、優秀賞でした。

陳紀安は、この経験をばねにして進学したり仕事をしたりしていくなかで、必ず人種偏見をなくしひとりずつの人間の力を信じて共生の理念を体現していく人間になるでしょう。彼の良き兄である陳紀仲も大学生活を楽しみながら米国留学を目前に控え、よりグローバル化を目指しています。

そのほかに、三年半の間市内の小中学校に通学して日本語を猛勉強し、国語の古文もこなし、俳句も詩も作り、日本の近代史も学び、そして今北京で高校から大学へ進んだ青年「李奇」がいます。彼は日本語検定一級の資格も取り、大学では日本語サークルを創設して日本語の普及に努めています。彼は今夏来日中に、自分もかつては学んだ友の会ジュニアクラスでアフガニスタンの男子中学生に数学をずっと教えていました。彼の望みである日中の架け橋の第一歩を踏み出したのです。

私の出会った多くの外国の少年少女たちは、皆真直ぐに育ちました。日本も母国も共に愛し理解し、その間の架け橋として活躍してくれる人間になるでしょう。

私はこのような子どもたちの成長に関わることができて、本当にしあわせを感じています。

## 「日本語を母語としない子どもたち」

日本語ボランティア：岩田啓子

　私は四街道で初めての日本語指導養成講座を修了したあと、引き続きスタートしたにほんご教室で多くの日本語ボランティアと学習者が共に学び交流する活動を続けてきた。

　スタート数年後、教育委員会から市内小中学校に語学指導員として派遣された。私の行った学校では、生徒の母語を話すネイティブの指導員と日本人指導員が二人三脚で対応していた、しかし与えられた時間数は余りにも少なかった。問題は派遣が終了した後の対応である。

　平成15年の夏、市立旭中学校の一学年に編入した台湾出身のR君は、ひらがなとカタカナの五十音が何とか読み書きできるという状態であった。旭中では先生のお力添えでボランティアとしての授業も含めて、週2回、5ヶ月間の取り出し授業をして終了した。その後は本人の強い希望で週1回私の家に夜間通うようになった。熱心なご家族の協力もあって1年4ヶ月間の勉強会の後、学習塾に通うことになり終了した。彼の日本語が学校にも塾にも十分対応できるようになったことを嬉しく思った。その後R君は日本の高校を卒業し現在は台湾の大学で建築学を学んでいる。

　平成19年11月には旭小学校でフィリピンから来た4年生のK君への指導に当たった。会話はほとんど駄目で、五十音の読み書きも完全ではなかった。K君には同じ学校に通う三人の兄弟がいて、彼らは別々に日本とフィリピンを行き来し、その日本語能力はまちまちであった。

　私は週2日、7週間、計14回の決められた取り出し授業をしたが、K君が休みの時に他の兄弟の学習に当たって分かったことと、担任の先生のお話から、全員が程度の差こそあれまだまだ指導が必要だと強く感じた。

　私の旭小での語学指導は翌年の二月で終了だったが、どうしてもこのまま終わりにすることができなかった。私は子どもたち全員のやる気を確認したうえで、教育委員会と学校にお願いし、何とかボランティアとして、兄弟四人に日本語の学習をつづけたいと申し出た。願いがかない、強力な友の会の仲間の力を借りて、当初は4人、後に2人が加わり平成20年2月に校内で「旭小日本語クラス」が発足した。

　週2回放課後の1時間だったが、遊び盛りの男の子たちにはつらいものがあったようだ。日本語も手ごわいが生徒とボランティアとの戦いでもあった。春には長兄が卒業し、弟の新1年生が加わった。そんな中、子どもたちが突然転校することになった。クラスは1年余りの活動で終止符を打った。

　その後、友の会は文化庁事業に応募し、11月から「退職教員日本語指導者養成講座」を開催した。私たち日本語クラスのスタッフが世話係を担当した。現在、日本語を母語としない生徒が在学している学校で、多くの経験豊かなボランティアが活躍している、喜ばしい限りである。

## 「おやこサークル」に寄せて

おやこサークル世話係：馬場五十鈴

　きっかけは、子どもを連れてにほんご教室での学習ができないと言うことだった。そして世間では、外国

人の母親の精神的な孤立を原因とした社会問題が表面化していた。

にほんご教室では託児システムがなかったため、仕方がないことだった。しかし、乳幼児を持つ母親にとっては、子どもの病気や幼稚園など生活の中での日本語の必要性は高い。できることなら1年でも早く、少しでも日本語が使えるようにすれば日々の生活の不安も軽くなるのではないか。そういう思いから生まれたのが「おやこサークル」だった。

最初は子どもが幼稚園に入園すればにほんご教室へ移れるので、それまでの橋渡し的役割だと考えていた。しかし第二子、第三子と子育てが続くことに気付き、必然的に「おやこサークル」の役割に日本語学習の比重が大きいものとなっていった。

現在は、日本語学習に重点を置きながらも、子どもたちを真ん中にして皆で輪になってラジオ体操をしたりと、楽しい時間が過ごせるよういろいろと工夫を重ねている。

ボランティアも利用者からみると、友人、姉妹、そして母親ともいえる幅広い年齢層が集まっている。又、数組に限り、日本人親子もボランティアとして加わり、子ども同士の関わりや子育てに関する新しい情報など大きな力となっている。

今年で6年目を迎えるが、「おやこサークル」が本当に楽しく、ホッとできる場所になって行くように、これからも利用者も含め皆で作っていきたいと思っている。

仕事や結婚、その他どんな理由であれ、日本と言う国を選んで来てくれた人たち。大切な家族を呼び寄せたり、又新しく家庭を築いたりして私たちの隣人となっている。その隣人となった縁を感じ、お互いの違いを楽しみながら共に生活していきたいと思っている。

## 「ワールドキッチン」

日本語ボランティア：大川悦子

毎年10月に四街道市社協まつりがあり、友の会では「ワールドキッチン」と称してにほんご教室で日本語を学んでいる外国人学習者やそのOBから自国の料理を出品してもらっています。初めの頃「ワールドキッチン」は知名度も低く、私たちも学習者にどんな物を出品してもらって、どういう風に販売するのか、どんなものが何個売れるのか、どんな容器がいいのかなど、売価はいくらがいいのかなど、手探りしながら無我夢中でやってきました。

回数を重ねるごとに外国の料理を楽しみに待ってくれている方も多くなりました。嬉しい限りです。これからも出店国、出品料理を増やして、外国の人たちとの交流を通して、多くの市民に外国への関心を持って頂けたらと思います。

このように外国人学習者と共に作り共に渡り続けた架け橋を地域のどの場所に架けたら有効か、友の会の規模で実現できるのか、壁にぶつかった。

## 5 四街道市国際交流協会へ（平成23年7月～現在）

　平成18年、軌を一にして市秘書広報課は市内国際交流団体の窓口を一つにすべく国際交流協会を設立する目的で「四街道市国際交流懇談会」を開催した。友の会を含む市内の各国際交流団体が参加したが、会議は不調に終わった。

　21年8月、紆余曲折の末、市は「四街道市国際交流検討委員会」を立ち上げ、再度市内の各国際交流団体に参加を呼び掛けた。この会議で友の会は協会の必要性を訴えた。23年1月、友の会を発起人とする「四街道市国際交流設立準備員会」が発足した。

　構成員は友の会を含む四街道市リバモア姉妹都市市民の会（姉妹都市リバモアの短期留学生、市民訪問団の受入れ活動を32年行ってきたボランティア団体）、国際交流に熱心な数名の外国人・日本人市民である。

　平成23年7月9日、準備委員会は総会を経て「四街道市国際交流協会」を設立した。

## 6 課題

　姉妹都市との相互交流の更なる発展、地域の末端単位である自治会との関わり、少子高齢化が進む中で活動の担い手をどのように確保し続けるのか。これらの課題は四街道の特性を生かした国際交流活動を推進して行く中で解決されるであろう。

**武野寛子（四街道国際交流友の会代表・現四街道市国際交流協会会長）**

## 5　定住外国人の人権を考える市川・浦安の会

### 1　活動概要

　戦後、アジア諸国との歴史的問題を精算しないまま日本は2000年を迎えた。永住外国人として十数年にわたり声をあげて訴えてきた地方参政権問題もきちんとした結論を日本政府は出さないまま棚上げ状態である。

　様々な問題を積極的に考えて取り組み、未来に負の遺産を残さない為、心ある有識者の方々と市民が一体となり2000年に入り地方参政権問題を主軸として準備委員会が発足した。約1年間の打ち合わせ期間の後2001年7月22日正式に「定住外国人の人権を考える市川・浦安の会」としてシンポジューム「定住外国人の人権を考える」を開催し、150名ほどの参加により活動を開始した。

　共同代表に当時B級戦犯の研究を熱心にされていらした内海愛子先生（当時恵泉女学園大学教授）を迎え、日韓両国の方々で当会は運営された。基本的に毎月1回の定例会を開催し、2001年は活発な活動を行った。特に地方参政権実現のための陳情活動に力を注いだ。結果として、「定住外国人の地方参政権実現の為の意見書」が市川市議会に於いて採択された。歴史的な出来事である。これを受け、川崎市で長い間このような運動で活躍されている方より神奈川県での活動体験を伺った。市川で採択されたことは大きな一歩ではあるが、もっと活動を広げていく必要があった。何故なら人権問題とは、地方参政権問題だけではなく日常生活の中にも山積みされているからである。子どもたちの教育問題に関してもそうである。外国籍の子どもたちが年々増加しているにもかかわらず行政の対応はあまりにもお粗末である。日本は国連児童憲章を批准しているはずである。しかし現実の対応は違う。外国人という言葉でひとくくりにして扱う。非常に腹立たしい。義務教育期間の就学申請問題に関して市川市および教育委員会に要望書を提出した。対象児童には「入学通知書」が届く。外国籍児童は「入学許可申請書」が届く。内容は「学校の規則を厳守しますから入学を許可して下さい。」という書面に署名・捺印が必要であった。学校の規則を厳守しなければならないのは外国籍児童だけなのか？行政の真意を問うた。結果その様式は変更されたが、通知書に「外国籍入学希望」とわざわざ書いてあった。翌年3月10日「定住外国人の人権を考える千葉県連絡会」を結成した。

　もう一つの問題である「市職員採用に関する国籍条項撤廃」についても市川・浦安市に要望書を提出した。各市長との面談も行い趣旨を説明した。その後千葉県堂本知事（当時）に「外国籍住民の施策に関する要望書」を提出した。共同提出団体は、定住外国人の人権を考える千葉連絡会・当会・自治労千葉県本部・千葉県教職員組合・ハンドインハンドちば・在住フィリピン人交友会・在日韓国民団千葉県本部の7団体である。他県で開設している外国人県民会議の設置も要望した。無年金高齢者・障害者問題に関しても要望した。とりくめばとりくむほど定住外国人の人権が無視され続けている事に落胆する。無年金高齢者に関して言えば、戦前から日本で苦労し、戦後すべての権利

を奪われた。申請もできず、ひたすら日本を支えてきた。現在は各自治体の判断でわずかな金額が受給されたりされなかったりまちまちである。ちなみに市川市は月々5000円が支給される。80～90才の方々が対象者だが、年々減少している。行政は改善する気はない。自然消滅するのを待つかのようである。2004年、当会は3周年を迎え、広く認知してもらう為年間2～3回程度講演会・映画上映会・コンサートを開催した。様々な分野の方々を講師に招いた。特に千葉県を拠点に世界に日本の祭り寿司を紹介されている龍崎英子先生は、「歴史的食文化の交流」をテーマに講演して下さったり、趙景達千葉大学教授の「日本社会の歴史的特質」や宋神道支援会の朱秀子さんの「従軍慰安婦問題」など、多方面から有識者を招いての講演会は、共生社会を目指すことの重要性を示していた。

一方映画上映会やコンサートも多勢の方々に楽しんでいただいた。「海女のリャンさん」「三たびの海峡」「西便制・風の丘を越えて」「エイジアン・ブルー」「百済・白村江の戦い」「ホタル」などである。「三たびの海峡」「エイジアン・ブルー」の主演者の隆大介さんは、当会の活動の趣旨を理解し賛同して下さり会場にかけつけて下さった。コンサートは朴保特別ライブ、李政美特別ライブ、趙博さんライブ、スクリーンのない映画－うたうキネマ、砂の器は、会場の方々の感動の涙が印象的であった。

多くの皆様に支えられ当会は活動を続けている。2007年、今後の活動方針を話し合い、共同代表の改選も行った。専修大学近江吉明教授を共同代表に迎え、益々当会の活動は活発化していった。今までの活動の成果が感じられてきた。しかしここ1～2年の日本社会は、時代に逆行している。排他的な動きが目立ち始めている。定住外国人の地方参政権問題も採択されていたにもかかわらず、反対意見を受理した事から何度も不採択の危機に曝された。現に日本各地の自治体では採択されていたものが不採択になっている。共生社会を目指して活動しているのに歪曲された判断で正当な理由もなく不採択だ。

2011年、当会は10周年である。会の節目にあたり、一連の社会の動向をどう受けとめればよいのか？10年前よりも後退しているのだろうか？しかし我々の活動は、心ある市民と手を携えて行くことである。過去の清算がされないまま現在を生き、未来に希望を持つことはむずかしい。人権問題は、当事者である我々はもちろんだが、社会全体が抱える大きな問題である。人間であれば誰もが法の下の平等を願う。それは当然の事である。

昨年、中塚明奈良女子大名誉教授を迎え、「司馬遼太郎の歴史観・朝鮮」をテーマに講演して頂いた。先生は、歴史の過ちを繰り返してはならない事を強調していた。

今後、定住外国人の人権を考える市川・浦安の会は、より一層地域住民との信頼関係を築き、手を携えていかねばならない。地道な草の根運動が必要である。人権問題としての地方参政権獲得運動であったはずが、それを訴え続けていた在日の団体が地方裁判所において政治的運動と決めつけられた。1％支援事業対象団体と認め支援した市川市が訴えられ千葉地裁において支給相当額の返金が命じられた。人間として文化的生活を望んでの活動が一方的な歪曲された考え方により踏みに

じられた。

　結成当時講演をして頂いた田中宏一橋大学名誉教授を招き、10周年記念講演を行った。もう一度原点に戻り、地方参政権問題を取りあげ、我々の活動の方向性を定めて行きたい。

　後日、市川市は控訴し、東京高裁において、逆転勝訴した。地方参政権運動は政治上の主義を推進する活動とまでは言えず条例が定める「政治的活動」にはあたらないと判決が下った。

## 2　今までの主な活動の歩み

| | |
|---|---|
| 2001.07.22 | シンポジューム「定住外国人の人権を考える」開催　於：行徳公民館 |
| | 「定住外国人の人権を考える市川・浦安の会」発足　150名参加 |
| | 　　共同代表　内海愛子　李林潤　山口兼男 |
| | 　　事務局　林三鎬 |
| | ◎　定例会〜基本的に毎週第3日曜日午後4時　市川公民館にて行うことを決定する |
| 2001.09.06 | 地方参政権実現のための陳情活動 |
| 2001.10.12 | 「定住外国人の地方参政権実現のための意見書」市川市議会採択 |
| 2001.11.18 | 講演会「神奈川での活動体験」山田貴夫さん（川崎市職労） |
| 2002.02.22 | 市川市及び市川教育委員会に要望書提出 |
| 2002.03.10 | 講演会「外国人の子どもや親たちとの交流を通じて感じるもの」 |
| | 　　講師〜大津山正さん　於：市川公民館 |
| 2002.03.10 | 「定住外国人の人権を考える千葉県連絡会」結成 |
| 2002.03.11 | 市川市より回答「市職員採用に際しての国籍条項撤廃」について |
| 2002.04.08 | 市川市教育委員会より回答「就学許可問題」について |
| 2002.06.27 | 浦安市「松崎市長」に要望書提出 |
| 2002.07.22 | 1周年記念集会　後援「歴史認識問題」　山田貴夫先生　山崎製パン企業年金基金会館 |
| 2002.09.08 | 講演会「永住外国人の地方参政権を考える」　鈴木啓一先生　市川公民館 |
| 2002.10.21 | 市川市長と直接面談　各要望書の趣旨を説明 |
| 2002.12.20 | 千葉県堂本暁子知事（当時）に「外国籍住民の施策に関する要望書」提出 |
| | 要望書共同提出団体 |
| | 　　1. 定住外国人の人権を考える千葉県連絡会 |
| | 　　2. 定住外国人の人権を考える市川・浦安の会 |
| | 　　3. 自治労千葉県本部 |
| | 　　4. 千葉県教職員組合 |
| | 　　5. ハンドインハンドちば |
| | 　　6. 在住フィリッピン人交友会 |
| | 　　7. 在日韓国民団千葉県本部 |
| 2003.07.06 | 2周年記念集会　講演「日本社会の歴史的特質」　趙景達千葉大教授 |

|  |  |
|---|---|
|  | コンサート「朴 保 特別ライブ」　於：市川公民館 |
| 2003.10.12 | 講演会「日帝支配が朝鮮にもたらしたもの」　於：市川公民館 |
|  | 清泉女子学園大学講師　宮本正明先生 |
| 2003.10.20 | 千葉県より回答書届く～「外国人県民会議」開設の要望について |
| 2003.12.14 | 「無年金高齢者・障害者問題について」川崎ふれあい館　金秀一さん |
|  | 於：市川公民館 |
| 2004.07.04 | 3周年記念集会　於：市川公民館 |
|  | ①　講演　「共生社会に向けて」姜誠氏（ジャーナリスト） |
|  | ②　講演「食文化における日韓交流史」龍崎英子先生 |
|  | ③　コンサート「李政美特別ライブ」 |
| 2004.08.25 | 第1回　千葉県庁職員との意見交換 |
| 2004.12.12 | 「海女のリャンさん」鑑賞会　於：市川公民館 |
| 2005.02.16 | 千葉県に要望書提出 |
| 2005.02.25 | 第2回　千葉県庁職員との意見交換 |
| 2005.07.30 | 4周年記念上映会「海女のリャンさん」　於：グリーンスタジオ |
| 2005.09.23 | 市川市、浦安市に対して「外国人市民会議」の設置を要求 |
| 2006.03.12 | 討論会「多文化共生社会の実現に向けて」　於：市川公民館 |
| 2006.07.23 | 5周年記念集会「三たびの海峡」上映　隆大介来場　於：市川文化会館 |
| 2006.12.10 | 上映会「西便制・風の丘を越えて」　於：市川駅南公民館 |
| 2006.12.08 | 市川市・浦安市の市長に懇談会開催の要望書提出 |
| 2007.04.08 | 共同代表　改選　近江吉明　李林潤　金萬石　事務局　金一惠 |
| 2007.05.13 | 講演会「従軍慰安婦問題」　朱秀子さん（宋神道支援会）：市川公民館 |
| 2007.07.16 | 6周年記念上映会「エイジアン・ブルー」隆大介来場　於：市川文化会館 |
| 2007.12.16 | 「第1回　民際交流の夕べ」趙博特別ライブ開催　於：山崎レストラン |
| 2008.07.12 | 講演会「地方参政権運動の今」林　三鎬民団中央企画室長 |
| 2008.11.16 | 7周年記念ビデオ鑑賞会　「百済」「白村江の戦い」　於：市川市男女共同参画センター |
| 2008.12.21 | 「第2回　民際交流の夕べ」開催　於：山崎レストラン |
| 2009.07.12 | 「忘れられた歴史と埋もれた歴史」講演会（副題：関東大震災を考える） |
| 2009.10.03 | 8周年記念講演　趙博「謳うキネマ～砂の器」　於：グリーンスタジオ |
| 2009.12.05 | 「ホタル」上映会　於：西洋館クラブ |
| 2010.04.10 | 「永住外国人の地方参政権　Q＆A」呂健二副議長、徐元喆事務局長 |
| 2010.09.26 | 9周年記念講演会「司馬遼太郎の歴史観・朝鮮」中塚明奈良女子大名誉教授　於：山崎製パン企業年金基金会館 |
| 2011.09.25 | 10周年記念講演会「定住外国人の地方参政権問題」田中宏一橋大名誉教授：山崎製パン企業年金基金会館 |

**金　一惠（定住外国人の人権を考える市川・浦安の会）**

## 6 千葉県国際交流センターの多文化共生に向けた取組み

### 1 千葉県国際交流センターの役割

　千葉県国際交流センターは、県内の民間団体やボランティア、市町村の国際交流協会、大学、行政等とともに、国際交流や国際協力の推進、国際理解の促進、県内に在住する外国人への支援などを行っている。

　当センターは、昭和59年に設立された千葉県国際交流協会を前身とし、その後、財団法人化や、（財）千葉コンベンションビューローとの統合を経て、平成14年から現在の名称により活動を行っている。設立当初からの活動目的は、「千葉県の国際交流を推進することにより国際親善及び国際理解を図り、千葉県の国際化に寄与すること」である。

　また、当センターは、国が都道府県や政令指定都市に対し認定する「地域国際化協会」として平成2年度に認められており、千葉県における中核的民間国際交流組織として機能することが期待されている。

### 2 多文化共生を取りまく状況

　今日の我が国における国際交流を取りまく状況として、姉妹都市交流や海外からの団体との交流や、開発途上国への国際協力等による海外との交流とともに、地域に生活する外国人との交流や支援等を通じた「内なる国際化」が重視されている。そこには、近年の経済状況の悪化や自治体の財政難等により、海外との交流事業やイベントが縮小傾向にある一方で、我が国の在住外国人の数は平成2年の入管法改正以降大きく増加し、また、定住化が進行しているという背景がある。

　千葉県内においても、平成22年の外国人登録者数（法務省入国管理局　在留外国人統計による）を見ると、12月末現在114,254人で、この10年で約1.4倍、20年では約3.5倍の増加となっている。また、県人口に占める割合は約1.8パーセントである。※

　在留資格別では、「永住者」（29.2パーセント）が最多で、以下「日本人の配偶者等」（12.5パーセント）、「定住者」（8.9パーセント）、「特別永住者」（7.8パーセント）の順となっている。「永住者の配偶者」（1.1パーセント）を加えると、定住とのつながりが高いこれら5つの在留資格で全体の59.6パーセントを占め、この10年では約1.4倍の増加を示している。また、「特別永住者」を除く4つの在留資格についてはニューカマーとの関わりが強く、その合計数は全体の51.8パーセントを占め、この10年で約1.6倍の増加となっている。

　このほか、外国人登録者数にはカウントされない、国際結婚により生まれた子どもや帰化者、中国残留邦人等、日本国籍を持ちつつ外国につながりを有する住民の存在も考慮する必要がある。国の人口動態調査によると、平成22年の千葉県での婚姻のうち、約17組に1組が国際結婚と見られ

る状況だった。

　総務省は、平成18年3月に「地域における多文化共生推進プラン」を発表した際、地域における国際化推進の方向として、国籍や民族などの異なる人々が互いの文化的差異を認め合い、対等な関係を築こうとしながら地域社会の構成員として共に生きていく、「地域における多文化共生」を、「国際交流」、「国際協力」に次ぐ第3の柱として明らかにしている。

　こうした動向を受け、当センターでは、「(財) ちば国際コンベンションビューロー中期計画」(平成22年～24年) などにおいて、多文化共生社会づくりに向けた施策やネットワークづくりの推進について示したところである。

　※なお、平成24年2月の千葉県国際課からの発表によると、23年12月末現在、千葉県の外国人登録者数は110,627人で、5,048人減少することとなった (県の独自集計による)。これは、本県にも被害をもたらした東日本大震災や原発事故等に伴う、出国や他県へ流出による影響が大きいと考えられる。

## 3 千葉県国際交流センターによる在住外国人支援

　多文化共生社会づくりに向けた施策としては、在住外国人への支援がその柱となるが、当センターでは、(財) ちば国際コンベンションビューロー中期計画に基づき、次のような支援事業を実施している。

### (1) 外国人テレホン相談事業

　在住外国人の生活上の悩み等に広く対応し、安全で快適な生活を支援するため、4か国語 (日本語、英語、中国語、スペイン語) による「外国人テレホン相談」を、千葉県より受託し、平成17年度から実施している。

　在住外国人の増加や定住化、景気の低迷などを背景に、相談件数は年々増加しており、相談内容も多様化、複雑化の様相を呈している。平成22年度相談項目別実績をみると、その件数は、出入国、渉外戸籍、就労、法律・諸制度、社会福祉、情報提供、日本語教室の順となっている。

　在住外国人からの相談については、千葉県内では、自治体やその国際交流協会 (15市による)、民間団体等においても、様々な言語や実施方法により対応しているところであり、当センターではこれらの相談関係者と連携を図るための意見交換会を実施している。

### (2) 在住外国人のための法律相談

　在住外国人が抱える法律的問題への解決を支援するため、千葉県弁護士会及び千葉県行政書士会と連携し、専門家による無料法律相談を毎月実施している。事前申込制とし、また必要に応じ、当センターの語学ボランティアの協力を得ながら、複数の外国語による通訳対応を行っている。

　また、県内在住の外国人が抱える生活上の問題に、幅広い分野で専門的な見地から支援するため、

弁護士、行政書士、社会保険労務士等による無料総合相談会を開催している。

## (3) 在住外国人との交流

　当センターでは、在住外国人や青年海外協力隊OB等を講師として学校や公民館などへ派遣し、出身国や開発途上国での体験等を伝える「ちば出前講座」を、JICA(独立行政法人国際協力機構)とともに実施し、国際理解のみならず、在住外国人と県民との交流を図っている。

　また、千葉県やJICA、千葉県ユニセフ協会、県内大学等とともに、国際交流協力活動への県民理解を深めるため実施している「国際フェスタCHIBA」などのイベントにおいて、在住外国人の参加を呼び掛けている。

## (4) 国際交流ボランティア制度の運営

　国際交流事業への積極的な参加を希望する県民を対象に、「語学ボランティア」、「ホストファミリーボランティア」、「文化ボランティア」、「日本語ボランティア」の4つのカテゴリーによるボランティアを募集、登録し、活動の場の紹介や情報提供等を行っている。なお、これらのボランティアを依頼する際、紹介依頼者には実施の1カ月前までに当センターへ申請するよう求めている。

　在住外国人との関わりという点において、これらの国際交流ボランティアのうち、「語学ボランティア」のニーズが特に高い。「語学ボランティア」は、通訳や翻訳を通じ、在住外国人に対する生活面の支援などを行っている。

　このうち、医療、福祉、教育、災害等への対応については急を要することがあるため、センターでは、平成22年度に「多文化共生サポート制度」を創設し、在住外国人の緊急事態へ、公的機関からの要請により語学ボランティアを派遣することとした。本制度では、在住外国人の状況等に応じ、ボランティア活動費や保険料をセンターが負担できることとしている。

　また、センターでは、国際交流ボランティア等による在住外国人への生活支援力を向上させるため「コミュニティ通訳研修」を開催し、外国人が生活上必要となる行政サービス等の基礎的知識(渉外戸籍、在留資格と外国人登録、社会保険制度、母子福祉、母子保健など)について学ぶ機会を設けている。

　このほか、平成23年度には、その上級編として、在住外国人の生活に関わる特定の分野(医療、教育・子育て、就労・法律の3分野)について、その知識や語学力(中国語、スペイン語、英語)を養成する「多文化共生実践力向上セミナー」を実施した。

　さらに、在住外国人への災害時の支援として、千葉県が実施する「災害時外国人サポーター養成講座」や、関東の都道府県及び政令指定都市の地域国際化協会による「関東地域国際化協会連絡協議会」が実施する「多言語翻訳シミュレーション」防災訓練などにおいて、国際交流ボランティアから参加を募り、外国人への支援力の養成を図った。

## 4 千葉県国際交流センターによる在住外国人への日本語指導支援

在住外国人にとって、日本語を学ぶことは、日本の文化に触れ、日本人とのコミュニケーションを実現する第一歩と考えられる。また、定住化が進行する中、身近な日本語を習得することは日本において安定した生活を確保するうえで不可欠となる。

入管法改正以降、ニューカマーを中心に日本語学習者が全国的に増加し、千葉県においてもボランティア等による地域日本語教室が各地で展開されるようになった。当センターの調べ(ホームページ「あなたの町の日本語教室」)によると、平成23年9月現在、県内の地域日本語教室は146教室(但し、主催団体が重複する場合あり)で、34市町に設置されている。このうち、外国人児童を対象とするのは19教室(11市町)となっている。地域日本語教室は、様々な背景を持った在住外国人へ日本語を教えるにとどまらず、生活上の相談へ対応、日本人との交流の場、子どもへの教科学習指導など多様な役割が見直されており、外国人が自分らしく居られる場として多文化共生の社会づくりの最前線においてその重要性が増している。

センターでは、千葉県における、在住外国人への日本語学習指導等を行うボランティアの重要性を早期に認識し、平成6年度から、在住外国人へ日本語を教えるために必要となる日本語の知識(入門、初級)を学ぶ「日本語教授ボランティア養成講座」を開始し、県内各地で実施した。また、平成11年度から、「日本語ボランティア講座」と名称を改め、日本語ボランティアとして求められる基本的な日本語知識や技能を高める講座をセンター内において行った。

このほか、これらの講座受講者や、地域で日本語ボランティア活動をする方を対象に、「日本語教授ボランティア連絡ワークショップ」を平成7年度から開催し、地域で日本語教室を運営、設置するために必要な知識の習得や情報交換、ボランティア間のネットワーク形成を図った(同ワークショップは平成20年度で終了)。また、平成21年度には「日本語学習サポートについて考える」と題する「多文化共生フォーラム」を開催し、一般県民向けに、日本語ボランティアが地域でできることについて考えるための講演やパネルディスカッションを実施した。

なお、平成19年度に「日本語ボランティア講座」に参加した受講者からは、「かけはし」という情報交換のためのグループが結成され、県内のボランティア間のゆるやかなネットワークとして、定例会を開催するなど自主的な活動が続けられている。

現在、当センターでは在住外国人への日本語学習指導環境の向上に向け、次のような事業を実施している(平成23年度)。

### (1) 日本語ボランティア養成のための講座

在住外国人に日本語を教えながら交流しようとするボランティアに対し、基礎的な日本語指導の知識を学ぶ場として開催している。

内容は、テキスト等を用い、日本語指導に要する基本的な文法や表現方法の習得、多文化共生社会における外国人との対話や相互理解の必要性の理解、などが中心となっている。参加者は、地域日本語教室で活動を始めて間もないボランティアや、これからボランティアを始めたい方、市町村の国際交流協会の関係者など様々である。

　本講座は県内の日本語ボランティア等が比較的少ない地域で開催している。本講座の前身である「日本語ボランティア講座」では千葉市内の当センター会議室で行っていた。しかし、現在、県内の日本語ボランティアや地域日本語教室については、千葉地域や東葛飾地域などの都市部に比較的多く、その地域の国際交流協会等では独自にボランティア養成講座を実施するようになってきた。このため、本講座では、日本語ボランティアや地域日本語教室が少ない地域で行い、日本語ボランティアを養成することにより、将来的な県内の地域バランスを図ることとしている。

### (2) 日本語ボランティア・スキルアップ講座

　既に地域で日本語指導を行っている日本語ボランティアなどを対象に、更なる指導力の向上やボランティア間のネットワーク化の促進などを目的に、平成21年度から実施している。

　講座は、多文化共生社会における日本語教室のあり方をはじめ、在住外国人の生活や地域とのつながりを意識した日本語学習指導、在住外国人とのコミュニケーションや人間関係づくりを重視した対話法や作文指導、やさしい日本語の考え方など、時のニーズに応じたバラエティに富んだ内容となっている。

日本語ボランティア・スキルアップ講座の様子

### (3) サバイバル日本語教室

　県内の日本語を母語としない児童生徒などを対象に、日常生活や学校生活でのコミュニケーションや学習等に役立つ初歩的な日本語講座を、ボランティアや教育関係者などの協力を得て、夏休み等の期間中に短期集中で開催している。

　本教室は、平成11年度から実施しており、当初は、当センターが運営主体となって千葉市内で開催していたが、平成19年度から、市町村の国際交流協会とともに、県内数か所で実施している（平

成23年度は市川市、八千代市、市原市で開催）。

　内容は開催地により異なり、子どもの年齢やレベルに応じた日本語学習のほか、料理実習や施設訪問、防犯・防災指導、レクリエーションなど多彩である。

市川市で行われたサバイバル日本語教室の様子

### (4) 外国人児童生徒日本語指導意見交換会

　県内において日本語を母語としない子どもに対し日本語指導を行うボランティア等を対象に、その指導に役立つ講演の実施や意見交換などを行っている。

　平成22年度は、学校教育における日本語指導に焦点をあて、「外国人の子どものための日本語学習支援ボランティアの集い」として、学校や地域等で外国人児童の日本語指導に携わる方を対象に千葉県教育委員会と共催で開催した。千葉県内の学校における外国人児童生徒の受入に関する説明や、外国人児童への日本語指導等に関する講義、演習、教材の紹介のほか、グループ形式による意見交換などが行われた。

　また、平成23年度は、地域日本語教室等における、ボランティアの日本語指導や教科指導の方法などについて講義やディスカッションを行った。

### (5) 県内の日本語教室に関する情報提供

　当センターでは、県内の地域日本語教室の活動状況について、房総日本語ボランティアネットワークが作成した冊子「あなたの町の日本語教室」に基づき、同名のホームページを開設しており、その最新情報を配信するとともに、地域日本語教室における活動の周知や参加の促進を図っている。

　併せて、ホームページ上に、外国人児童に対する日本語教室を紹介するサイト「子どものための日本語学級」を掲載し情報提供を行っている。

「あなたの町の日本語教室」　http://www.mcic.or.jp/jp_school/jpsch_town.html
「子どものための日本語学級」　http://www.mcic.or.jp/jp_school/kodomo_class.pdf

### (6) 日本語ボランティアの登録

平成22年度、前述の国際交流ボランティア制度において「日本語ボランティア」を設置した。

その定義は、「日本語を母語としない住民と、日本語でコミュニケーションすることを通じて交流を深めるもの（日本語教授を業とする者の職域を侵さないものに限る）」としており、当センターが実施する講座の受講者や地域日本語教室で活躍中のボランティアをはじめ、広く県民に参加を求めている。

この登録を通じ、当センターが実施する外国人の養成日本語学習環境向上のための事業（外国人からの様々なニーズに応じられる日本語ボランティアの確保や養成、地域日本語教室の開設や機能強化につなげる事業など）に対し、日本語ボランティアとしての経験、技能、意欲を活かしながら御協力いただくとともに、日本語ボランティアの更なるネットワーク化へつなげられればと考えている。

### (7) その他

このほか、在住外国人への日本語指導支援に関する事業として、地域の国際交流協会や市町村職員、地域日本語教室の関係者等を対象に「地域日本語教室企画・コーディネート講座」を平成24年1月に開催した。

地域日本語教室については、県内において地域的偏りが見られ、整備されていない市町村が存在するほか、その実施形態も様々である。本講座は、国際交流協会や市町村職員などが、地域の在住外国人や民間団体、ボランティア等の状況を踏まえながら、多文化共生に向けた日本語教室の意義について再認識するとともに、日本語教室を運営、設置、支援していくための企画力やコーディネート力などを身につけることを目的に実施したものである。

## 5 これからの多文化共生に向けた取組み

今後の在住外国人の推移については予測が難しい。

平成22年3月に策定された国の第4次「出入国管理基本計画」では、我が国が持続的発展を遂げていくため、成長著しいアジアの活力や専門的知識等を有する人材を受入れていくことの必要性が触れられている。また、更なるボーダレス化や労働市場における人材不足等により、外国からの人の流れが進むことが考えられる。

その一方、近年の日本経済の低迷や日系人の帰国等を背景に、全国の外国人登録者は減少を示しており、平成21年末、平成22年末の数は前年比減となった。また、東日本大震災とこれに伴う原発事故では、その被害や風評により外国人出国者の増加や外国人入国者の減少という事態に見舞われた。

このような背景の中で、千葉県の在住外国人への支援ニーズは、外国人登録者数だけで11万人

以上に及び、その半数以上は定住との関わりが深いという事実を考えれば、依然高いと思われる。特に、在住の長期化に対し、育児、教育、進学、就職、結婚や高齢化への対応など、ライフステージに応じた、外国人の自立促進につながる更なる支援が求められる。また、医療や災害、犯罪など、在住外国人の生命や安全に直結する事態への対応についても一層の充実が必要である。

　県内の在住外国人への支援として、千葉県では、多言語による生活ガイドの提供をはじめ、外国人テレホン相談や災害時への対策、高校での外国人生徒の受入れなど、外国人の生活に結びつく様々な事業を実施している。また、基礎自治体である市町村においては、在住外国人の身近な存在として生活や安全、教育、交流などに係る、より直接的、具体的な支援を行っているが、その度合いは地域によりやや違いが見られる。

　こうした中、当センターの多文化共生に向けた取り組みについては、千葉県における地域国際化協会として、行政をはじめ、住民、民間団体、地域の国際交流協会等をつなぐ中間支援組織であることを念頭に置き、これらの機関や関係者とともに、広域的視点に立ちながら、在住外国人への支援や相互理解をさらに促進させていくことが求められる。近年、厳しい運営環境にあるが、ボランティアや民間団体、在住外国人等の参加や協力を得ながら、互いに身近な生活者として外国人と日本人との共生に資する柔軟で効果的な事業の実施やコーディネートについて、今後とも検討していきたい。

**召田充弘（(財) ちば国際コンベンションビューロー　千葉県国際交流センター）**

# 7　善意通訳としてのまちづくりと支援 —柏グッドウィルガイド協会—

## はじめに

　1981年運輸大臣の私的諮問機関「国際観光のあり方に関する懇談会」において、国の施策として訪日外客に対する受け入れ体制の整備は重要かつ積極的に進めるべき課題であるとされ、日本政府観光局（創立時名称：政府特別行政法人国際観光振興会）において、草の根活動事業として善意通訳（グッドウィルガイド）と善意通訳組織SGG（Systematized Goodwill Guide）の結成が現在も続けて全国に呼びかけられている。2003年に小泉純一郎首相が観光立国日本を唱え経済的文化的活性化を目標にビジットジャパンキャンペーンが始まり、スローガンの「YOKOSO! JAPAN」は観光関連のいたる所で目にすることができる。2008年には国土交通省の外局として、観光庁が発足。

　日本政府観光局とはJNTO（Japan National Tourism Organization）ジェイ・エヌ・ティー・オーと呼ばれ、観光庁所管の独立行政法人国際観光振興機構のことで所在地は 東京有楽町の交通会館10階に在る。善意通訳とは、インバウンドの外国人や長期滞在者などへ向けボランタリーに通訳や案内などをすることにより言語上の不便をなくし、国際相互理解と親善を深めるものである。36都道府県に約54,000人が善意通訳として登録しているが、SGGは全国で84団体（2009年3月）で会員は約3,700人である。千葉県内では「柏グッドウィルガイド協会」（以下、柏グッド）が唯一の公認団体である。政府観光局発行〜2005の英文リーフレット "Goodwill Guide Groups of Japan Welcome You" の日本地図に、Kashiwa Goodwill Guide Association（柏グッドウィル協会）の位置が記され、紹介文が掲載されている。この情報は日本国内、英国・ドイツ・フランス・中国・韓国・タイ・シンガポール・オーストラリア・カナダ・アメリカのJNTOの海外オフィスにおいてもこのリーフレットにより国内58ヶ所の善意通訳団体の情報が提供されていたが、現在IT時代においては同様の内容をJNTOのホームページでも、日本語・中国語・英語・韓国語で見ることができる。それにより実際に世界のいたる所から、柏グッドへ電話やEメールで直接ガイドや同行、通訳の申込みや問い合わせが日々、舞い込んでいる。

## 1　「柏グッド」とは　—設立経緯

　2001（平成13）年に千葉県初の善意通訳組織として柏グッドウィル協会が発足。柏市ホームページの市民活動団体紹介の掲載文によると、「柏という、一見、外国人の興味を惹きそうな観光ポイントのない地域で、柏ガイド協会ができたのは、アメリカでガイドボランティアに出会ったという、本多市長の言葉がきっかけだったとか。」（インタビュー記事より一部抜粋）10年以上前になるが役所との集まりの後、当時の柏市の本多晃市長をお茶に誘い、久しぶりに外でゆっくり話す機会を得

■資料Ａ：都道府県別善意通訳リスト　（千葉県Chiba -7）

都道府県別善意通訳（グッドウィルガイド）組織表

| | List of Prefectures Where SGG Groups Are Located | | |
|---|---|---|---|
| | Prefecture | Cities or regions of guide activities | Number on the map |
| A | Aichi | Nagoya and the rest of Aichi; Chita Peninsula | 16 |
| | Aomori | Misawa | 1 |
| C | Chiba | Kashiwa* | 7 |
| E | Ehime | Matsuyama and the rest of Ehime | 28 |
| F | Fukui | Fukui | 15 |
| | Fukuoka | Fukuoka; Kitakyushu; Omuta; Chikuho region; north Fukuoka Pref. | 30 |
| | Fukushima | Aizu Wakamatsu | 3 |
| G | Gunma | Ota | 8 |
| H | Hiroshima | Hiroshima and Miyajima | 26 |
| | Hyogo | Himeji; Kobe; Takarazuka | 23 |
| I | Ibaraki | Kashima; Mito; Tone-machi; Tsukuba | 6 |
| | Ishikawa | Kanazawa | 14 |
| K | Kagawa | Takamatsu and the rest of Kagawa | 27 |
| | Kagoshima | Kagoshima | 35 |
| | Kanagawa | Yokohama, Kamakura and the rest Kanagawa; Odawara and Hakone | 11 |
| | Kochi | Kochi | 29 |
| | Kumamoto | Kumamoto | 33 |
| | Kyoto | Kyoto | 19 |
| M | Mie | Iga region | 18 |
| | Miyagi | Matsushima, Sendai and the rest of Miyagi | 2 |
| | Miyazaki | Miyazaki Pref. | 34 |

111

| N | Nagano | Matsumoto | 12 |
|---|---|---|---|
|  | Nara | Nara Pref. | 20 |
|  | Niigata | Sado Island | 4 |
| O | Oita | Beppu; Oita | 31 |
|  | Okayama | Kurashiki | 24 |
|  | Osaka | Osaka and Kansai Area | 21 |
| S | Saga | Imari | 32 |
|  | Saitama | Kawagoe | 9 |
|  | Shiga | Hikone Castle; Otsu and the rest of Shiga, Kansai area | 17 |
|  | Shimane | Matsue and Izumo | 25 |
|  | Shizuoka | Atami; Ito; Shimoda | 13 |
| T | Tochigi | Nikko, Utsunomiya and the rest of Tochigi | 5 |
|  | Tokyo | Asakusa and the rest of Tokyo | 10 |
| W | Wakayama | Wakayama Pref. | 22 |

たので、各分野のボランティアたち数名にも声をかけた。目的は市長へのボランティア活動の近況報告と更なる理解を求めるものである。その時に本多氏がアメリカ駐在時代に現地のボランティアから受けたサービスの話をして、同じようなボランティア組織を作って欲しいと私に言われた。その頃、柏インフォメーションセンターの立上げを手伝っていて、担当のK課長に自分が善意通訳1983年登録であることと、固定のカウンターで情報提供をするインフォメーションセンターに対して、動いて情報提供のできるガイド組織を提案。早速K課長より依頼され急遽、善意通訳団体を作ることとなった。外国語の話せる仲間を30名集め政府観光局に申請、国際交流第214号善意通訳組織の認定を受け「柏グッドウィルガイド協会」が誕生した。設立報告で市長室を訪れた際、千葉県で初の善意通訳組織誕生ということで市長室にはすでに多数の新聞記者がカメラをかかえて待機、報道で大きく取り上げられた。その結果問い合わせが殺到、連絡先として公開した副会長宅の電話が連日鳴り続け、その反響の大きさにパニックで即辞任してしまうというハプニングまであった。

## 2 「柏グッド」の構成

　柏グッドの現在の構成は、男女比がほぼ同数で各年代に分散されている。職種別では主婦と定年退職者がやや多く、学生、パートタイマー、団体職員、会社員などである。リタイアリーの多くは上場企業の海外駐在経験者、外資系や対外国の検査機関などで外国語使用での勤務者、中学や高校教諭などで、なかには米国外務省勤務経験者や国際協力機構職員、現大学職員もいる。使用言語は12ヶ国語に対応でき、延べ人数で英語32名、中国語19名、韓国語5名、フランス語6名、スペイン語4名、タイ語・マレー語・インドネシア語・フィリピン語が各2名、ロシア語・イタリア語・ポルトガル語が各1名である。現在会員数45名、そのうち通訳案内士4名（英語、韓国語）、通訳士1名（タイ語）、JNTO優良活動表彰の受賞2名を有する。

　2007（平成19）年には柏市と千葉県から推薦され、政府観光局より優良活動団体として柏グッドが表彰される。

## 3 善意通訳活動とは

　SGGの約80団体のほとんどが、観光名所の城や庭園での英語での解説、観光案内窓口での情報提供、グループやツーリストと共に観光地を巡りガイドを行うのが大半である。前者は有名な観光スポットを有するところで、地方自治体から補助金もしくは人件費を支給されている。後者は文字通り善意に頼ったボランタリーな通訳活動であるが、代わりに市や県が善意通訳の募集や通訳研修などに協力しているところもある。

　柏グッドの通常活動の一つは、一般ツーリストの細かいニーズに合わせた体験型観光ガイドである。希望者には和服を着せて観光。毎年4、50枚のキモノを貸し出している。世界各地から日本へ来る外国人に無償でガイドを行っている。千葉県内、特に柏市や成田市とそれらの近郊、我孫子市、流山市、野田市、松戸市、印西市、佐倉市、印旛郡などのほかに、東京都内、遠くは横浜もガイドの対象区域である。

　最も多い依頼主は個人旅行者やカップル、ファミリーである。アメリカ人カップルをガイドした際、良くあることだが前々日まで旅程の変更を言ってきた。各地の有名な観光地、大阪、奈良、京都、東京とゴールデンルートを巡り、帰国前にローカルの柏を観光しようというものであった。柏駅前でスタッフのSと二人で依頼主と合流。柏グッドならではの日本疑似体験のツアーに「カシワは今回の日本訪問でのハイライト」と大絶賛。帰国後もお礼のカードやメール、小さなプレゼントが届くなどした。日本で待望の子宝に恵まれたこともわかり大喜び。欠かさずご子息の写真が今も送られてくる。別のフランス人ファミリーは事前打ち合わせの時間がなく、指定された都内の駅前で会って観光スポットを案内。父親はコックで日本の包丁に関心があり買いたいと。娘はアニメショップとコスプレに興味を示し意見が分かれた。もめたが父親の意見が通り包丁を見に行ったが、どれもウン万円するので購入しなかった。今や日本の観光資源と言われるアニメ文化やファッション文化だがアキバに行けず心残りだった。

　プライベートな旅行者の次に各種団体[1]の観光案内やアテンドがある。また国内の長期滞在者や在住外国人に向けては、国の外郭機関[2]や県関連[3]や市[4]、大学[5]などが行う留学生や外国の子どもたちなどを対象としたイベントなどへ通訳派遣や観光ガイドを行っている。

　1997年、ちば国際コンベンションビューロー主催で千葉県下の日本語ボランティアの情報交換の集まりがあった。「サバイバル日本語講座」の設立を自ら提案。外国の子どもたちが一堂に会することで、孤立感をなくし自らのアイデンティティを認識でき、もう一方ではボランティアの資質の向上を目的とした。毎年、来日間のない外国の子どもたちを対象に夏休みの数日間、サバイバルな日本語を楽しく学習、柏グッドの通訳たちもテーブルについて一緒に絵を描いたり、折り紙をするなどした。また子どもと一緒に来る親たちにも「親と子の日本語講座」を開設、翌年には多文化共生を目指す活動「日本語おもしろサロン」をヒントに提案し「暮らしに役立つ講座」が開かれる

■資料B：国籍別年間依頼件数表

外国人ガイドの実績表　　　　　　　　　　　　　　　　　　　　2011.06.末
The result record of the guide for a foreigner　　　　　　　柏グッドウィルガイド協会
Kashiwa Goodwill Guide

| nationality | 2008 (平成20年) Inquiry | achieve | 2009 (平成21年) Inquiry | achieve | 2010 (平成22年) Inquiry | achieve | 2011 (平成23年)〜6月 Inquiry | achieve |
|---|---|---|---|---|---|---|---|---|
| America | 10 | 2 | 20 | 4 | 8 | 4 | | |
| Canada | | | | | 9 | 6 | | |
| Mexico | 5 | 5 | 1 | | | | | |
| Costa rica | | | 1 | 1 | | | | |
| Colombia | 1 | 1 | | | | | | |
| Brazil | 8 | 6 | 6 | | 1 | | 4 | 3 |
| UK | 2 | | 15 | | 7 | 2 | 1 | |
| French | 2 | | 6 | 4 | | | | |
| Italy | 2 | | 2 | 2 | | | | |
| Germany | 4 | 2 | | | 5 | 4 | | |
| French | | | | | 2 | | | |
| Hungary | 1 | 1 | 1 | | | | | |
| Swiss | | | | | 2 | | | |
| Spain | | | | | | 1 | | |
| Australia | 2 | | 2 | | 4 | | | |
| Singapore | 3 | | 3 | 1 | 1 | 1 | 3 | |
| Korea | 3 | 1 | 2 | 2 | | | 1 | 1 |
| Taiwan | 2 | | 4 | 2 | | | | |
| China | 2 | | | | 1 | 1 | 3 | 3 |
| Indonesia | 8 | 6 | 5 | 2 | 19 | 16 | 11 | 5 |
| Tailand | | | | | 3 | | | |
| India | | | 4 | 2 | 3 | 2 | 1 | |
| kuwait | | | | | 1 | | | |
| Cameroon | | | | | 1 | | | |
| Philippines | | | | | | | 1 | 1 |
| Norway | | | | | | | 2 | |
| Total | 55 | 24 | 72 | 20 | 71 | 41 | | |

By Matsuda

※2009年は新型インフルエンザの国際的流行でキャンセルが相次ぐ。
※2010年はリーマンショックや円高でツーリストが減少。富裕層中国人観光客は東京と以西に多く、県内なし。
※2011年は3月11日「東北地方太平洋沖地震」のため、キャンセルが相次ぎ、原発事故のためガイド中止続出。

ようになった。毎年これら三つのイベントに通訳を派遣、後にその時に子どもと一緒に参加したネイティブの母親が後年柏グッドに通訳として入会してきた。

## 4　具体的な活動内容

　これまでの具体的な活動内容として、
①海外関連——国際試合の各国選手と関係者のアテンド、国際イベントや式典のサーブ、国際会議の内容をまとめての翻訳、個人や団体の観光ガイド、日系親族の捜索と通訳。
②地元関連——留学生や客員教授、海外研修員の日本文化体験（料理教室、着付教室、日本舞踊指導、民家訪問など）、和太鼓や柔術道場への紹介と案内、買物（お土産、柔道着の注文や予約、入手困難な物品を探すなど）、近隣センターでの国際理解講座やイベント会場への講師派遣、長期滞在者への日本語指導や、都内県内の近隣の日本語教室の紹介。
③地方自治関連——国際交流協会や千葉県国際交流センター・ちば国際コンベンションビューローのイベントへの通訳派遣、小中学校・養護学校の三者面談時の通訳派遣、広報や市刊行物の翻訳活動。千葉県庁や柏市役所の依頼により通訳派遣。
④その他の団体——「日本語を母語としない親と子どものための進路ガイダンス」への通訳派遣、地区協議会のイベントへのアテンドや通訳。
⑤地域交流——夏休み中高生体験ボランティアの受け入れ、「留学生と英語で話そう」中学生の英語体験研修、地域活性化協議会メンバー、千葉県観光ボランティアガイド協議会メンバー、流山インフォメーションセンターの立上げ、毎年祭りパレード参加や舞台での日舞披露、お花見開催。その他に柏市や流山市のガイドマップの作成。

　2009年にも柏市より市民公益活動補助金を支給され、英・日・スペイン語の「外国人用観光ガイドマップ：柏駅周辺コース」を作成。先の2006年には流山駅周辺のガイドマップを作成。流山市より了解を得て各関係部署ならびに流山市立博物館に「外国人にも知ってもらおう流山」を、英語・中国語・日本語・スペイン語・ドイツ語のガイドマップの原稿を納める。2008年～2009年には流山市で補助金申請のプレゼンを行い協賛店を募り、柏グッドが「協力」としてカラー版のガイドマップを出版した。

## 5　ボランティアサークルの設立

　当会の活動内容は外国語を使っての通訳やアテンド、案内ガイドが主であるが、最も長くまた会員が意識に置いて毎年関っているのが房総日本語ネットワークの「日本語を母語としない親と子どものための進路ガイダンス」（以下、進路ガイダンス）である。ここで進路ガイダンスと出会うま

■資料C：立上げサークル名と年表図

Establishment of International Relations Volunteer Circle

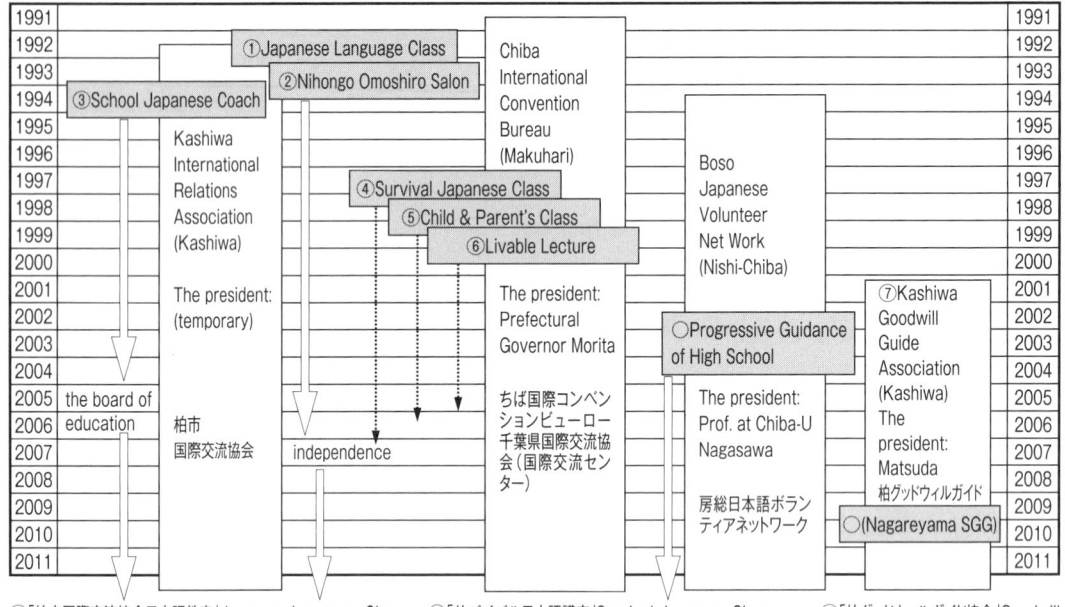

|  | | | | | | |
|---|---|---|---|---|---|---|
| 1991 | | | | | | |
| 1992 | | ①Japanese Language Class | Chiba International Convention Bureau (Makuhari) | | | |
| 1993 | | ②Nihongo Omoshiro Salon | | | | |
| 1994 | ③School Japanese Coach | | | | | |
| 1995 | Kashiwa International Relations Association (Kashiwa) | | | Boso Japanese Volunteer Net Work (Nishi-Chiba) | | |
| 1996 | | | | | | |
| 1997 | | ④Survival Japanese Class | | | | |
| 1998 | | ⑤Child & Parent's Class | | | | |
| 1999 | | ⑥Livable Lecture | | | | |
| 2000 | | | | | | |
| 2001 | The president: (temporary) | | | | ⑦Kashiwa Goodwill Guide Association (Kashiwa) The president: Matsuda | |
| 2002 | | | The president: Prefectural Governor Morita | ○Progressive Guidance of High School | | |
| 2003 | | | | | | |
| 2004 | | | | The president: Prof. at Chiba-U Nagasawa | | |
| 2005 | the board of education | 柏市国際交流協会 | ちば国際コンベンションビューロー千葉県国際交流協会（国際交流センター） | | | |
| 2006 | | | | | | |
| 2007 | | independence | | 房総日本語ボランティアネットワーク | | |
| 2008 | | | | | | |
| 2009 | | | | | | |
| 2010 | | | | | ○(Nagareyama SGG) | |
| 2011 | | | | | | |

①「柏市国際交流協会日本語教室」Japanese Language Class
②「日本語おもしろサロン」Nihongo Omoshiro Salon
③「学校派遣日本語ボランティア」School Japanese Coach
④「サバイバル日本語講座」Survival Japanese Class
⑤「親と子の集い」Child & Parent's Class
⑥「暮らしに役立つ講座」Livable Lecture
⑦「柏グッドウィルガイド協会」Goodwill
○「流山インフォメーションセンター」Nagareyama
○「日本語を母語としない親と子どものための進路ガイダンス」Progressive Guidance of High School

The originator or joint originator: Matsuda
①〜⑦立ち上げに関った組織名、○設立メンバーとして協力

での経緯、繋がりに触れたい。

　それまで自分は経済企画庁の消費者モニターや農林水産省の物価動向モニター、行政モニターまた関西圏の広域で大規模且つ種々の外国人対象のボランティア活動を体験、YMCAボランティアチューターなどもしていたが、1991年に大阪から柏に来た頃はまだ国際交流協会もなく、市役所の国際課に市民レベルの交流活動の場を早く提供して欲しいと再三陳情した。1992年にKIRA（柏市国際交流協会）ができて公募市民第一号で入会。初会合で国際交流のベースとも言える日本語教室設立を提唱しその場で7名の仲間を募りスタート、翌年には日本語教室の仲間と、外国人小・中学生のため学校に出向き日本語を支援する「学校派遣ボランティア」（以下、学派）と、大阪時代から温めていたオリジナル構想の「日本語おもしろサロン」（以下、おもしろサロン）を立ち上げた。当時はボランティアといえば、病院や施設で奉仕する人と捉えられたり、国際交流活動というと外国人に無償で物品を施す行為と思う人が多かった。自分の唱える日本語指導（言語面）と、生活ノウハウのサポート（社会面）と、メンタル面のケア（精神面）の、三本柱の考えが誰からも理解されず前例がないとのことで艱難辛苦が3年間続いた。これまで現場で体感し築いてきた自分なりの国際交流活動の分析や理想に論理的確証がなく、外国人支援と交流の在り方やボランティアに対する考え方に不安を抱き始めていた。果たしてこれで良いのかと考えていた頃、日本語教室の現

状と課題の調査として、おもしろサロンの"テキストのない日本語教室"の見学に当時東京大学院生の村上英己氏が取材に来られたことを思い出し、村上氏に相談したところ的確に記した文献の抜粋を驚くほど多数送ってくださった。的を射たアドバイスで自分の考えに確固たる裏付けを得ることができ大いに力を得た。お陰で毎月開催のおもしろサロンは、10年間で延べ2,000人を超えるまでになった。やがて外国の人たちはおもしろサロンで日本人と同じ時間を共有し、イベントに意義を持って参加することで、学歴や言語に関らず目標とする自主自律を果たし夫々日本社会へ溶け込んでいった。また帰国する人からは、「母国でもおもしろサロンと同じ活動を開きます」と言う人も出た。同じ頃、ちば国際コンベンションビューローのイベントの企画や運営に毎回参加することで、千葉県下各市から集まった日本語ボランティアたちと仲間になることができた。その仲間たちと数年して進路ガイダンスに関っていくことになる。

地域社会での柏グッドのボランティア活動が着目され、地元大学大学院でサスティナビリティ学における国際社会、特にアジア地域のリーダー育成プログラムにて演習授業でプレゼンを行った。進路ガイダンスに参加した生徒やおもしろサロンで様々な体験をした外国の人にも加わってもらった。インターナショナルな多くの院生や研究者の前で、進路ガイダンスのあの時の中学生が胸を張り堂々と質疑に応えている姿は印象的だった。

## 6　日本語を母語としない子どもの支援

千葉大学教育学部社会教育研究室の長澤成次教授の下、自分が在籍していた「房総日本語ボランティアネットワーク」が、「日本語を母語としない親と子どものための進路ガイダンス」を始めようとしていたので、その重要性からサバイバルの仲間を誘い合って長澤教授の下へと繋がっていった。第一回目の松戸会場進路ガイダンスに柏市の学派から日本語ボランティアを、KIRA（柏市国際交流協会）から一般ボランティア、柏グッドから通訳を毎年欠かさず送り出し今日に至っている。千葉会場・船橋会場・松戸（柏）会場の三箇所に通訳を派遣しているが、地元の東葛地区に最も力を入れている。柏グッドでは進路ガイダンスや学校、子どものイベントなどで派遣延べ数は年間50名ほどである。

毎年自宅に送られてくる文化庁文化部国語課「国内の日本語教育の概要」2010年11月1日現在によると日本語ボランティア数は全国で大阪、東京、神奈川、愛知について千葉県は1386名と5番目に多く、学習者数は東京、大阪、神奈川、愛知、福岡の次で7417名と6番目である。これからも千葉県のボランティアの頑張りが伺える。

### (1) 柏グッド会員からのレポート──英語通訳者

2008年8月末〜11年7月末までの丸3年間、中国福建省福州市にある福建師範大学外国語学部日本語学科の日語専家（教師）として赴任した。従って、当協会の活動は専ら冬季休暇1月半ば〜

2月、夏季休暇7月～8月に限られた。この間の活動を若干報告する。夏の柏祭りに際し、3年前より駅前の「デッキ広場」にて、柏市観光協会から借り受けたテントにて、会の運営資金の調達のため寄付された雑貨や小物等のバザーを行い、柏グッドの広報活動も行った。また、会長の補佐として柏祭りで柏おどりパレードに参加するT大学の留学生の送迎、手賀沼の花火大会へも案内をして友好を深めた。インターナショナル柏ロッジで留学生のお世話をしていて自らの専門分野と絡めて日本文化のひとつとして日本舞踊に着眼、積極的に取り組まれ支援されているT大特任准教授の下、留学生による修士論文発表会（11年2月）にも参加させて頂いた。修士課程の院生の発表は、東葛飾地域にある大学数校の「国際化」の比較、「柏の国際化」などが主要テーマであった。

　東葛地区の行事では、柏グッドとして取手地域の外国人との集い、流山地域の催しにも数回参加した。

　「多文化共生」「異文化理解・共生」に関わる件として特筆しておきたい事例を一つ挙げておきたい。柏市内にある小学校5年生の男児の指導について相談を受けたことである。マレーシアのボルネオ島出身の夫妻には高校生の娘、中学生の息子、その弟小学5年がいた。相談は、活発でスポーツが得意な弟に学習面にやや心配があることと、学校からの親宛てのプリントが十分に理解されていないようだというもの。担任の女性と男性の管理職が、両親と児童および私たち通訳に応対した。先生方の心配は、児童は学校では日本語はよく理解しているが、家庭内ではマレーシア語の理解が不自由なのではないか、親に学校のことを伝えていないのではという心配であった。つまり、姉や兄に比べ、弟は幼い頃より日本語に慣れている。マレーシア人としてのアイデンティティはどうなのかという心配にも感じられた。後日、同家に招待されたパーティーでは、本人はマレーシア語で会話しており、兄や姉も市内の中学と高校に通い日本語をよく理解している様子であった。心配は杞憂に終わった感がある。

　私自身は6月23日、たまたま赴任大学で開催された「異文化コミュニケーション研究協会」国際大会（使用言語は英語・中国語）に参加し、外国語教授法の分科会でパネリストとして発表。「日本語教育を通しての異文化理解を求めて――中国学生の日本語での作文力の向上を目指して」（英語約9千字弱）にまとめた。偶然にも福建師範大学での教え子の一人が本年4月から千葉大教育学部の研究生として来日しているのを知った。再会が楽しみである。今後も、翻訳や通訳を通じて日本語の国際化と日本社会の異文化交流に尽力する覚悟だ。（宮坂正昭）

### (2) 柏グッド会員からのレポート――中国語通訳者

　毎年10月におこなわれている「日本語を母語としない親と子どものための進路ガイダンス」に、この数年ほぼ毎年参加をしています。私は「柏グッドウィルガイド協会」のボランティアの一員として進路ガイダンスに参加していますが、一人のボランティアとして進路ガイダンスについての感想を述べたいと思います。

　私は初めは一般ボランティアとして会場に来た参加者の案内係などをしていました。何度か参加

するうちに、通訳をする以外に通訳ボランティアのとりまとめを担当したり、事前におこなわれる通訳のための勉強会を担当したり、トータルコーディネーターを務めたりするようになりました。進路ガイダンスの発展とともに自分自身も少しずつ成長できていることを実感しています。

　進路ガイダンスに参加していつも思うことは、この進路ガイダンスがボランティアの方々の熱意に支えられているということです。本番当日の進路ガイダンスは3～4時間ほどのものですが、そのための準備として数カ月も前から実行委員が集まって打ち合わせをし、毎日のようにメールでやりとりをして詳細を詰めていきます。これまで10年の積み重ねがあるのでノウハウはかなり蓄積されていますが、よりよいガイダンスを目指して、準備には余念がありません。周知、呼びかけ、資料作成、資金調達と全てこれをボランティア活動として行っている、特に実行委員のメンバーの方々には頭が下がる思いです。

　進路ガイダンス当日の会場は熱気に包まれています。ボランティアのスタッフも、いよいよ始まるガイダンスに気合が入り、参加者である親子を待ち受けています。参加者の親子は、会場で受付をしているときは本当に不安そうな表情をしていますが、進路ガイダンスの進行とともに、熱が入ってきて熱心に話に聞き入るようになります。進路ガイダンスの前半は会場全体に向けて進路についての概要説明がおこなわれます。このあたりは参加者の親御さんは熱心に話を聞いていますが、当の本人である子どもたちは難しい話に少し時間をもてあまし気味にも見えます。後半は母語別に通訳ボランティアをとおして、高校の先生に質問ができる時間です。この時間になると、親御さんだけでなく子どもたちも熱心に高校の先生や先輩である高校生に質問をしています。

　参加者の親子を見ていると、親御さんは教育熱心な方が多いのですが、何をすればいいのかわからず手探りの状態で会場にいらっしゃる方が多いように思います。子どもたちはまじめで素直な子どもが多いですが、恥ずかしがり屋で少し引っ込み思案な子どもも見受けられます。そのような参加者の親子も、ほんの数時間の進路ガイダンスが終わるころには、来場した時の表情とはぜんぜん違って一歩前に踏み出すきっかけを手にした自信に満ちた表情に変わっています。

第2章

熱心に通訳をする柏グッド会員

そんな親子の表情を見るとボランティアとして参加した私も、何かをやり遂げた充実感でいっぱいになります。そして、この充実感が来年の進路ガイダンスに向けての原動力になるのだと思います。この進路ガイダンスをとおして、ひと組でも多くの親子が一歩前に進むためのお手伝いができればと考えています。（今泉陽子）

　昨年は鳥取県職員とボランティアら3名が、柏グッドに話を聞きたいとわざわざ米子市から千葉県柏市までやってきた。目的は観光地でないSGGの活動形態と通訳活動の在り方を教えてもらい参考にしたいとのことであった。資料や写真を交えて些細な質問の数々まで一日語り尽した。互いに理念とする考えや思いを熱く語り合った。通訳という特性と置かれた環境条件を最大限に活かし、正に私たちの目指すものは共生のまちづくりと外国の子どもたちの支援であることに行き着いた。わずか半日の時間だったが琴線に触れ合う思いだった。今後の活躍を期待し、別れ際に互いにしっかりと握手をかわした。

**松田月子（柏グッドウィルガイド協会）**

【注】
(1) サイクルサッカーアジア大会、ドイツ音楽学校学生一行、国際映画祭、香港理工大学研修生一行、オーストラリア交換留学生、グアム観光局
(2) 海外職業訓練機構（厚生労働省）、財務省税関研修所、インドネシア協会（外務省関連）
(3) ちば国際コンベンションビューロー、千葉県国際交流センター、千葉県商工労働部観光課、千葉県観光物産協会
(4) 柏市、流山市
(5) 東大柏キャンパス、麗澤大学

# 日本とペルー

ペニヤ・フリオ（白井国際交流協会）

### 直売

　日本に来てから少し経ってからペルーの友人に、日本ではそこそこに野菜を売る露店があり100円一袋で売っていますが売り子が居ません。買いたい人は硬貨を小箱にいれて品物を持って行くんだ、と知らせたことがある。

　その友人からの返事には；ペルーでは絶対にありえないね、みんな金も野菜もかっぱらって行くからとあった。

### もったいない

　ある日家内とスーパーに行ったときに、おいしそうなパイナップルを売っているのを見た。売り子は皮を剥いできれいにして売っていた。家内は果実を一つ買い求め、皮も欲しいのだけどと頼んだ。売り子は、これは屑だから・・・というのも構わず家内は、それでいいからと頼んだところ、別の売り子さんが少しびっくりした様子で、剥いだ皮がいっぱい詰まった袋を渡してくれた。

　家に帰ってきてから家内がそれを鍋にニッキを加えて煮て、おいしい飲み物を作り家中でいただきました。

### ホームレス

　ある日曜日、家中でディズニーランドへ出かけることになり、未だ車を持っていなかったので白井から西船橋にバスで行きましたが、西船に着く前に雨が強く降ってきました。

　バスの降車場に着くと皆傘を差してゾロゾロと降り始めましたが、天気予報を見なかった私達は、どうしようかともたもたしていました。

　運転手は少しいらいらしながら見ていましたが、その時、一人のホームレスの人が古い傘を持ってきてくれ、お蔭で私達はバスを降り駅まで濡れずに行けました。

　私が傘のお礼にお金を払おうとしたのですが、"いらないよ"と言って駅の入り口の階段の下の方に去って行きました。日本人は皆なんて親切なんだ、と思いました。

　その後だいぶ経ってから若い連中がホームレスの人を殴った、という記事を見ましたが、あの時のあの人でないことを祈りました。

### ニホン語

日本に来て、日本人もスペイン語をしゃべるんだと最初思いました。町中に、Primera, Casa, Familia, Gusto, Serena, とか pan, parasol などの店の看板・車や言葉があふれ、これなら日本語早く覚えられるな・・・と思いました。

でもすぐ気づきました。多分日本語は世界で一番難しい言葉ではないかと。

平仮名、カタカナ、漢字、更に丁寧語や謙譲語、男性語やら女性語、その上に擬音や略語まで！複雑だけど面白い。ガンバリます。

### 政治

この20年で日本では15人の首相が変わりましたが、この5年では6人もです。

その間、ペルーでは4人の大統領が変わりました。

今のペルーは政治も経済も日本より安定していますが、大統領には最悪ではないものの最良の人が選ばれていません。

ペルーでは皆政治家はとても給与が高いけど働かない・・・と思っていますが日本でも同じことみたいですね。

### マナー

幼いころ、両親からスープをとるときにすすって音をたてるのはマナーが悪いからと叱られた。私の娘たちにも同じように躾けた。しかし彼女らが、日本では皆ラーメンを食べる時に音をたててるよと聞いたので、家では音をたてて食べないこと、それが私達の文化だからと答えました。

家ではスペイン語を話し、ペルー料理を食べる家庭で私は彼女らに二つの文化を、半分ではなく両方を学ぶように言っています。

### 忘年会

最初に忘年会に出席したとき、会社の仲間と飲みかつ食べて大満足でした。

娘さんが我々に料理の皿や飲み物をサービスしてくれて席から去るやいなや幹事が"これでお開きです"と言いました。

何で!？もう？

最近は忘年会を楽しんでいます。仲間たちが誘い合って二次会に行き私も参加しますが私はどうも落着きません。最初の場所にもう少し居たいのですがね。

### いじめ

　ある日散歩に私たちは出かけたのですが、少女達が喧嘩しているのを見ました。

　近づいて見ると5～6歳くらいの3人の女の子が同じくらいの年の少女をぶっていました。

　大声でどなると3人の子は逃げていきました。女の子を起こしてその子の家まで送りました。幸いその子の両親がもどり引き渡せました。

　私は娘たちに決していじめを許してはいけないよと言ってました。

　少し経って、まだ小学生の娘が男の子達がいじめるので外で遊ばないと言ってきましたが、お父さんが見てるから心配しなくていいからと言いました。

　その子達が娘に近づきいじめを始めましたので、怒鳴り一人の子の後を追いかけ、あわてて逃げ込んだ子の家のドアーのベルを強く、何度も鳴らしました。男の人が出てきたので、娘に対して行った事と今後同じようなことが起きたら我慢できないと文句を言いました。

　1週間後、娘たちがそのグループの子達と遊んでいるのを見て驚きました。

　私が取った行動が適切だったかわかりませんが結果はOKでした。

### 運転試験

　3回目の試験で運転免許を取りましたが、友人の一人は5回目の挑戦でした。

　路上試験でほぼ問題なく過ぎましたが、試験官が言うには、一つだけエラーした、踏切で電車が来るのを聞くために窓を下げなかった、と。そして、君の国では電車がないのか？と。友人曰く、あるけど市内は走ってないよ、と。試験官はびっくりして彼をみて笑いながら去ったそうです。

### 上を向いて歩こう

　何度さみしさを感じ国に帰りたいと思ったか。でも、この歌のお蔭で娘たちや家内に出来るだけのことをしようという目標は成し遂げられました。

　この歌は、1965年にペルーにペルーバレーボール選手権大会にでる選手たちに教えるために招かれた加藤明氏を思い起こさせます。

　加藤氏は東洋のバレーの速さ、ヨーロッパのパワーを教え、ペルーの参加した15回の選手権で12回も勝つという偉業を成し遂げました。加藤氏は1982年に亡くなりましたがいまだに慕われ、彼が教えた選手たちはリマにある彼のお墓にお参りするときはこの歌を歌うそうです。

　最初にこの歌を聞いた時にはよく理解出来ませんでしたが、約20年日本に居て一番好きな歌で感動しながら歌います。

# 第3章

# 地域における日本語学習支援の現状と課題

## 概要

　外国人登録者数が11万4千人を超える千葉県（2010年末現在）には、約130の成人を対象とした日本語教室がある[1]。本章は、こうした地域在住の日本語非母語話者に対する日本語学習支援に焦点を当てる。

　まず、第1節は、ボランティアと関わる専門家の立場から、「地域日本語教育ボランティア」の問題点とそれをいかに克服すべきかを論じている。筆者はボランティアの善意が単なる自己満足にすり替わる危険性を指摘し、高度の専門性を要する日本語ボランティアの質的向上の大きな鍵になるのは教え方に対する適切な評価であると述べている。

　続く第2～4節は、ボランティアとして日本語学習支援に永年関わってきた筆者による報告と問題提起である。第2節では、船橋市国際交流協会における短期速習講座が紹介されている。目標を明確に定めた1つの講座をニーズ分析から立ち上げていった過程には、ボランティアとしての経験、学習者との関わりの中から得られた知見が反映されている。また、第3節は、松戸市国際交流協会の日本語教室を運営するボランティア会の成り立ちから今日までの活動を紹介している。そこには、「教科書を教える」ことから脱却し、生活者としての外国人のための日本語教室のあり方を模索する強い意志が感じられる。最後の第4節は、任意団体としてのボランティア日本語教室の16年余

りの活動の歩みを振り返りながら、「学習者が日常生活に困らないように支援する」という一貫した理念のもとで、教室の運営方法の改善、ボランティア自身の向上がどのように図られてきたかが詳細に述べられている。

　地域における日本語学習支援は、「生活者としての外国人」に対する日本語教育として、近年ようやく日本語教育学会、文化審議会国語分科会等で具体的なカリキュラム、教材、人材育成プログラムの研究・開発が進められるようになってきた[2]。「日本語学習の場」（教える）と並行して、住民同士の「協働・対話の場」（共に学ぶ）の必要性が強調される中で、日本語教室のあり方が問い直されている。そうした背景を念頭に本章を読むならば、地域におけるコーディネーター、日本語教育専門家の果たす役割の重要性とその可能性がますます大きく感じられるものと思う。

吉野 文（千葉大学）

【注】
(1) 千葉県国際交流センター「あなたの町の日本語教室」http://www.mcic.or.jp/jp_school/jpsch_town.html
(2) 日本語教育学会, 2008,『外国人に対する実践的な日本語教育の研究開発』、文化審議会国語分科会, 2010,『「生活者としての外国人」に対する日本語教育の標準的なカリキュラム案について』など。

# 1 地域における日本語教室と日本語ボランティア

## 1 地域／日本語教育／ボランティア

「地域日本語教育ボランティア」などとひとまとまりに綴って命名したところで、それがどのような意義と目的を持って使用されようとしているのか、また、どのように社会一般が受けとめるであろうかが、最初から大きな問題とならざるを得ない現状にあることが、まずはわれわれが超えるべき前提の関門となる。当たり前のことだが、こうした「ボランティア」とか「日本語教育」とかいう概念は、各々別個に論じて済む問題なのではなく、ここでの「日本語教育」とはあくまで「ボランティア」としての教育であり、同時に「ボランティア」とは「日本語教育」としての活動であって、「地域」という意義もまたこの関係性の中で解釈・吟味されねばならない問題である。

冒頭から、かかる七面倒くさい書き起こしをして恐縮だが、やはりこれらの問題に些かでも触れておかないと、以後の問題の所在が曖昧になるばかりか、僻見からの発言と映る虞がある。それ故、前提的作業として、まずはこれらの概念をその相関の中で出来るだけ簡便に確認していくことからはじめよう。

**「地域」とは**

日本語教育にあって「地域」という用語は、「地域社会における外国人との共生」「地域での日本語教育支援」「地域社会で孤立しない外国人」などという言い方で用いられている。しかし、この場合の「地域」とは、「ローカル性や現地の特異性、または中央に対しての周辺、あるいは限定されたエリア」などという孤立的地理概念のみを強調している用法ではない。「地域」とは「生活者としての外国人」が現在暮らしているほかならぬ現実の「生活の場」のことであって、だから、「都心」もそこから遠く離れた「郊外」も、個々の外国人の暮らしている生活の場はすべてそれぞれの「地域」ということになる。

そして、外国人の定住している場所とそれに伴う独自の具体的な社会環境は、言うまでもなく外国人の暮らしに大きな影響を与えているが、そこには日本固有の一般的文化性や現代性と、その場所独自の特異性という二つの側面が綯い交ぜになって存在している。「地域の〜」と言うと、ことさらに「千葉県独自の〜」「松戸市独自の〜」というその土地・街の特異性ばかりが想起されがちだが、日本人が考える地域の特殊性以前に、外国人にとってはすべての日本の文化・習慣・生活形態一般が、まずは大小に関わらずことごとく特殊性を帯びて映っているという事実を忘れてはならない。

すなわち、「地域」という概念が活かされるためには、「外国人が直面している現実的生活の場」を「日本の文化・習慣」の名のもとに安易に一般化、定式化するだけで終わらせず、その現状に生活する外国人の実相を正しく捉えねばならないという観点が特に強調される必要がある。当たり前

のことだが、外国人の直面している種々の生活の問題は、われわれ日本人同様、「今・ここ」の現実・眼前の内にこそある。その一々が日本文化一般の土台の上にあってさらに個別的であり、特殊的現実の問題であるが故に、「地域」という観点が根源的な生活の立脚点となるのである。

## 「日本語教育」とは

　前述の「現実的生活の場」としての「地域」ということに連動して捉えるなら、当然ながら「日本語教育」という内容も「生活の場に根ざした現実的、実践的な日本語の指導」ということになる。地域の日本語教育が一般の日本語教育と異なる点は、そうした「現実の生活の場において実際に有益となる日本語指導」という点にこそある。したがって、「現実場面から離れた一般的な言語形式の指導」が中心となるわけではなく、また「地域」とは言っても単にローカル色を色濃く打ち出す内容のみを中心に据えるものでもない。

　よく言われることだが、日本語教育とは、単なる日本語学・日本語学習・国語教育などと同一の概念ではない。その解釈には種々の見解があるとは言え、「日本語・教育」と敢えて「教育」を称する理由は、「英語教育」と同様、その目的・目標が、単なる語学知識の習得ばかりでなく、コミュニケーションの技能・態度の習得や、社会的機能の運用におよぶ言語訓練をも盛り込んだ「社会生活のための語学習得」にあるからだと言えよう。つまり、日本語教育の目的は、ただの第二言語習得という学知増大に終始するのではなく、日本語という言語を用いて円滑で豊かな社会的生活を送るための言語訓練というところにその肝要があると捉えねばなるまい。逆説的な言い方をすれば、日本語教育が目指すところは「日本語に関する学知の習得」という部分にその重点があるのではなく、「充実した社会生活を営むための日本語運用の方法・技能の習得」という点にこそ、その本来の趣旨を見出さねばならない。

## 「ボランティア」とは

　ボランティア精神（the volunteer spirit）とは何であるか、という本質論をここで述べるたてる余裕はないが、その根本精神が「義を見てせざるは勇なきなり」という友愛の情から発する意思であるとすれば、その活動の「有償・無償」という点は本質の問題ではないし、自らの奉仕が「犠牲的精神による恩恵」「感謝されるべき善意の施し」と過剰に意識し過ぎるのも根本精神から遠ざかった姿勢と言わざるを得ないであろう。

　「ボランティアとして貢献したい」というこの精神は人間社会を構成する基幹的精神としても大変尊いものであることは言うまでもない。日本文化においては従来「人助け」というと何か特別な次元のように過大視され、人を助けるなどという活動は金と暇のある人がやるものだ、とか、わざわざ金にならない活動に勤しむなんて物好きな人だ、などの感想が聞かれることも多々あった。しかし、それが「世話焼き／おせっかい」などのレベルの話ではなく、自分の傍らに困っている人がいたなら、ちょっと声をかけて力になれるところはなってあげよう、という思いは何も特別に奇特

な精神ではないはずだ。これまでの日本人は、「他人の事情には口出しはしない、面倒なことにはかかわらない、ハレ（晴）とケ（褻）との別をわきまえなくてはならない」などの社会的態度・慣習・内向的性格などから、自分の情を他人に素直に表現すること自体、某かの社会的制約を感じていた節もある。しかし、近年はそうした風潮から脱して、「人助けをすることで逆に自分が助かっている」とか「自分と社会との絆の深まりを感じるようになった」などの進歩的な感想も聞かれるようになってきた。

　一方ではまだ未成熟な部分も残り、あるボランティア団体では「無償の奉仕活動をしているのだからせめて交通費や実費くらいは出せ」とか「奉仕を受ける方は、もっと感謝の念を示して当然だ」などの声も上がることがあるという。もっともだ、とも響くこれらの言い分には、やはりボランティア精神の未成熟さが残っているように思えてならない。ボランティアという友愛の精神は、本来、過大なる"犠牲"として表出するものではないはずだ。自分のふつうの生活に無理や負担を強いたり、自らの安全と引き替えにおこなったりするものだとすれば、これはまた違ったレベルにおける善意である。

　ボランティア精神の未成熟さがもたらすもう一つの問題は、「善意」が「自己欲求／自己満足」にすり替わってしまう場合に生じる。端的に言えば「助けたい」という思いが単に「やってみたい」という「似て非なる思い」にすり替わる場合である。

　「自分がやってみたいから、やる」というこの態度は、ともすれば他人への助力とはならず、かえって他人への善意の押しつけともなる危険性を生むことは、これまでもよく指摘されてきた。「余暇が出来たので、自分の好みに合った奉仕活動をしてみる」というだけでは、一見、それが奉仕活動のように映っても、実際には人を援助する活動にはつながっていないばかりか、むしろ相手を困惑させてしまっている、という事例をも生じさせる。

　これを日本語教育のボランティアの場合で考え合わせると、外国人の生活支援のために役立つ日本語を教えてあげている本来の日本語ボランティア活動がある一方で、日本語指導者が自分の「教えたいことを／教えたいように／教える」ことが流行り、外国人が「本当に教わりたいことを／教わりたいように／教われない」というマイナスの事態が連想される。これは指導者の教授法が未熟である、とか、日本語教育の基本が理解されていない、とかいうレベルの問題なのではなく、「自分の日本語指導が外国人の生活の何に役立つものであるか」という自問が充分なされていないことに起因している。また、ボランティア精神本来の「傍らで困っている外国人を助けたい」という意思からではなく、「とにかく外国人に日本語を教えてみたい」という自己の興味、欲求ばかりが主たる動機になり、結果、「学校ごっこの先生役」に甘んじてしまっていることも実際には少なくない。さらに、「ボランティアなのだから、専門家と違って本格的指導でなくて当然。ボランティアなりの指導をすればよい」という意見もよく聞かれる。しかしこれも、裏を返せば「今の自分がやれることしかやらなくてよい、やらないよりはまし（その結果、本当の援助に至らなくても仕方ない）」という消極的態度の肯定から生じている。こうした態度は、一見、先に述べた「ボランティアとは

過大なる"犠牲"として表出するものではなく、自分のふつうの生活に無理や負担を強いたりするものでもない」ということと、同様にも映る。「自分の出来る範囲のことで対処する」という点に関しては、何ら批判されるべき態度ではないのだが、最も肝要な点はそれが本当に「助け（支援活動）」になっているかどうか、という一点である。

　日本語支援において、「自分が教えられる（教えたい）ことだけ教える」というこの姿勢は、ともすれば、重たい荷物を持ってあげようとしたけれども、自分では持ち上げる力がないことに気付いたので荷物に触るだけでやり過ごしている、という態度に転化する危険を生じさせる。現時点での自分の「出来ない事実」を「出来なくて（やらなく）よいレベル」と割り切って（無意識にすり替えて）、今の自分に無理のない範囲で活動するという態度は、けっきょく「やれること、やりたいことのみをする」という態度と本質的に選ぶところがない。

　日本語教育のボランティアにおいて、こうした「自分が現在出来る範囲のことのみをする」という姿勢が生じやすい理由は、言語指導という活動が実は相当の専門性を帯びているからである。「日本語をよく知っている日本人なら、だれでも何とか日本語を教えられるはずだ」という漠然とした思いは、第二言語習得理論や外国語教授法の展開されている今日でも、まだまだ一般日本人の間に相当根強く残っている。しかし、実際には、教室で外国人を目の前にして「いったいどうやったら意思疎通が出来るのか」という問題からはじまり、「日本語をどのように覚えさせるか、どんな練習をすれば話せるようになるのか」という現実的対処の問題となると、とたんに皆目見当がつかなくなり、右往左往するのが通常だ。「日本人なら、日本語なんて気軽に簡単に教えられますよ」というキャッチフレーズはまったくの偽りである。

　一方で、英語をはじめとする外国語が堪能な日本人には、相手の分かる言語（母語など）を媒介語として使って説明すればいい、と考える人も多い。しかし、母語で説明を受けただけで会話能力が身に付いたという実例は聞いたことがないし、仮に外国人の母語を使ったとしても、はたして日本語会話能力に通じる"説明"などが本当に出来るのか、第二言語習得理論の観点から言ってもこれは否定せざるを得ない安易な発想と言わざるを得ない。（ここでは、やはり「文法・意味が理解できること」と「コトバが運用できること」との大きなレベルの差が正しく認識されていない。「意味が分かればよい」「正しく言えればよい」というレベルは、実は実践的な語学の能力を培うには不十分で、かつ別方向の指導である。）

　そして何よりも「自分の出来る範囲のことを……」という姿勢に安住してしまうと、「外国人が現実の生活で必須となる会話技能を実践的に教えてあげたい」という当初の目標設定と配慮がいつのまにか薄れて、気が付けばただひたすら出来合いの教科書に載っている例文の説明ばかりに肝胆を砕いている己を是とすることになる。ついには、「私が無償で熱心に教えてあげているのだから外国人は当然感謝しているに決まっている」などの思いこみが無意識にも出来上がってしまい、外国人の満足度・学習の成果がいっそう見えにくくなる。

　「困難を抱えている人を助けたい」「人々の不便・苦痛を解消することに役立ちたい」という本来

のボランティア精神が、いつのまにか自己満足の形骸的指導に様変わりしているとすれば、当の本人にとっても、外国人にとっても、これはきわめて残念なことと言わねばなるまい。

## 2　地域日本語ボランティア教室の現状と問題点

　前章で述べたように、日本語ボランティアというのは、日本人が安易に出来るボランティア活動のように見えて、実はさまざまな困難点や障害が伴う、相当の専門的修練が必要となる活動である。二十数年前からはじまった日本語教師のための「日本語教育能力検定試験」の実施や、大学・大学院での専門的教育の拡充に伴い、日本人ならだれでも日本語を簡単に教えられる、という臆見はさすがに薄れてはじめているとは言うものの、それではそこにどんな指導法や学力が必要になるか、という段になると、まだまだその実態は理解されずに、せいぜい自分の国語・英語教育の思い出を想起するくらいであるのが一般であろう。つまり、外国人のための日本語ボランティアとは、生活支援のための実践的日本語能力なのであって、単なる日本語文法学習や、日本語知識の増大教育が中心となるものではない。

　実は、「日本人なら、日本語なんて気軽に簡単に教えられますよ」というこの錯覚は、現在の日本語ボランティア活動に、二重の側面をもたらしている。一つは、日本語教育があまり正しく理解されていないが故に、本当に"気軽"にこのボランティアを志す日本人が多いという側面である。「自分でも何とかやれるのではないか」「日本語なら自分でもよくわかっているはずだ」というレベルで、さしたる困難点を感じないまま、ボランティアの輪の中に飛び込んでいくという実態がある。活動意欲を呼び起こしやすいというこの側面は、皮肉的ではあるけれども、日本語ボランティア活動の隆盛を促しているという点に関しては、プラス要因として働いている（そして私自身もこの"気軽"に日本語ボランティアを志望するという態度を、実は幸いなことだと思っている。日本語ボランティアにかかわらず、他の多くのボランティア活動も、本気で取り組めば大なり小なり困難さは出てくるわけで、最初から「活動の難しさ」ばかりが喧伝されるよりは多くの人々に親しみを持たれることは歓迎すべきことだろう）。

　実際、文化庁の平成22年度の調査では、日本語教師の数は33,416人で、これは前年度に比して4,226人（14.5％）増加しており、うち、ボランティアは18,526人（55.4％）と最も多くなっている。各地に設置された国際交流協会の日本語ボランティア教室には約7,500人以上の日本語教師が登録され、団体ごとに組織的な運営がなされている。地域別に見ると、在住外国人の少ない地域では日本語ボランティア教師もゼロ、あるいは1ケタ、2ケタというところも多いが、外国人集住地区では外国人の数に比例して多くなっており、千葉県では1,386人、東京都で2,007人、埼玉県で1,148人などと、全国的に見てかなり多くなっている。

　反対に、日本語ボランティア教師を目指したけれども、途中で辞めていくという教師は意外に少ない。これは、正式なデータがあるわけではないが、東葛地区の各ボランティア教室に尋ねたところ、

私の調査した範囲では平均、年に数名ほどの辞退者が出る程度で、ボランティア教師たちはさまざまな種類の問題を抱えつつも、概ねその活動にやり甲斐を感じているということの方が圧倒的に多いようである。また、ある所属団体から脱退しても、それで完全に日本語ボランティア活動を辞めてしまうというケースは少なく、別のボランティア団体に入り直したり、個人的な立場で活動を続けたり、仕事、家庭の事情などで少しの間休憩しているだけだったりするようなケースの方が多い。

　こうした辞退者の意外なほどの少なさの理由は、やはりこの外国人に日本語を教えるという活動が魅力的なものと実感されるからではないだろうか。実際には専門性がきわめて高く、難易度の高いはずのこの活動は、反面、個人差こそあれ、一般的には人間交流・国際交流の愉悦感、教える充実感などを指導者に感得させ、自らの指導法の研鑽成果を開花させることができる得難い活動だと意識されるもののようである。「専門性が高く難しい活動だがやり甲斐や充実感がある」というこの感興はなぜ生じるのか？　通常、専門性が高く難しい活動であれば、それは実行・実現が困難な活動なのであるから、当然、なかなか思うようにいかない挫折感を味わいこそすれ、達成感や満足感などは簡単に得られないはずである。

　実は、日本語ボランティアの"気軽さ"がもたらすもう一つの側面がここに顔を覗かせている。意地悪な言い方をすると自らの活動が充実・達成していなくても、当の本人はそれなりの充実感・達成感が得られやすいのである（もちろん、正しく自分の達成度を客観視出来ている人たちもいるが）。そして、この「達成感・充実感」が本人の誤解・錯覚であり、本人の自己満足に過ぎないということが多いのは、学習者である外国人からも、同じ仲間の教師たちからも「正しく評価されていない」という理由から生じていると考えられる。外国人は無償で熱心に教えてくれる先生を批判的に評することは出来にくい立場にいるし、教師仲間同士は他人の指導をこれまた偉そうに評価・注意など出来にくい、という甚だ苦々しい状況が確かに日本語ボランティアにはついて回る。横目では、明らかにナンセンスな指導を続ける教師を批判的に見つつも、それを声に出して指摘したり、問題視したりすれば、当人を不安がらせたり、機嫌を損ねたり、組織としてのボランティア内の人間関係が壊れてしまったりするのではないか、などの危惧の念を抱くのは無理のない話である。

　逆に言えば（大いに意地悪な言い方をすれば）、教師の指導の善し悪しの結果が、客観的な成果として顕現しにくいというのが、このボランティア活動の注意点であるとも言える。自らの活動の達成度が客観視されにくく、明らかに外国人を混乱させているだけのナンセンスな（あまり意味のない）指導を長年続けていても、教師本人は自分がほどほどの任務は果たしていると錯覚し、それ故、あまり挫折や困難を感じなくて済む、という皮肉な現実が少なからず存在している。そうした場合、外国人の方はさすがにそうした面妖な指導には見切りをつけて、一人、二人と静かに去っていくのだが、その際も真っ向から教師を批判するようなことは言わず、黙って去るか、あるいは仕事や家事が多忙になったなどと、架空のもっともらしい理由を述べて教室に来なくなる。むろん、これはすべてのボランティア教室や教師全般におよぶ一般論ではないが、僅少のケースに過ぎないと言い切るだけの瑣末な問題でもないことは事実なのである。そしてもう一つ困ったことは、こうした自

己満足教師の存在が、指導改善に積極的に取り組む周囲の教師たちをスポイルしてしまうことに繋がる場合があることで、問題の教師がボランティア歴の長い人であったりすると、組織の中での立場・発言力だけは大きなものになっていることが多いから、よけい厄介なことになる。

　実は、従来、われわれ大学教員間でも、「正しく評価されない」ことに起因する問題は多少なりとも見受けられた。かく言う私もそこから逃れ得る立場にはないのだが、近年、大学でこの問題を改善していこうとする工夫が見られるのは、ファカルティ・ディベロプメント（Faculty Development、通称FD）という取り組みである。具体的には学生、教員双方の「授業評価システム」を導入し、大学教員が自らの教育方法の問題点に「気付く」ことを促すというアプローチをとるのが主なやり方であるが、要は教員がもっぱら学生を評価するばかりでなく、学生からも「評価を受ける」、また教員同士も「評価し合う」という立場になることの重要さを自覚させるのがその趣旨である。大学教員の中には、小中高の教師とは違って、教育技能の学を特に修めていない人も多いから、研究は優れていても指導法は拙劣という人たちも存在し得る。もっとも昔の大学教授は、学生を手取り足取り「教える」というアプローチばかりで授業していたわけではなく、自らの研究態度を学生の前に晒すことによって、無言でその研究方法の肝要を会得させるということも多かった（いわゆる「徒弟制度的教育」の発想などがこれに該当する）。しかし、このアプローチは、学生の側にも相当の見識の高さ、学問に対する意欲を要請してはじめて成果が出る方法であり、今日の大学の大衆化の中にあっては、すべての学生にこうした態度を前提とすることは期待出来ない。大学教員の学生に対する歩み寄り方や指導の工夫が求められるという今日の時代であればこそ、やはり指導者も「評価を受ける／評価し合う」という態度・義務は免れないものとなっており、またそれによって些かでも大学教員の教育への意識が高まっていることは事実である。

　先に日本語ボランティアの"気軽さ"と言ったが、これは裏を返せば日本語教師が外国人や仲間の教師に面と向かって評価される機会がない、ということと無縁ではない。逆に教師も外国人の日本語能力を正しく評価することをせずに授業を続けており、その教育的評価法ということすら認識されていないことも多い。教師・外国人双方が、お互いの能力について真っ向から評価し合わない（傷つけ合わない？）代わりに、しかし、先の「教師の自己満足、自己能力についての錯覚」「外国人の日本語能力達成度の不確定さ」という陥穽に、いっそうはまりやすくなるという抜け出しがたいジレンマも生じることになる。

### 3　問題点をどのように克服するか

　ボランティア組織が大きくなればなるほど、また地域での社会的役割や責務も大きくなっていく。今日、JSL児童への日本語教育支援や外国人生徒の進路相談など、もはや日本語ボランティアの支援なしでは立ち行かなくなっているほど、教育行政や地域行政もボランティア日本語教師の助力を必須としているという現状がある。そして、それに伴い、どこの日本語ボランティアにも、現在、

さまざまな多くの解決しなければならない問題点が山積している（組織運営の工夫・組織が共有する指導法理念の追究・社会的任務・ボランティア員の質的向上・JSL児童への指導をめぐる教育委員会との調整……）。私は、日頃からこうした運営の難しいボランティア活動に汗をかいて献身している人々に大きな尊敬の念を抱く者であり、またそうした人々の人生を美しくも思う。外国人が多く定住するようになった昨今の日本では、地域日本語ボランティア教室の支援活動は、もはや日本の国際政策の上においても、地域社会の行政においてもに不可欠な存在となっていると言えよう。

しかし、こと、そこでのボランティア員の質的向上（日本語指導の上達）という本来の中心的活動に照準を合わせて言うなら、「生活支援たる日本語指導になっているか」「ひとりよがりになっていないか」「自らの問題点に教師自身が正しく気付いているか」等々、多くの課題が山積している現実をやり過ごすわけにはいかない。それらの問題を「仕方がない／解決困難だ」とここであきらめてしまうと、尊い善意で設立された地域日本語ボランティア機関が「信用ならないもの／未熟な素人集団」という烙印を押されてしまうのではないかという危機感を持つ。

こうした日本語ボランティアの問題を解決する最善の方法は、「評価」のあり方をめぐる問題を解決することに尽きると私は考えている。

思えばボランティアという活動にあっては、「評価」という問題こそが一番「異質な」ものに映ることなのかもしれない。善意でおこなう活動に一々うるさく評価されてはかなわない、また失礼だ、との思いがあるのではないか。一方で、日本語指導の優劣を問題視する態度に対して、「ボランティアの日本語教育なのだから、日本語学校の真似事をすればよいのではなく、日本語ボランティアの社会的独自性こそを重んじて、人間関係の触れ合い、国際親善的な環境作りにこそ力を注ぐべきだ」という見解もあろう。確かに私も日本語ボランティアの意義は、日本語学校の代用という点にあるのではなく、地域生活者としての外国人の心の拠り所、外国人仲間の場としての環境、地域情報収集の拠点など、さまざまな役割を担い得る機関であるとは思う。

しかし、「日本語ボランティアだから～でよい、～であるべきだ」と定義づける前に、ここでもう一度ボランティアの根本理念に立ち返って地域日本語ボランティアの意義を考えてみたい。そもそも「日本語ボランティアとは、～であるべきだ」と、われわれ日本人の方が先に決定してしまうのは考え方が転倒しているのではないか。「外国人が○○のように要望しているから、日本語ボランティアのあり方を出来るだけその要望に寄り添ったものにしていこう」と考えるのが本来の筋であるはずだ。「日本語ボランティアとは、～であるべきだ」という定義付けが出来るなら、それは根本的に「日本語ボランティアとは、外国人を日本語において支援する活動であるべきだ」ということに尽きる。コトバは文化と相互依存的存在なのであるから、日本語から日本文化という問題も当然出てくるであろうし、地域で暮らす日本人の歴史・慣習という問題も出てこよう。

もし、外国人の要望に添う態度を重んじた結果として、日本語教室の形態がマンツーマン形式になったり、グループワーク形式になったり、サロン的テーブルディスカッション形式になったりしても、それはいずれでもかまわない。問題は、その授業形態や指導手順自体にあるのではなく、「ボ

ランティアだから無理をしない」「プロでないからこのレベル、この形でやるしかない」という現状保持的な発想にこそある。それが残念なことに、日本語ボランティアという本来は専門性の高い活動を、けっきょくは未成熟なままの形骸的活動に陥れることに繋がっていくのである。

ボランティア活動の中には、社会性が大きいものもあれば、個人的な領域で成就するものもある。介護・救命・カウンセリング・犯罪防止など、人命や人生にも関わる奉仕活動になれば、それがいかにボランティア活動であっても、素人が安易に手を出す活動でないのは言うまでもない。また、「ボランティア＝素人」という図式も誤った認識である。先のような高度な専門性が不可欠なボランティア活動も多数存在するのであり、それらは相当の専門的訓練を経た者でなければ賄いきれない責務を負うことになる。実は日本語ボランティアも人命や人生にも関わる奉仕活動だと言ったら大袈裟に聞こえるかもしれないが、ある意味では日本で生活をする外国人の人生、ひいては人命に関わる責任ある活動だとも言える。避難誘導の日本語が分からないが故に、震災で命を落とした外国人、教室で教えられた適切ではない日本語を使用したために職場で立場を悪くした外国人、誤解される日本語とは知らずに平気で使用して人間関係を壊した外国人、日本語で意思疎通が出来ないストレスから犯罪に走った外国人……思えば、コトバというのは便利だがまた使い方に無知であれば、悲惨な結果をも招いてしまう道具であることは、どんな言語の運用においても共通している。

「ボランティア＝素人」という図式が常識になっては困るが、逆に「ボランティア＝特殊活動・特殊能力」というふうに受け取られても困る。それでは、ボランティアを志すせっかくの精神を最初から挫かせてしまう。確かに最初は"気軽"な思いで日本語ボランティアに参加しても、それが本当は高度な専門性を必要とする活動であることがわかったからと言って、すぐに「自分には出来ない活動だ」と奉仕精神の灯を消してしまうようでは何もならない。ウソ偽りなく言って、日本語ボランティアの活動には、確かに高度な専門性を必要とする。「見様見真似」や単なる「経験」だけに頼って的確に出来るようなレベルの活動ではない。一、二ヶ月の短期研修のみで免許皆伝に出来るようなものではないだけに、多くのボランティア教師は機会ある毎に、さまざまな研修会や講座などに参加して少しでも適切な日本語指導が出来るよう研鑽を続けている人々が多い。事実、私も今まで多くのボランティア機関やグループで、いっしょに日本語指導法の検討を重ねてきた。自らの指導力のレベルアップに熱心なこうした日本語指導者は、当然ながら現状の自分の指導力に未だ不十分さを感じており、また、少しでも良いヒントを得られないかと研修に勤しんでいる。そこには、「自分の出来るレベルでよいとする」という態度はなく、せっかく志したのだから、自分が可能な限り活動を本物にしていきたい、という熱意と気迫が感じられ、予定の時間が超過することもしばしばである。しかし、その情熱の大きさと指導実力とは必ずしも比例しない。この場合、むろん教師は自らの向上を期待して研鑽するわけだが、単なる実力不足というレベルではなく、日本語ボランティアの目的・意識についての大きな誤解や認識不足といった事情がその指導法の向上・改善を妨げているという場合も多い。いわゆる「大きなカンちがい」をしているわけで、こうした教師にはそれをはっきり認識させただけで、実践的な日本語指導法に気付き、飛躍的に指導力が向

上したということも珍しくはない。つまり、ここでも自らを正しく「評価」してくれる人がいなかったために、自らの「カンちがい」あるいは「留意点」に気付かなかったことが原因で、やはり能力・技能を指導する活動というレベルにあっては、その指導法に対する適切な「評価」が大きな鍵になることを痛感する。

　ちなみに、私がしばしば見受けられる「カンちがい」「留意点」の一例は、次のようなレベルのものである。

### ■よくある日本語教師の「カンちがい」「留意点」
　（イメージに関して）
① 教授法と実際の指導は別ものであることに気付かない
②「教える」ということは「説明」だと思っている
③ 日本語の知識がある程度あれば、教えられると思っている
④ 初級文型の導入は時間をかければかけるほど良いと思っている
⑤ ゆっくりと丁寧にしゃべればいいと思っている
⑥ 能力試験などの学習と実践会話の学習とを混同している

　（指導法に関して）
① 自分が高度な日本語をしゃべって授業していることに気付かない
② 教師が１人でしゃべっている（外国人にほとんど発話させていない）
③「トレーニング／レッスン」ではなく、「お勉強の時間」になっている
④ １コマの時間内に内容別のコーナーを作っていない
⑤ 一度に複数の能力を要請している（話を聞く＋ノートに書く…など）
⑥「練習（ドリル）」と「問題」とが区別されていない
⑦ 日本語の発音が日本語教師として適切でない
⑧ 板書や教材が効果的に用いられていない（準備と使い方が不十分）
⑨ 毎時間の指導法がパターン化されていない（場当たり的）
⑩ 十分な練習抜きで、すぐ話せると思っている（段階的プロセスがない）

　（技術・心得に関して）
① 理性ばかりに訴えて、感覚・直感に訴えようとしていない
② 現実と離れた仮想空間ばかりで教えようとしている
③ 教師の指示が外国人に伝わっていないことに気付かない
④ その時間の一番大事な箇所が強調されていない（何の能力をつける授業？）

　見て気付かれるように、指摘されれば、具体的に自らを省察出来る事柄が多いはずで、これらの改善からまた一歩前進していくことが期待される。「現状の指導ではだめだ、もっと研鑽を積め、

まだ足りない！」と叱咤することばかりでは、ボランティアの精神も萎えてしまうだろう。こうした点が本来は専門性の高い奉仕活動を志す労苦・難関でもあるのだが、私自身は、あの当初の"気軽さ"にも似た自分の可能性を引き出すための指標としての「評価」システムとその実践的な（教師にとっても外国人にとっても）指導法を工夫せねばならないと感じている。

　そしてここで言う「評価」とは、けっしてボランティア教師の気概を打ち消すような宣告であってはならず、むしろ向上のための適切な示唆・教示、そして何より激励と可能性につながるものでなくてはなるまい。単なる「良い・悪い」の判定ではなく、「どの点を／どのような理由で／どのように改めていくべきか」を具体的に教示するものでなければ実益がないのであり、また説得力もないであろう。そのためには単にボランティア教師同士が評価し合うというだけでなく、専門家の適切な教示を受ける評価システムを工夫する必要がある。

　文化庁も先般『「生活者としての外国人」に対する日本語教育の標準的なカリキュラム案』を提示し、その活用のガイドブックを用意しているが、それとともに地域において日本語指導者に対する指導的な立場を果たすことが期待される「地域日本語教育コーディネーター」という人材の開発・研修を企図している。そこでのコーディネーターに期待される具体的な役割・能力とは、文化庁の「コーディネーター研修 募集要項」によると次のようである。

① 【問題把握・課題設定】地域日本語教室の現状と問題を把握し，課題を設定する力
② 【ファシリテーション】課題解決のプロセスを可視化し，活動を推進する力
③ 【連携（ネットワーク）】組織内外の調整や，地域や組織や人の力をつなぎ，協働を進める力
④ 【リソースの把握・活用】日本語教育のリソースを把握し，課題に応じて適切に活用する力
⑤ 【方法の開発】「生活者としての外国人」に適した日本語教育の方法を開発する力

　その最初の項目が「問題把握・課題設定（現状と問題を把握し，課題を設定する）」とあり、これは取りも直さず、現状の適切な「評価」が前提作業になることだが、はたしてそのボランティアどのようなスタンスにある者がこの任に応え得るのか。今後はこうしたより現実的な（そうして現実的であればこそ、難題でもある）課題の解決・改善に向けて、いっそうの努力と知恵とが必要になる。

　まさにボランティアのためのボランティア精神ということにもなるであろうか。誠意ある真剣な奉仕活動への取り組みは、「支援」することの本当の難しさを、漸次われわれに啓示させるものであることに些かの嘆息を感じる。

北村弘明（聖徳大学）

第3章

## 2 日本語短期速習講座　　多文化共生への窓口

### 1 はじめに―短期速習講座とは

　この講座を提案したときは、「来日してすぐに簡単な意思疎通をはかることが出来る基礎的会話と文字の学習を2～3ヵ月で習得するための講座」とした。発案当初は「学期制」という言い方をしていたが、船橋市のボランティアにはわかりにくかったようだ。どのくらいを1学期とするか、どんな内容までを習得するのか、終了後はどうするのかなど、多くの質問が寄せられた。現在は、1回2時間30分（中間の休憩、最後の片づけ15分を含む）、週2回、全18回、総学習時間36時間を2か月半で行っている。2009年10月に第1回が行われ、2010年5月、10月、2011年5月、10月と年2回のペースで開講している。

### 2 提案までの経緯

#### （1）船橋市の日本語教室の歴史と現状―活動の指針を見直す時期か

　船橋市と船橋市国際交流協会の共催で行われている日本語教室は、1991年に第一回の日本語ボランティア養成講座が行われ、1992年に1つ目の教室が開設された。以降、外国人参加者のニーズに応えた展開として2003年までに7箇所で教室が開設され、現在に至っている。市内全域から通いやすい場所や時間帯、初級修了者の受け皿、子連れの学習者のための保育施設2カ所などのニーズに対応してきた。

　教室の運営形態としては、いつでも参加でき、無理なく自分のペースで日本語学習ができる、ボランティアとの雑談のゆとりもあるなど、市の理念である「多文化共生をめざす」目的に合致した形態でもある。各教室では、全教室の基本方針に基づき話し合いが行われ、よりよい教室運営が模索され続けてきた。

　基本方針は、当初「在住外国人が日常生活上必要となる初歩的な日本語学習を支援することを目的に実施しており、必要最低限の日本語をできる限り多くの方に習得いただけるよう努める。」とし、2003年には「日本人と外国人が共生できる地域社会の形成をはかるために、外国人が地域社会に参加できる程度の日本語の習得を支援することを目的とする。」と改訂された。「**初歩的な日本語学習支援**」から「**共生、地域参加**」という言葉が盛り込まれた背景には、多様化する外国人参加者のニーズや、多文化共生、市民のための生涯学習の場の提供という行政の施策がある。

　これにより、ボランティアの研修も、定期的にボランティアを補充するために行われている日本語の基本的知識を習得する養成講座に加え、「運用能力を高める」「多様化するニーズに応える」「中上級の指導方法」「指導方法や知識のブラッシュアップ」、そして2008～2010年の3年間は、文化庁委託事業として採択された「コーディネーター研修」で、ボランティアの担う役割として「**教え**

るのではなく対話を引き出す力、ネットワーク力」という視点が学ばれた。

　このようにボランティアが指針とするものが多様化してきた中で、活動の方向づけを、地域も行政も再確認する時期に来ていると言えるのではないか。

## (2) アンケートに見るニーズ

　2008年1月に、千葉県総合企画部「多文化共生社会づくりを考える会議」によって、日本語教室参加者を対象にアンケートが行われた。その結果として①社会参加の希望、②もっと短期間で日本語が話せるようになりたいなどがあげられた。また、2009年には、ボランティア対象に課題をあげてもらうアンケートを行い、①ニーズに応えられない、参加者のどこに焦点を当てたらよいかわからない、②ボランティアの意識が多様である、などがあげられた。2010年には、コーディネーター研修に先立ち、東京外国語大学多言語多文化教育研究センターによる「居場所づくりに関するアンケート調査」に2教室で協力した。「**居場所**、つまり日本人にとっても、外国人参加者にとっても自分が受け入れられていると感じられる、自己実現の場」になっているかどうか調査が行われた。これまでの「**日本語を教え、学ぶ場所**」とは異なる観点である。外国人参加者にとっては2教室とも居場所と感じられている度合いが高い一方、日本人ボランティアにとっては居場所感は低いという報告を受けた。これは日本人にとっては**支援の場**であるということだろうか。では、来日直後及び長年住んでいる外国人住民に対して、それぞれどういう場を提供して行くべきか。そして、ボランティアは何ができるのか。

## (3) なぜ今、短期速習なのか

　提案者である私は、日本語教師をする傍らボランティアの教室を18年間見てきた。当初は日本語教育をボランティアによる教室でも学校と同じように行おうとしていたかもしれない。しかし、現実はアンケートにもあるように、外国人参加者も日本人ボランティアもニーズが多様であること、出入りが激しいこと、生活が第一であり、日本語の学習は必要と感じつつも最優先ではないことなどが見えてきた。徐々に、どんなボランティアでも、どんな外国人参加者でも受け入れ、柔軟に対応していくべきだと考えるようになっていった。教室内では、随時受け入れに対応できる細かいレベル別グループ作り、漢字を習いそびれた人、長年日本にいて耳で覚えた日本語をきれいに体系づけたい人などのニーズに対応するグループ、日本語能力試験で1級、2級をとっても社会参加の自信がない人たちのためのサロンなど、いろいろ試みもしてきた。ボランティアに多くの負担（追加の研修、向き不向きを越えた要求など）を望めない環境で、誰でも受け入れる場所にしようとしてきた。

　「教えない」「対話を引き出す」「居場所」が提唱される中、ニーズを1つ取り出して目標に向かって勉強する教室があってもいいのではないかという考えが生まれた。行政の施策「多文化共生」への一歩として、すぐに使える日本語を短期で身につけてもらい、その後も日本語を学び続ける楽し

さ、気力、今の自分で言葉を越えて自信をもって社会に出て行く勇気をもってもらえる教室を目標に掲げた。それが短期速習講座である。

## 3 実践報告

### (1) 提案から実施まで

　2008年7月に、ボランティア仲間に内容を説明し、わかりにくいと言われた点を質問に答える形式でまとめ、一つの教室から7教室全体に対する提案をまず行った。その時の質問と答えは以下の通りである。

Q1：期間を決める理由
A1：アンケートに表れているように、ニーズが多様であるが、それに応えることができないという悩みが多い。期間を決めて行えば、教える側も習う側も目的を絞って、効率的にできる。

Q2：現在の教室の中でできないのか。
A2：現行の随時入会で、『みんなの日本語』を用いて段階的にグループで勉強していると、少し力が違っても対応が難しく、受け入れの係の苦労をよく耳にする。居場所にもなっている教室で目標の内容と期限を厳格に守るグループを作るのは、ボランティア側も外国人参加者側も心理的に難しいのではないか。

Q3：学習者が集まるか。
A3：時期を選べば、集まると予測している。営利企業ではないので、極端に言えば、2〜3人でも行うことができる。ただ、受講者の理解できる言語ではっきりと学期制の教室の目的とやり方を説明して、最後まで休まず修了してもらうことが大切だ。

Q4：何月に募集するのがいいか。
A4：新受講者の人数を統計的に多い順をみると、4月、5月、1月、6月、2月の順になっている（教室の5年間の統計による）。多い月に始めるのがいいだろう。

Q5：どのくらいの期間が適当か。
A5：集中力が続く長さや、仕事、出産、引っ越しなど、生活環境の変化がなるべく少ないことを考えると、3ヶ月くらいが妥当ではないか。

Q6：何人くらいで担当するか。
A6：10人〜20人ぐらいのクラスに対して、正副2人程度が適当だと思う。目的が明確なグループの授業は、指導方法を統一しなければならないので、3人以上になると打ち合わせが大変になる。授業の進め方、サポートの仕方をしっかり打ち合わせておく必要がある。

Q7：カリキュラムはだれが決めるか。
A7：ニーズ分析に基づいて、リーダーが素案を作り、担当者で練って作るのがいいのではないか。

Q８：例えば、どんなカリキュラムが考えられるか。
A８：コーパス分析やCan-do-statementsの考えに基づき、『みんなの日本語Ⅰ, Ⅱ』から、実際の生活ですぐ使いたい内容を選んだものがいいのではないか。

## (2) 小委員会から開講決定まで

　７つの日本語教室の有志により、小委員会を設けた。数回の打ち合わせの後、2009年３月に国際交流協会への提案書をまとめ提出した。この追加のニーズ対応策を提案した理由は、「現行の形態では、初級を終了するのに少なくとも２年～３年かかる。言葉の習得、心のケア、交流、社会参加促進を別々に考えている外国人もいる。現教室の中でこのようなグループ活動をすることは、週２回ということ、言葉の学習に専念するという点で、困難と考えられるので、別の講座として開設したい。」とした。以上の提案が承認され、準備にかかる経費が計上され、開講の準備が始まった。

## (3) 開講の準備

　提案の時に用いた、コーパス、Can-do-statements、プロフィシエンシーなどの言葉は、多くのボランティアにはなじみがないものだったが、それぞれ、「使用頻度が高い言葉や文型から習う」、「何ができるようになるための学習か」、「習ったことを実践で使えるようにするにはどうしたらいいか」、と言い換えることで、日々の活動の工夫の中で誰もが考えていることと一致できたようだ。賛同して、一緒にやってみようというボランティアを募り、集まったメンバーでカリキュラム作りとテキスト作成が始まった。

<u>ボランティア募集</u>

　カリキュラム作成および講座の担当は、決められた期間と内容で20名程度のクラスを指導したことがある人、日本語学校教師経験者、及び今後このようなクラスでの活動を希望する人で、経験者の補助をしながらクラス型授業の進め方を勉強したい人とした。限られた内容なら、見学や実践によるトレーニングによってボランティアでもできる人がいると考えたからである。15名集まり、打ち合わせを重ねるうちに、あきらめる人も出たが、実際にカリキュラム作成には10名参加した。

<u>カリキュラム・テキスト作成手順</u>
・日本語で対応できるようになってほしい場面を17選んだ。
・各場面に必要な語彙と文型を選んだ。講座修了後に通常の教室で日本語の学習を続けることを想定して『みんなの日本語』26課程度までの文型を基準としたが、それにこだわらず、敬語、慣用表現などは必要に応じて追加した。
・各場面の会話例を作成した。２時間で覚えられる長さの会話の量を目標にした。
・「聞く」文は、難しくてもできるだけ自然な会話文とした。

・4技能のうち「書く」は、ひらがな、カタカナ、読めると便利な漢字50までとし、実際書く必要のある内容以外は宿題とした。「読む」は、テキストの会話の読みはせず、実際読んで理解する必要がある内容と、最後に行う総合復習と発表会だけにした。
・会話に必要な場面の写真を撮り集め、副教材を揃えた。
・テキストのタイトルを『船橋で暮らすための日本語初級3か月』とし、完成した。

船橋(ふなばし)で暮(く)らすための

# 日本語(にほんご)初級(しょきゅう)3ヶ月(3かげつ)

Basic Japanese in 3 months to live in Funabashi

船橋市国際交流協会　F. I. R. A
日本語教室委員会
日本語短期速習講座グループ
2009年9月

日本語初級3ヶ月コース　目次　　　　　Basic Japanese in 3 months

| | | |
|---|---|---|
| 1課 | 初めての挨拶と自己紹介（名前、国、町） | Greetings: How do you do? |
| 2課 | 毎日の挨拶と自己紹介（仕事、電話番号、住所、好きな料理） | Daily greetings<br>Introducing yourself |
| 3課 | レストランで、注文から支払いまで | Restaurant conversation |
| 4課 | 友だちを食事に誘う　誘いを受ける | Inviting someone to a party<br>Accepting the invitation |
| 5課 | 友だちを買い物に誘う　誘いを断る | Declining the invitation |
| 6課 | 電車の行き先を聞く　乗り換えを聞く | Getting information for train |
| 7課 | 道順や場所を聞く | Asking for directions on the street |
| 8課 | タクシーで道順、行き先を説明する | Taking a taxi |
| 9課 | 公共のアナウンスのわからないところを聞き返す | When you don't understand what people say |
| 10課 | 電話や、いろいろな窓口で用件を伝える | Making you understand on the phone & over the counters |
| 11課 | 家族や日常生活について話す（パーティー、食事、会社の昼休み、子どもの親となど） | Talking about your daily life and your family |
| 12課 | 簡単に感想や印象を述べる（友だちの家、パーティーの食事、日本についてなど） | Making brief comments on foods, the trip, and etc. |
| 13課 | お祝い、感謝の気持ちを表す　お祝いのあげ方、もらい方 | Showing your congratulatory feeling<br>Giving and receiving gifts |
| 14課 | 美容院・理髪店で希望を言う | Getting a right hair style at a beauty parlor |
| 15課 | 病状を説明する | Expressing feeling and pain |
| 16課 | 救急の対応（急病、事故、地震、火事） | In an emergency |
| 17課 | 自分の国の事を話す | Talking about your country |
| 18課 | 総合復習　修了式 | Comprehensive review<br>The presentation of the certificate |

第3章

（表紙と目次参照）

- テキストの構成は、会話例（漢字かな交じり文にひらがなルビつき）、新出語（はじめから辞書が引けるよう辞書の形も併記した）、文型練習（文法は説明せず、代入すればよいように示した）、応答練習（反射的に聞いたり、応えたりすることができるよう最小単位の応答文をあげた）、文字練習（段階的に特殊な表記に慣れるように17の各課に振り分けた）とした。

<u>授業の準備</u>

- 複数の講師で18回を分担して行うため、受講者が戸惑わないよう授業の流れを統一した。基本

的流れは、前回の復習→文字練習→その日の場面設定（絵や写真をたくさん見せる）→講師補助のモデル会話と練習→休憩→講師、補助、受講者が混ざって、実際の場面に近い状況を作り出して練習する、とした。文法説明をしない代わりに、場面設定を重視することを確認した。

・時間通り進められるよう、時間配分と講師補助の役割などを決めた教案を作成した。この教案はメンバー全員で共有している。これまで4回行われた行われた講座毎、その時の担当講師が受講者の顔ぶれに応じて少しずつ調整して教案を作り直している。これは大きな財産となっている。

## 4 開講後

### (1) 成果と課題

　第1回　船橋市西部公民館　受講者8名（中国3名、台湾2名、タイ、フィリピン、米国各1名）第2回　船橋市勤労福祉センター　受講者9名（アメリカ2名、ネパール、中国、フィリピン、インドネシア、ベトナム、ペルー、ナイジェリア各1名）。第3回　同センター　受講者5名(中国3名、アメリカ、オーストラリア各1名)　第4回　市役所内会議室　受講者4名（エチオピア、韓国、フィリピン、中国　各1名）、参加費5000円（協会会費、テキスト等のプリント代として）で実施された。以下毎回行っている講座修了後の反省会のまとめから抜粋する。

①カリキュラムについて

　1課毎に一つの生活課題を立てて、「今回は〜が出来るようになろう」という形は、学習者にも分かりやすくてよかった。速いスピードでの授業展開になるので、語彙や文法項目が多い課のときは、消化不良を起こす学習者があった。反対に、もっと情報を出してあげてもいいと思える課もあった。時間・学習者の学力・学習量のバランスはなかなかむずかしい。会話例・語彙・文法項目については細かく調整してみるともっといいものになるだろう。

②講座の技術的特徴について

1) ひらがな学習から一貫して滑らかな発音（自然な日本語）を目指した。ＶＴ法を取り入れたり、慣用表現をスムースに言う練習をした。
2) 動詞活用をリズムで機械的に言いなれるようにした。
3) 助詞はゲームでその存在を意識してもらうようにした。(写真)
4) 絵カード・写真を多用し、場面や言葉の意味・文型の使用例を一目で捉えてもらうようにした。
5) ひらがなをはじめとして、書く練習は宿題にした。書くことは、かなり時間をとるので、すこしだけ教室で行い、後は宿題で自主的練習に任せた。
6) 宿題チェックは毎回補助担当が時間内に必ず行い、その日に返却した。
7) 自宅で自力学習できるように、補助資料を配布した。

③ボランティアの役割

　毎回、講師1名と補助数名で授業を行った。講師は教案を作り、2時間半の授業を進めていく。補助は宿題のチェック・モデル会話（写真）・学習者の会話練習の相手・学習者の発話を聞き、問題があったら直すなどサポートをする。ボランティア何人かで、気持ちをあわせて一つの授業を進めていくというのは、なかなか良いものだと思えた。講師も補助も反省点・課題はあるが、このやり方は授業を活性化させるものだと思える。当初は学習者に、「大勢いてうるさい」と思われたこともあったようだが、補助も次第に慣れて行くにつれ、「多くの人に支えられている」と思ってもらえたようだ。（アンケートの感想より）

④成果

　授業の量とスピード：スピードについて来られない学習者もいたが、自分なりに参加意義を持ち、全員最後まで気を抜かず出席し、がんばっていた。

　文字：非漢字圏3名中1名は文字学習について来られなかったが、他は全員ひらがな、カタカナは修了、生活漢字まで入ることができた。

話す、聞く：最終回でのゲーム形式による総復習（写真）も土壇場力を振り絞っていた。「土壇場の底力をつけること」がこの講座の大切なテーマだったことを思い返すと、学習者は日本語を話すことに自信をもてたのではないか。第1回の講座では、16課の非常時の会話では、実際消防署員と外国人災害時サポーターを招き、訓練を行った。

書く、読む：最後に国の紹介を書き、一人ずつ読んで発表したが、自分のもつ力で学んだ内容を用いた表現ができていた。毎回行っている漢字に親しむイベントも楽しめたようだ。

### (2) メンバー間の情報共有

この講座の大きな特徴は、ボランティア同士で情報を共有するということである。各課の教案、副教材、小道具などは回数を重ねるにつれて増えていき、課毎の袋の中に蓄積された。次に別の課を担当しても、準備は微調整で済む。各回とも、メールで必ず報告をし、受講者の得手、不得手、流れの反省など細かい内容を共有している。担当者によって、いろいろ工夫された面白い小道具が用いられ、補助で参加しても大変参考になる。

## 5 おわりに

このように、船橋における短期速習講座は、ボランティアと受講者がいっしょに作り上げる講座である。通常の教室で対話型の居場所づくりをするにも、そのためのノウハウは必要とされるし、得手不得手もある。どんな場合も専門家の手助けなしにはできない。そのような状況の中で、外国人住民にとっては日本への第一歩を手助けする場であり、ボランティア同士が試行錯誤をくり返し、お互いの良さを取り入れていくという「見て、実践するトレーニング」の場としても意味があるのではないだろうか。現在船橋で2%の外国人住民も今後増えて行くにつれ、いずれ行政として専門家を導入し対策を施す日も来るだろう。その時には実践例として参考になればよいと思っている。

**浦和かほる（船橋市国際交流協会）**

第3章

## 3 日本で生活する外国人とともに

### 1 日本語教室の始まり

　松戸市は人口約 48 万 4000 人、外国人登録数は約 1 万 2000 人（157 か国）、40 人に 1 人が外国人である。千葉県において千葉市、船橋市に次いで 3 番目に多い市であるが、東日本大地震以後は正確には把握できていない。（2011 年 7 月現在）また松戸市といえば「すぐやる課」や「矢切の渡し」で有名である。

　松戸市で日本語教室が始まったのは 1992 年。他市でもボランティアによる日本語教室が始まったこともあり、試行として週 1 回の夜に行った。外国人のニーズが比較的多かったため、翌年本格的にボランティアを呼びかけ昼・夜週 1 回ずつ日本語教室がスタートした。「日本語ができれば誰でも良い」という募集だったため、昼は外国人 50 名に対し 120 名近くのボランティアが集まった。私もその中の 1 人である。『新日本語の基礎』の本を渡され、「これで教えるように」と言われただけでどうして良いのかわからず、ただ本を読んでいたような記憶がある。当時はまだ日本語教師養成講座（420 時間）や日本語ボランティア養成講座を受けた人はほんの数名であった。翌 1993 年には他市のやり方を参考に 3 学期制で『新日本語の基礎Ⅰ・Ⅱ』をそれぞれ 4 つのグループ（ⅠをA. B. C. D、ⅡをE. F. G. H）にレベル分けをし、1 つのグループをボランティア 2 人体制で日本語指導に当たる形式がスタートした。この体制は今でも続いている。しかし当時は昼夜 2 教室だったため、昼の教室に関してはボランティアの数が多く 1 人 1 学期しかできなかった。たとえば、2 学期に当たった人は 1 学期と 3 学期はお休み、3 学期に当たった人は 1 学期と 2 学期お休みという形である。夜の教室に関しては、ボランティアがそれほど多くなかったため 3 学期間ボランティアをすることができたようだ。教え方はまちまちで英語を使って教えていた人もいたようである。ボランティア同士、昼と夜の教室や学期を超えての交流はほとんどなかった。2 年間このような形で日本語教室は行われた。

### 2 ボランティア会の発足

**(1) 日本語教室再スタート**

　1995 年に松戸市国際交流協会の呼びかけで、独自に活動できる団体の結成について話し合った。何のために団体を作るのかが分からず、このままで良いとする意見と自分たちの団体を作って会員制にしようという意見に分かれた。国際交流協会が膨れ上がるボランティア希望者とボランティアの苦情や要望に対応しきれなくなっていたのが団体結成呼びかけの原因の 1 つでもあったようだ。数回にわたる話し合いの末 1996 年に国際交流協会会員の有志によるボランティア会を結成した。

　国際交流協会主催の日本語教室を運営することが目的である。名称を「松戸市日本語ボランティ

ア会」とし、国際交流協会の会員から有志を募り登録制とした。教室数も増やし昼の教室は月・水・金・日曜日、夜の教室は火曜日の5教室とした。折しもオーストラリアのホワイトホース市（旧ボックスヒル市）との姉妹都市提携の為のブースができ、その一角にパーティションで仕切った簡易部屋を教室として使用できるようになった。そしてボランティアの為の日本語養成講座もスタートさせた。千葉県国際交流センターにおいて同様の養成講座を行っていたが、各市からの参加は2～3名とされ狭き門であった。そのため会発足と同時に行った養成講座は会員の要望でもあったのである。会の運営に当たっては各教室から代表者を2名ずつ選出しその代表者による役員会を形成した。

### (2) 体制作り

　当初は市民活動という事が良くわからず役員会で決めたことを会員に伝え活動していた。代表として話し合っているのだから会員にいちいち聞くことはないという考え方が主流であり、また国際交流協会の指示は絶対で担当が変わるたび方針ややり方が変わっていた。それに対して意見を唱えると、国際交流協会主催の日本語教室をやっているのだから仕方ないという考え方が90％以上を占めた。

　自分たちの会なのだから会員の意見も聞き、それを役員会で話し合って決め、国際交流協会とも話し合いの上で決定していくという体制が整うまで約8年かかった。今では協会との間に簡単な協議書を作成し、細かい所は会長・副会長との話し合いで決め、それを役員会で報告し確認している。役員会は各教室から1～3名の代表者（計14～16名）で行われている。各教室の代表者が教室の活動報告をし、出された提案などは協議の上決定する。提案が出されるとそれを各教室に戻って話し合い、次回の役員会で再度検討し決定するというやり方である。役員会は学期に2回なので時間がかかるという意見もあったが、全員が納得のいく決定は難しいとしても、プロセスを大切にしてみんなの意見をききながら進めていく姿勢が重要であると考えている。

　役員の担当も会長、副会長、会計、監事の他、講座、人事、教材・総務、企画、広報があり業務をそれぞれこなしている。講座は「日本語ボランティア養成講座」「レベルアップ講座」の開催。人事は年度替わりにボランティア活動者の活動希望を再確認し、会長・副会長と共に担当教室を確定し、各教室でボランティアの不足がでた時、会員登録者の中からボランティア意識や協調性、経験の有無などを確認の上依頼をする。教材・総務は教室に置いてある『みんなの日本語』の本冊や文法解説書、関係図書、文具などの管理をするとともに、役員会記録を作成し役員確認の上会員に配布する。企画は年1回行われる「スピーチ大会」の企画運営と国際交流協会主催の文化祭やパーティーにてボランティア会の写真などを展示する。広報はHPの作成とチラシを作成する。それぞれが少しずつ担当し活動している。年1回の総会は国際交流協会職員も出席して役員や活動の報告及び決定などを行っている。例年50～70名のボランティアが出席し親睦を深めている。

## (3) 教室運営

　日本語教室は国際交流協会主催事業である。松戸で生活する外国人が地域で円滑な生活が送れるように、最低限のコミュニケーション力を身に付けることを目的としている。ボランティアの人選、教え方、修了決定など実際の運営に関することはボランティア会が行っている。教室は月・水・金・日の昼と火曜日の夜の5教室でスタートしたが、現在は会場の都合もあり火曜日の午前『みんなの日本語Ⅰ』、午後『みんなの日本語Ⅱ』、夜『みんなの日本語Ⅰ・Ⅱ』、水曜日の午前「漢字クラス」午後「初級Ⅲ」、金曜日の午前『みんなの日本語Ⅱ』午後『みんなの日本語Ⅰ』、日曜日の午前『みんなの日本語Ⅰ』午後『みんなの日本語Ⅱ』「漢字クラス」の10教室である。国際交流協会の方針で初級の日本語のみを広く外国人に教えることを目的としているため中級は行っていない。『みんなの日本語Ⅰ』『みんなの日本語Ⅱ』の修了者には国際交流協会より修了書が出る。しかし『みんなの日本語Ⅱ』を修了しても充分に会話ができない、もっと会話がしたいという学習者のニーズに応えて修了者限定で会話中心のクラスとして「初級Ⅲ」を設けている。

　教室活動は3学期制で、ボランティアには1年ごとに継続の意志を再確認するために登録書の提出を義務づけている。各教室の代表者を中心にボランティア、学習者のクラス分けや打ち合わせ、反省会などを行い教室運営の円滑化を図っている。グループ形式で『みんなの日本語Ⅰ』を4つ（A.B.C.D）、『みんなの日本語Ⅱ』を4つ（E.F.G.H）のグループに分け1つのグループをボランティア2～3名が担当している。現在会員登録は約120名、活動者は約延べ90名である。毎年国際交流協会からの助成金と学習者からの会費（学期に1000円）を活動費に充てている。ここ数年学習者が減少気味であったが、今年度は特に地震や原発の影響で学習者の参加が少なく活動費が不足気味である。活動費は主にボランティアのレベルアップ講座、養成講座、教室運営にかかるコピー代、文具費や懇親会費、年1回行っているスピーチ大会費、ボランティアの活動補助費などに使用している。

## (4) 学習者と日本語支援

　『みんなの日本語Ⅰ』のレベル分けに関しては、独自に作成したプレイスメントテストと聞き取りでクラス分けをするが、『みんなの日本語Ⅱ』に関しては学習者の希望と聞き取りでクラス分けをしている。漢字クラスは「子どもの学校のお便りが読みたい」「子どもの連絡帳に少しでも漢字を書きたい」「町の看板などが読みたい」「漢字を覚えたい」と言う学習者のニーズに応え、少し会話ができるようになった学習者（Dクラス以上）を対象に行っている。年に1回の習字を楽しみにしている学習者もいる。

　学習者は日本人と結婚している人、仕事のために来日した人が多い。平日の昼は主に主婦が多くパートで働いていても日本語教室の日だけ休みを取って来る学習者もいる。日曜日や夜は殆んどが平日の日中働いている学習者で、中には子供を夫に預けて来る学習者もいる。しかしながら途中で仕事が忙しくなったり、アルバイトを見つけたりして来なくなる学習者も多く、AからHの修了

まで継続して参加する学習者は少ない。多い時は学期にのべ300名もの参加があったが、最近は減って200名くらいである。また今年の1学期は地震などの影響もあり、スタート時は81名最終的には108名の参加者があったが例年に比べると半分である。2学期は少し戻りつつあるようで130名くらいの学習者が参加している。様々な国の学習者が互いに日本語で連絡をとりあったり、食事に行ったりする姿が見られるのもうれしい光景である。

## 3 東日本大地震の被害を受けて

### (1) 教室活動

3月11日に起きた大地震でいつも使用していた部屋の天井が落ちた。その日の午前中は日本語教室を行っていた。地震が起きた時は日本語教室終了後ボランティアの打ち合わせを終えた直後であった。教室活動中でなくて良かったが、隣のビルの9階で地震の怖さを体験した。

3学期最後の授業を残していたため他の会場を借りたが輪番停電や電車の運休があり、結局中止せざるを得なかった。各教室のボランティアが学習者に連絡を取ると却って心配してくれたり、話ができてほっとしたりとみんなで無事を確認し合った。中には電話が通じない学習者や、早々と国に帰った学習者もいたようだ。国の親から帰ってくるように何度も電話が来たという学習者もいた。国際交流協会からしばらく会場が使用できないため、5月からの日本語教室は別の会場が確保できた火曜日の夜のみで後は待機してほしいといわれた。学習者やボランティアのことを考えるとじっとしていられず、独自に近くの会場を探した。施設の職員に事情を説明し、いつもの会場が使用できるようになるまでという条件付きで協力を得ることができた。火曜日の午後、水曜日の午前、日曜日の午前が確保できた。火曜日の夜と日曜日は会場が広いため『みんなの日本語』を使用し、今まで通り8つのグループに分けて行った。火曜日の午後と水曜日は会場が狭いこともあり『みんなの日本語』を使用せず「場面シラバス」で行うことにした。活動を希望するボランティアを全員受け入れ、交代で担当した。事前勉強会を数回開き、やり方を確認しあった。カリキュラムは自己紹

介の仕方、災害時のことば、病院での会話、レストラン、郵便局での会話など生活に必要な場面を10回分用意した。毎回、始めはレベル別にグループで練習し、最後の20〜30分でグループをバラバラにして会話ができるようにモデル会話も用意した。初めての試みでボランティアは試行錯誤であったが良い経験になったと思う。学習者も楽しんでいたようだった。

### (2) 教室の感想

　いつもとは違う教室活動について学習者、ボランティア両方に感想を聞いた。学習者からは「今まで聞いたことが無いようなことばや話し方を知ることができた。他のクラスの人たちやボランティアの人と話すのもとても楽しかった。初めての人と話すのが苦手でなかなか話しかけられなくて困った。生活に密着していて実際に使える日本語で良かった。全く話ができない人には難しいと思うが、このような活動はとても良いし必要だと思った。教科書を使った勉強と会話の勉強と両方あると良いと思った。普段の言い方の間違いを直してもらえてよかった。教科書を使っての勉強の時は内容が沢山あって質問する時間があまりないが、今回はわからないことを聞くチャンスがあったので良かった。」等の意見があった。ボランティアからは、「難しかったが日常で暮らすには必要なことばなので実用的で良いと思った。学習者から「役に立った。良かった。」といわれてうれしかった。自分自身がやり方や手順がつかめないまま終わってしまった。このやり方では文法の授業に結びつけるのが難しいと思った。自分自身の勉強の必要性を感じた。文法をきちんと押さえていく工夫が足りなかったと思う。単におしゃべりが多かったような気がする。今回のやり方は今後の活動にも活かせると思う。今まで文法は教わったがどう使えばよいかわからないという学習者がいたが、今回のような会話は実践的で良いと思った。担当が隔週だったため連続性がなく教えにくかった。学習者に「本を使った本当の日本語が学びたい」と言われたという事は、日本語学習ではないと感じさせた自分の力不足を感じた。教科書を使ってのクラスと今回のような場面シラバスのクラスと両方あると良いと思う。」等の意見があった。初めての試みで、準備期間も短かったが、今後の活動に結びつく活動であった。

## 4 その他の活動

### (1) おしゃべり広場

　国際交流協会主催日本語教室活動とは別に、ボランティア会の独自事業として「おしゃべり広場」を開催している。日本語教室だけではなかなか会話に結びつかないというニーズに応えて、週1回木曜日の午後にボランティアと自由な会話を楽しむことを目的に4年前に開設した。開設当初は毎回20名近くの外国人が参加し、おしゃべりに興じていた。学期に述べ200名近くの参加者があった。ボランティアが毎回5～7名参加し対応した。勉強ではないため何の準備も要らず、参加者の話したい内容や興味のある内容を2時間話して帰る。「楽しかった」と言って帰っていく参加者の笑顔がとてもうれしかった。またリピーターも多く顔なじみになっていろいろな話に花を咲かせた。そのような状態が2年位は続いていた。しかし近年徐々に参加人数が減ってきている。昨年は、毎回5～6名、多い時でも10名くらいで、少ない時は3名という時もあった。学期に1回親睦を兼ねた「料理教室」や「見学会」を開催している。その時は多くの参加者が集まるのだが、継続性がないのが問題である。そこで来なくなった外国人に話を聞いてみた。良い意見は「話をするのは楽しい。ボランティアがわからないことを教えてくれてよかった。ボランティアがとても優しくしてくれる。」などで、あまり良くない意見は「毎回同じような話でつまらない。ボランティアが変わるたびに、自己紹介や国の話から始まる。最近の新しい情報を話したいが、若いボランティアがいない。話している時は楽しいが、後に何も残らない。ボランティアの話が難しい。」などがあげられた。

　その意見を踏まえてボランティアでどうするかを話し合い、毎回テーマを決めて話しをする、いつも少人数で会話をしているのでたまに全体で活動する、参加者から話を提供してもらうようにする、何か1つでも知って良かったと思えることを提供する、最近の話題で優しそうな題材を持ってくる等の意見が出され、それぞれに工夫しているが成果を出すまでには至っていないのが現状である。

　参加者が自由に話せる場を提供することはとても

大切なことであると考えているが、今後は根本的な見直しも視野にいれて考えていきたいと思っている。

### (2) スピーチ大会

　毎年行っている「スピーチ大会」を紹介したい。日本語教室で学習している学習者と教育委員会が小中学校にスタッフを派遣して日本語指導をしている児童生徒を対象に「スピーチ大会」を行っている。

　日頃の成果の発表とその後に行われる懇親会でボランティアと学習者、児童生徒との親睦を深めることを目的に行っている。そのため順位は付けずに参加賞を出している。毎年大人19～22名、児童生徒6～7名の参加がある。発表者は原稿を読んでも良いし短くても良い、1人3分以内でみんなの前で話をする。大勢の前で壇上に立って話をすることは本人の自信につながり、特に子どもたちは参加するとその後の日本語力のアップや積極性につながっているとの報告が学校長や担任から上がっている。日本語力の上達と親睦を深める意味でもこの活動も長く続けていきたい。

### (3) 講座の開催

　ボランティア会が発足してから毎年ボランティアの為の「養成講座」を行っている。当初は実際に活動しているボランティアを対象に行っていたが、今ではボランティアの日本語教室で教えたい人や個人的に教えたい人、興味のある人など広く募集をかけている。当会で活動したい人は初めに「養成講座」を受けて『みんなの日本語』での教え方を勉強した上で空きがあったら活動に参加できるシステムになっている。約60時間ではあるが毎年約30名の人たちが参加している。例年7～15名のボランティア教室での活動希望者がいるが80％は希望に添えている。その他にも年に3～4回の「レベルアップ講座」を他市にも呼びかけて開催し、ボランティアの教え方の見直しや意識の向上を図っている。

## 5 今後の取り組み

　日本語教室のあり方、教え方を見直そうとする動きが広がりつつある。今私たちが使用している『みんなの日本語』は副教材が充実しているが、文法積み上げの教材である。それぞれ日常会話に結び付ける工夫をしているが、教材に振り回され、文法説明や本を教えているボランティアが少なくないのも現状である。しかし本を勉強したい学習者もいれば、会話を重視したい学習者や漢字が読みたい学習者などニーズは様々である。

　今、新しく日常生活に即した会話、コミュニケーション力を重視した実践的な会話を目指した教室の立ち上げを考えている。学習者が生活するために必要なことば、何かをしたい時にどう言えばよいのか、その「ことば」を言う事で何が可能になるのかなどが教えられる教室を目指している。また、漢字教室では漢字教材を新しく作成する為、漢字検討委員会を設けて話し合いを進めている。実際にどこで、どんな漢字が使用されているかを調べ、生活に必要な漢字教材の作成を考えている。

　ボランティアが教えたい日本語や漢字ではなく、学習者が生活するために必要な日本語や漢字を知ることができる教室にしていきたいと思っている。

　今後日本語教室は国際交流協会との共催事業になるため定期的に話し合いを持ち、お互いに意志の疎通を図りながら円滑な教室運営を行い、国際交流協会と連携を取りながら、より多くの外国人が日本語教室に参加できる体制づくりや独自事業の充実を図っていきたい。

藤沢明美（松戸市日本語ボランティア会）

## 4 地域に根ざした公民館教室の現状 ―稲浜日本語ボランティアの歩み―

### はじめに

　12年前の『多文化多民族共生のまちづくり』では、当時の私の関心の的となっていたJSLの児童生徒達について私の活動や想いを述べたが、今回は主に公民館に於ける稲浜日本語ボランティアの活動を中心に、地域に根ざした生活者としての外国人についての活動を述べたいと思う。その為、児童・生徒の為に立ちあげた『センシティ土曜にほんご学級』(澤野事務局長)については、第5章第3節を参照されたい。

### 1 活動のはじまり

　稲浜日本語ボランティアの活動のはじまりは、平成のはじめ頃、一人の熱心なバングラディッシュの青年の要請で、今まで教えていた国際交流協会から駐車場の広い千葉市稲浜公民館へ教場を移したことから始まった。今までと違って仕事が終わるとすぐそのまま公民館に車で来られるようになった彼は、以前にも増して日本語習得に励むようになった。
　こうしたことはどこからともなく伝わるもので、あちらこちらから中国人・フィリピン人などが集まりだし、指導を手伝いたいと申し出る人も集まり、平成7年4月からは稲浜公民館を拠点として活動していることから「稲浜日本語ボランティア」と命名、千葉市のボランティア連絡協議会にも登録し、任意団体としてのボランティア活動を開始した。

### 2 団体活動のはじまり

　団体としての活動をはじめたとは云ってもまだ当時は学習者も指導ボランティアの数もそう沢山になった訳ではなく、空いている教室を1つ2つ借りてひと部屋で2～3グループになって机の脇で幼児を遊ばせながら授業をしているような状態であった。
　活動日は指導者の都合にあわせてウィークデーあり、土・日ありであったが基本的には昼間に他の教室へ行かれない人達の為の夜のクラスを主流としていた為、殆どの生徒は働いていた。その頃には熱心だったバングラディッシュの青年も会社が左前になって解雇され岐阜の山奥に行ってしまい、それでも解らない言葉があったり淋しくなると電話をかけて来ていたが、いつの間にか音信不通になってしまった。
　当時、ここ美浜区にある幸町の公団住宅(現UR)には中国残留孤児の2世3世が数多く住みはじめ公民館にも徐々に来はじめていたが、2～3世の多くはマイクロバスで迎えに来る中国語だけ

で働ける食肉工場へ働きに出て、日本語を覚えようとはしなかった。それから十数年経った今でも彼らの殆どは日本語の読み書きはおろか話すことも出来ないままで、今では母語を忘れ日本語しかしゃべれなくなった3〜4世代と家庭内ですらコミュニケーションがとり難くなっていると聞くが、勉強に来てくれない彼らにどうして日本語が教えられようか。心配ではあるが致し方ない。

親世代は経済的な事情もあって勉強に来られなかったのであろうが、3〜4世代の子どもたちは少しずつ公民館にやってくるようになった。ところがその中・高生年代の子ども達が、学校へ行っていない（当時は小・中学生ですら不就学児が結構多かった）子ども達とツルんで夜遊びをしたり、公民館のトイレでタバコを吸ったりしていて、日本語を教える以前の生活指導からしていかなければならない状況で全く頭の痛いことばかりであった。

## 3 無断欠席対策

表3-4-1に見るように、現在でも同じ状況ではあるが当時も美浜区は中国人の集住地域であった為、公民館に通ってくる学習者の殆どは中国人で、国民性もあろうが授業を欠席する時は連絡するようにと入会時に文書でも伝えてあるにもかかわらず無断欠席者が多く、雨や雪の寒い夜には誰も来ないということも多々あり、がっかりさせられたことも多く、ボランティアの支援など彼らにとっては何程のものなのか、と思わされることも度々であった。

表3-4-1 外国人市民登録数（区別・国別ベスト10） 2012年1月末現在

外国人市民登録数（区別・国別ベスト10） 2012年1月末現在

| 区名 | 登録者数 | 男 | 女 | 中国 | 韓国朝鮮 | フィリピン | タイ | ブラジル | 米国 | ペルー | ベトナム | インドネシア | インド | ネパール | その他 |
|---|---|---|---|---|---|---|---|---|---|---|---|---|---|---|---|
| 中央区 | 5735 | 2281 | 3454 | 2354 | 1742 | 807 | 119 | 63 | 85 | 26 | 43 | 36 | 40 | 47 | 373 |
| 花見川区 | 3206 | 1551 | 1655 | 1061 | 516 | 357 | 71 | 337 | 84 | 203 | 48 | 46 | 24 | 48 | 411 |
| 稲毛区 | 3271 | 1546 | 1725 | 1504 | 536 | 291 | 64 | 38 | 55 | 46 | 53 | 79 | 39 | 60 | 506 |
| 若葉区 | 2571 | 1020 | 1551 | 627 | 716 | 597 | 179 | 23 | 28 | 26 | 37 | 19 | 3 | 16 | 300 |
| 緑区 | 1087 | 467 | 620 | 394 | 309 | 134 | 50 | 15 | 38 | 5 | 21 | 4 | 2 | 5 | 110 |
| 美浜区 | 5696 | 2840 | 2856 | 4365 | 450 | 216 | 35 | 21 | 89 | 15 | 62 | 20 | 76 | 8 | 339 |
| 全市 | 21566 | 9705 | 11861 | 10305 | 4269 | 2402 | 518 | 497 | 379 | 321 | 264 | 204 | 184 | 184 | 2039 |

出典：千葉市総務局市長公室国際交流課

この件については、平成18年度のある雪の夜、活動しはじめて間もない指導ボランティアから、何の連絡もなく一人も来ていないがどうしたらよいか、と電話があり、30分待ってこなかったら帰るように、と伝えたものの、これでは指導ボランティアのやる気をなくす、なんとかせねば！と考え込んでしまった。

知恵を絞った揚句、彼らの金銭に対するこだわりに着目し、それと同時に当時入管法改正の影響か日本で働く外国人が急増し、その余波を受けて日本語教室の登録者も増え、来るのかやめるのか

もわからない学習者の整理がつかない状況も勘案して次の総会にかけ、入会の時に登録料として一人千円を徴収し、3回以上無断欠席したものは登録を抹消し、続けて勉強したい場合は又、千円を払って登録をし直さなければならないとの規則を作り学習者に配布周知させたところ効を奏しピタリと無断欠席がなくなったのにはこちらの方が驚いた程であった。

どこの教室にも同じことが云えるのではないかと思うのだが、文化の違いと云うものは如何ともし難いもので、何とか知恵を絞って彼らに"郷に入れば郷に従わなければならないこともある"ことを覚らせるしかあるまいと私は考えている。

ボランティアとして一つの会を運営して行く為には常に人・金・場所（教室は勿論、教材置場も含めて）は不可欠で、私は何時も、質のよいボランティアを集める為には"時間と能力だけを提供してもらい必要経費については実費弁償をすべきだ"と考えている。が、なかなか思い通りには行かないのが現状ではあるが、幸いなことに当会は常時百名くらいの登録者（出席者は6～7割）が集まってくる為、殆ど自主財源で賄えていることは有難いことだと感謝している。

学習者が大勢集まってくるのには理由があった。21世紀に入った頃、当時入会した若いボランティアが、学習者が増えはじめて指導者が足らなくなったことから指導ボランティア募集の為にとホームページを立ち上げてくれた。しかしお目当てのボランティアの応募者は一人もなく、夜間日本語を教えている所があるなら私も勉強したいと問い合わせが殺到、一時は登録人数が150名にもなる月が出て逆効果にあわてたこともあった。

平成17年頃から急に高学歴のIT技術関係の学習者が増えはじめ、残留孤児の子や孫、日本人の配偶者は殆ど姿を見せなくなり、技術者の配偶者として入国してくる女性達も大学や大学院卒の高学歴者ばかりになっていた。その為か向学意欲も強く、入会すると何年もやめることなく通って来て、「みんなの日本語Ⅰ・Ⅱ」を終了して中級に進んで1年過ぎてもまだ続けたいとの希望者も後を絶たず、毎学期下のクラスからあがって来る者達で中級クラスばかり頭でっかちになる結果になってしまった。

## 4 地域日本語教室の使命

思うに私たち地域ボランティアの日本語学級は、日本に来て日常の生活に困らないように支援するのが本来の目的であったはずだ。当会のクラス編成は当初サバイバルクラス、「初級Ⅰ」2～3クラス、「初級Ⅱ」2クラス、であったものが、「中級入門」クラスに「中級」が2クラスの9クラスにまでふくらんでしまったこともあり、益々頭でっかちになってしまう恐れと授業内容の低下の危機感に襲われた。

私たちボランティアとしては、指導者の手が余って部屋にもゆとりがあるならいざ知らず、先生をやり繰りして初級クラスが手薄になってしまってまで中級クラスを増やすのはお門違いではなかろうか、との考えから今年から「みんなの日本語」を終了後、「中級入門」を一年間学んだらやめ

ていただくことにし、加えて中級からの新規登録は中止した。担当の指導者の不満も目に見えていたし、何よりも学びたいという学習者をお断りするのはつらかったが、誰かが悪者にならなければ改革は行えないのは世の常であろう。

確かに検定試験一級合格の学習者も何人もいるが、まだまだ微妙なニュアンスはつかみ切れてはおらず、時々ええっ！と思う言葉遣いも無い訳ではないが、やむを得ない措置であったかと思っている。

## 5 張君の死

この頃当会にとっての大事件が起こった。私はここ千葉市内でボランティアを初めて四十数年になるが、私のボランティア活動の中で忘れられないつらい思い出となったのが、平成19年6月7日の夕刻、7時過ぎの電話だった。丁度他の会議に出るため、家を出ようとした時電話が鳴り、A先生からの電話で張君の交通事故の知らせであった。公民館からわずか2〜300メートル離れた横断歩道を横断中の事故だったという。

張君はまだ日本へ来たばかりの青年でA先生のクラスへはその日で2回目の出席だったという。クラスの他の学習者との面識も殆どなかったが、幸いなことに公民館の自転車置き場から一緒に走り出した隣席にいたクラスメートが彼の後ろにいて現場を目撃し、すぐ公民館に知らせに戻ってくれたとのことだった。A先生はまだクラスの後片付けのため教室にいたのですぐ現場に駆けつけてくれたものの、十数メートルも跳ね跳ばされて即死の状態であったそうだ。私たちはすぐ学習者名簿をファイルから取り出し救急救命センターへ直行、家族に連絡しようとしたが原簿からは本人の住所と電話番号しか知り得なかった。

幸いなことに勤務先を書かせてあったので、もう7時半は過ぎていたが会社に電話をして連絡をとってもらい、夜中の12時をまわった頃、社長さんが病院へ駆けつけてくれた。

幸いなことに社長さんは日本語が堪能な中国人であったので彼の実家（中国・貴州）へ電話をかけてもらったが、同じ中国人でありながら彼の中国語は中国の西のはずれの貴州の親には通じず、状況説明に大変な時間がかかっていたことを思い出す。

この時の教訓から、その後は入会時の提出書類には必ず緊急連絡先として日本国内ですぐ連絡のつく近親者・友人などの携帯電話番号等を書いてもらうようにした。また、時折注意はしていたものの疎かになっていた通級時の自転車の点燈については、担当の先生から折にふれて注意していただくように配慮している。張君の自転車燈がついていたかどうかは定かではないが、丁度時間的には薄暮の逢魔が刻と云われる時間帯であったとことは間違いない。夜のクラスを運営している者にとっては大変ショックな事件ではあった。

## 6　学習者の為の保険

　ボランティア活動の長い私は、何時の頃からか万が一の事故に備えて傷害保険について関心を持ち始めていた。いろいろ調べてみると千葉市の場合は既に昭和60年4月から市によるボランティア保険制度を導入し、市内全域のボランティア活動には税金で一括付保されており、活動中のボランティアの事故については、本人の負担なしに保険金が支払われることになっていた。しかし当時は市外在住のボランティアについては、市民ではない（納税者ではない）ことを理由に適用外とされていたことに気付き、市外から通ってまで千葉市の為に奉仕してくれている人を除外するとは不条理ではないか、と教育委員会（今は地域振興課の所管）を説得、今ではすべてのボランティアに適用されている。

　しかし、この保険は活動中ボランティアがケガをしたり、させたり又は人の物を壊してしまった場合の傷害と賠償責任に限られ、参加者の自損事故については何の補償もなかったので、私達はイベントの度にレク保険や旅行保険をかけて対応していたが、週1回の授業の時の保険については、私達のような十名から百名位までの小さい団体としては回数による割高な傷害保険しか見つからず学習者の負担を考えてのびのびになっていたのが張君の事故によって急務となったことであった。

　保険会社をいくつか当たっているうちに、塾をやっているボランティア仲間から損保ジャパンの塾保険の情報を得て平成20年の7月から付保しはじめて今夏4回目の契約となったが、その後は今のところ保険のお世話になるような事故もなくお守りのようなものと心得ている。

　ちなみに当会の塾保険の保険料は年間1人355円の最低価格の契約ではあるが、万が一の時の助けになろうかと、入会時に徴収した登録料の一部をそれに当てることにした。このような保険は他の保険会社にもあろうかと思うので、是非各教室での加入をおすすめしたい。

## 7　バス旅行と異文化交流会

　稲浜日本語ボランティアでは、学習者から集金する1人1回200円の参加費はコピー・教材代の他は積み立てており、指導ボランティアの交通費及び研修費の補助・規定による慶弔費等に使う他は毎年行っているバスツアーと年末の12月第3日曜日の異文化交流会の費用として使用している。

　毎年の旅行先は表3-4-2参照。学習者達はこの旅行を大変楽しみにしており、配偶者や子ども、中には両親や友人まで連れて参加するものもあり、ボランティアが輪番制で担当し、良い旅行先を探し企画担当するようにしている。

　バス旅行は毎年日曜日に行うことから、某大学の通学送迎用のバスを格安に運転手付きで借りてもらい、これがかえって目立つ為、観光バスと違ってパーキングエリアなどで参加者が迷子になることも少なく、意外なメリットに喜んでいたが、大学の都合により今年から借りられなくなったことは残念であった。

表 3-4-2

〈行事実施状況〉

| 年度 | バス旅行（行き先・参加人数） | 夏祭り | 異文化交流会 | 地震体験 |
|---|---|---|---|---|
| H13（2001） | 房総のむら | | 19名 | |
| H14（2002） | - | | 不明 | |
| H15（2003） | 美浜消防局・昭和の森 | | 27名 | |
| H16（2004） | 房総のむら（37名） | | 20名 | |
| H17（2005） | 国立歴史博物館（36名） | 親子三代夏祭り | 不明 | 37名 |
| H18（2006） | 鎌倉（51名） | 高洲一丁目団地（37名） | 57名 | - |
| H19（2007） | 松戸防災センター・江戸東京博物館（37名） | 高洲一丁目団地（69名） | 62名 | 37名 |
| H20（2008） | 水郷・香取神宮・佐原市街見物（55名） | 高洲一丁目団地（44名） | 42名 | - |
| H21（2009） | 日光（48名） | 高洲一丁目団地（49名） | 63名 | 18名 |
| H22（2010） | 箱根（68名） | 高洲一丁目団地（41名） | 41名 | 7名 |
| H23（2011） | 鎌倉・江の島（41名） | 高洲一丁目団地（33名） | 35名 | |

※平成18年度より夏祭りは近隣の高洲一丁目団地の夏祭りに参加

　異文化交流会については、当初クリスマスパーティとして行っていたが、中国出身の学習者が9割以上という現状では何かそぐわないものを感じ、異文化交流会と名称を改め、毎回参加者に自国の料理を作ってきてもらい、みんなで少しずつその珍しい料理を賞味させてもらうことにした。勿論忙しくて作れない者、料理の不得意な者もあろうからと公平を期する為、参加費を設け、料理持参者は無料、料理のない者は千円とした。当日会場の壁際に机を並べ料理名と作者名をつけて陳列する為、学習者達は日頃の腕の見せどころと張り切って参加しており、先生達もいなり寿司や焼きそばを沢山作り、ケーキはコストコの大きなクリスマスケーキを買い、大きなパンチボールでフルーツポンチも作って、みんなお腹一杯になってゲームを楽しむ催しとなっている。

　しかもそのゲームの採点によって、先生方や活動ボランティア（日本語指導をしないボランティア）や地域の協力者から寄贈された、中には1万円以上もする物もあるプレゼントの中から順位に従って好きなもの、必要なものがもらえるシステムになっているので、学習者達にはこの会もバス旅行に次ぐ楽しみになっていることは間違いない。

　プレゼントをゲームの賞品として1等賞・2等賞と決めてしまうことについては、不要なものは如何に高価なものであっても邪魔になるだけとの私の考えから包装はせずにツリーのまわりに飾り付け、ゲームが終わった時点で好きな物をもらって帰る、学習者たちはお目当ての物をゲットする為にゲームに精を出す、ということになる訳だ。狭いアパートに不要な新品の客用ふとん等をもらったりして困ることを考えると余程合理的ではなろうか。

## 8 研修参加費の半額補助と受講方法

　その他当会としては、常に新しい指導法や教材の導入を目指し、指導ボランティアには時間の許す限り研修会への参加を奨めており、研修費の半額補助（事前申告制）を決め、研修受講者にはそのエッセンスを定例会の折りに仲間に披露伝達してもらうようにしている。又、地域で行われる国

際関係のイベントにはなるべく参加し、その参加の為の交通費については一回500円と決め、わずかではあるが助成を行っている。これは前に述べたボランティアの実費弁償とまではいかないものの、その一部と考えて助成を行っているものである。

その他にももう一つ改革したことは入会面接を毎月第1日曜日の午後、ボランティアの定例会の後、4時半からと定め、そこで簡単なプレイスメントテストをしてクラス分けをし、登録料を徴収する。参加費は毎回指導終了後1回200円とした。この参加費200円と云うのは割高でもあるし、先生にとっては毎回面倒な作業ではあるが、毎週誰が無断欠席したかチェックできるし、生徒にとっては何日休もうと連絡さえすれば費用はかからないことから、この方法は病気や出産の時、又、母国への長期出張の多い当会の学習者からは思いの外好評であった。

実は、それまでは随時入会であったため、授業の最中に次々と入会希望者が現れ、会長の私は殆ど授業にならない日もあり、私のクラスの学習者に気の毒な思いをさせていたので、月に1回ではその日を逃してしまった人には気の毒ではあるが、大局的に考えてそうせざるを得なかったのである。

## おわりに

私の永いボランティア活動の中で何時も思うことは、個人ボランティアならいざ知らず、団体で活動を行うには運営にかかわる事務費も要るし、役所や他団体との連絡・交渉に人手も要ることは自明の理である。にもかかわらず、ボランティアが年会費を払うのはおかしいとか、ボランティアはしたいけど役員をやるのは嫌だ、という人があまりにも多すぎはしないだろうか。確かに役員とか会長とか云えば聞こえは良いかもしれない。又、そういう名誉職？役職？の好きな人もいるであろう。が何のことはない。役員とはボランティアを支えるボランティアだと私は思っている。活動を円滑に運べるように活動するが役員なのだから、私はそんな下仕事はしない、と頑張るのは如何なものであろうか。"役員はやりたい人にやらせておけば良い"などと嘯いている人を見ると、この人にボランティアをする資格があるのだろうか、とさえ思ってしまう。好き不好、向き不向きはあろうが、運営に関わってはじめて自分の団体の問題点が見えてくるのではなかろうか。

教えることのみで何もしないボランティア、私は教えるのが好きだからと教えること以外に何もしないボランティアは、もしかしたら自分のやりたいこと、教えたいという欲望をボランティア活動にすり替えて、趣味の世界に生きているのではないだろうか、とすら考えてしまう。そんな人は生徒が上手になろうがなるまいが自分の教えたいこと、やりたいことをやらせてもらって満足しているのではあるまいか。これでは生徒にボランティアをしてもらっているのではなかろうか、とすら考えてしまうと云っても過言ではあるまい。

こんなことをここに書くと、稲浜日本語ボランティアにそんなボランティアがいるのでは？と誤解されてしまう恐れがあるが、稲浜では少人数集団ながらみんながそれぞれの役を担って活動して

いるので誤解されないよう願いたい。これは私が十～百以上も数える団体の連絡会の会長をいくつかやって来た経験からの苦言とお考えいただきたい。

とは云え、そのようなボランティアも又、ボランティア。半年１年と来ていただいているうちに少しずつ影響を受けて変わってきて下さる方もいることはうれしい。

後進を育てて早くに世代交代をせねばならぬのに、何時までも会長をしているのは心苦しい。誰もが何時自分がその下働きの役を引き受けてもよいように、常に心しておいて欲しいものと考えている。

その為にも常時アンテナを高くして何か利用できるものはないか、協力して頂ける方はいないかと日頃から目を光らせ耳をそばだてていなくてはならない。

そしてその情報を他のボランティアグループとも共有し合うことが私達ボランティア活動を活性化させ発展させる基となるのではあるまいか。

お若い方達の自覚と協力に期待して止まない。

最後に。この文の為に年代の検証には副会長の箱岩郁子氏に、表の作成には会計監査の阿部雄二氏のお手を煩わせたことにこの場をお借りして感謝の意を表したい。

田中秀子（稲浜日本語ボランティア）

# 第4章

# 学校における日本語を母語としない子どもたちへの支援

### 概要

　日本語が全く理解できない子どもたちが、いきなり小学校・中学校に転入してくる。

　これは、何ら特別なことではなく、千葉県内のどこかで毎日のように起こっていることである。

　2010年（平成22年度）、県内で日本語指導が必要な外国人児童・生徒数は1200人を超えている。この数は、外国人児童生徒として計上されているので、実際に日本語指導を必要としている子どもたちの数は、この数字よりかなり多くなる。

　日本語を理解できない子どもたちへの日本語指導の重要性は認識され、県内各地で、学校現場へ日本語指導者が子どもたちの支援のために訪問する形ができあがっている。しかし、現状では、子どもたちへの日本語指導の支援に対しての課題も山積している。

　この章では、千葉県の特徴を分析し、千葉県教育委員会としての今までの取り組みを掲載している。そして、実際支援を行っている千葉市、松戸市、柏市、船橋市のからの報告、そして外国籍の生徒が多く通っている大洲夜間中学校と市川工業高校（定時制）についても紹介する。

　しかし、県内には、まだまだ日本語を理解できない子どもたちへの支援体制が、確立していない地域もたくさんある。

　学校で子どもたちがどのような形で支援を受けているのか、そして子どもたちがどんな気持ちで

学校生活を送っているのか、是非いろいろなケースを比較しながら現状を理解していただきたい。

　日本での学校生活が不安でいっぱいだった子どもたちが、日本語を習得することにより、学校が大好きになり、将来の進路も考えられるようになる。それには、行政、学校、ボランティア組織など、さまざまな形での継続した支援が必要となる。

　日本語を母語としない子どもたちへの支援が、より充実したものとなり、子どもたちが自信をもって学校生活が送れるような環境を作っていくために、なんらかのヒントになればと思う。

仲江千鶴（船橋市教育委員会日本語指導員）

# 1 千葉県教育委員会の取り組み

　平成22年5月現在の文部科学省調査によれば、公立の小・中・高等学校等に在籍している外国人児童生徒は、約7万4千人で、平成18年度以降増加傾向にあったが、減少に転じた。日本語指導が必要な外国人児童生徒も約2万9千人で、若干減少している。

　その母語別在籍状況は、ポルトガル語、中国語、フィリピノ語、スペイン語、ベトナム語の順に多く、フィリピノ語がスペイン語を抜いて3番目となった。ポルトガル語、中国語、フィリピノ語、スペイン語の四言語で、全体の8割を占める。

　千葉県内に在籍する外国人児童生徒数は3,604人で、全国で8番目に多く、少しずつ増加している。日本語指導が必要な児童生徒は1,249人で、母語別では、中国語が一番多く、続いてフィリピノ語、スペイン語、ポルトガル語の順になっている。

　千葉県の特徴は、母語の種類が多く、40近くの市町に在籍している「多言語分散型」である。このような「散在地域」における受入体制の在り方について、県としてどう支援したらよいか、市町村における受入体制の支援、関係機関とのネットワークの構築、情報の収集・発信、相談活動等について取り組んでいる。

　調査後の平成23年3月11日に起きた「東日本大震災」による原発事故の影響で、日本を離れたり、収まるまで一時帰国したりする児童生徒も見られる。

## 1 今までの主な取り組み

### 【平成4年度】
(1) 外国人子女教育実践の手引作成

　内容は、①外国人児童・生徒教育の意義②外国人児童・生徒の受入れ体制③外国人児童・生徒への適応指導④日本語指導である。

(2) 言葉の手引作成

　スペイン語・中国語の対訳で、内容は、①受入れの日②学校でよく使う表現及び言葉③家庭への連絡④その他よく使う言葉である。

### 【平成6年度】
(1) 外国人子女教育の指導実践事例集作成

　小学校の事例は、①カルチャーショックの克服②同じ学級を望んだ姉とその弟③日常の日本語は理解できるがクラスでの授業についていけない児童の学習指導の例④遊びや体験を中心にした適応指導⑤広東語を話すYちゃんが日本語も話すようになった、である。

　中学校の事例は、⑥日本大好き⑦僕の宝物　作文指導を通して⑧U子の選択・学校生活上の問題

点と保護者との関係である。

**【平成16年度】**

(1) 外国人児童・生徒の日本語指導のあり方に関する調査研究（外国人の子どものための勉強会との協働事業）

調査研究内容は、①日本語指導の実態アンケート調査②日本語指導の実態ヒアリング調査③先進的な日本語指導の実地調査である。

**【平成18年度】**

(1) 平成18年11月、文部科学省「新教育システム開発プログラム」の採択を受け、「外国人児童生徒受入体制整備研究会」を設立した。田村哲夫（渋谷教育学園幕張中学校・高等学校）を代表に、千葉県教育庁企画管理部教育政策課が事務局となり、研究を進めた。

研究の目的は、①潜在的ボランティアの喚起②情報の共有・効果的な発信③関係機関との連携④コーディネーターとしての県の役割の確立⑤①〜④を有機的に関連させた新たなネットワークの構築である。

(2) 実態把握

現状及び課題の把握・分析のために、既存のデータの整理・分析をし、アンケート調査や聞き取り調査を実施した。

(3) 教材リスト作成

①児童生徒用教材②指導者用資料について、児童生徒の発達の段階や日本語力、母語対応等、分かりやすく説明している。付録として副教材・教具についても使い方を示している。

(4) 外国人児童生徒日本語学習支援ボランティア研修会

県総合教育センター・市川市教育会館を会場に①外国人児童生徒の教育について、日本で教育を受けて②外国人児童生徒を取り巻く環境、異文化の中で、異文化に暮らす外国人の子どもたちの心理的支援③日本語を教えるということ、ボランティアの日本語学習支援④日本語指導上の留意点、指導法・アイディア・教材について行った。

**【平成19年度】**

(1) 外国人児童生徒学習支援相談室開室

県総合教育センターのメディア棟1階に開室した。相談内容は、①就学・進路②体験入学③受入・適応④日本語習得⑤日本語指導⑥指導補助者紹介⑦研修等である。メール、ファクシミリ、電話、来室による相談を受ける。

(2) 外国人児童生徒の日本語指導担当者連絡協議会

1回目は県総合教育センターで、①外国人児童生徒の受入体制について②ＪＳＬカリキュラムについて③日本語指導に係る教材及び指導について④日本語指導の留意点について⑤日本語を教えるということ⑥外国人児童生徒の指導及び指導体制の課題について研修した。

2回目は市川市の小学校・中学校で、①日本語指導教室の授業参観し、学校の取り組みの発表、

グループでの意見交換をした。

3回目は県総合教育センターで、①外国人児童生徒の指導について②外国人児童生徒の適応・日本語指導の課題について研修した。

(3) 外国人児童生徒の学習支援ボランティア研修会

1回目は県総合教育センターで、①日本語指導の実際、ワークショップに向けて②ワークショップ、グループ発表を行った。

2回目は市原青少年会館で、①外国人児童生徒受入体制の現状と課題、②異文化に暮らす外国人の子どもたちの心理③ボランティアの立場からの学校への関わり方について研修した。

(4) 外国人児童生徒受入体制整備に関する研究報告書作成

内容は、①千葉県における外国人児童生徒の就学の実態と課題②不就学児童生徒の実態と課題③推進地域における外国人児童生徒の受入体制の整備④本県の受入体制整備についてである。

(5) 外国人児童生徒のための手引及びリーフレット作成

教育委員会編の内容は、①不就学者ゼロをめざして、学校への支援、社会教育による支援、教材・指導法（体制作り）の支援、その他で構成されている。

学校編の内容は、①不安を持たせない受入をめざして、指導体制の整備、その他で構成されている。

(6)「ようこそ　ちばのがっこうへ」作成

はじめて日本に来た児童生徒向けに学校の様子を紹介したＤＶＤで、台本は英語・中国語・韓国語・ポルトガル語・スペイン語・タガログ語・タイ語の7言語に翻訳されている。

(7)「母国の教育事情」作成

外国人児童生徒が母国でどのような教育制度、生活習慣の中で生活してきたか等を理解する一助としてまとめた資料である。46カ国について掲載されている。外国人児童生徒に対する指導だけでなく、受入学級の子ども達と共に進める「国際理解教育」としても活用することができる。

(8) 受入・適応・日本語指導「外国からの子どもたちと共に」作成　（研究員　井上惠子）

外国人児童生徒の受入・適応・日本語指導・教科指導に至るまで、ポイントを絞って、わかりやすく説明しているガイドである。

(9) 文部科学省発行「外国人のための就学ガイドブック」（概要版）の翻訳

日本の学校への入学手続き（保護者向け）を母語の多様化に伴って必要になった12カ国語について翻訳した。

## 【平成20年度】

(1) 促進地域（市川市・八千代市・柏市・船橋市・佐倉市・市原市）及び研究モデル高等学校における実践研究の支援

(2) 外国人児童生徒の日本語指導担当者連絡協議会

1回目は県総合教育センターで①受入体制について②未知の言語学習体験③直接指導法と指導補助員との連携指導法④JSLカリキュラムと指導の実際について研修した。

2回目は県教育会館で、①日本語指導と評価の実際②日本語指導ワークショップ「指導案（略案）」の作成をした。

3回目は県総合教育センターで、①実践報告②日本語指導ワークショップ「副教材・教具」の作成をした。

(3) 外国人児童生徒学習支援ボランティア研修会

成田市中央公民館で、①外国人児童生徒を取り巻く状況②外国人の子どもたちを支えるボランティア③ボランティアとしての日本語支援について研修した。

(4) ボランティア地区代表者会議

地域で「日本語教室」等を実施している団体の代表者から成る連絡会議を設置及び開催した。県総合教育センターで、内容は各団体紹介、情報交換、実践報告である。

(5) 外国人のための入学者選抜の手続き翻訳

中国語、韓国語、ポルトガル語、スペイン語、英語、タガログ語、タイ語に翻訳した。

(6) 「にほんごをまなぼう」の本文翻訳

「にほんごをまなぼう」は文部科学省が作成した、日本語が全く話せない児童に学校生活で必要とされている最も基本的な日本語を指導するための教材である。学校生活場面を軸に全体が構成されているので、児童が日本の学校生活の様子を理解し、それになれるようにするための適応指導教材としての役割も合わせ持っている。児童の母語の多様化に伴い10カ国語について追加翻訳した。

## 【平成21年度】

(1) 促進地域（市川市・船橋市・八千代市・柏市・成田市・市原市）の実践研究支援

(2) 外国人児童生徒の日本語指導担当者連絡協議会

1回目は県総合教育センターで①帰国・外国人児童生徒の受入体制について②日本語指導の実際③外国につながる児童生徒に対する日本語教育について研修した。

2回目は船橋市の小学校、柏市の中学校で、①日本語教室授業参観②市・学校の取り組みについての説明を聞き、情報交換をした。

3回目は県総合教育センターで、①実践報告②日本語指導ワークショップ「指導略案の作成」をした。

(3) 外国人児童生徒日本語学習支援ボランティア研修会

1回目は大網白里町中央公民館で、①千葉県における外国人児童生徒の状況と受入体制について②外国人の子どもたちを支えるボランティア③異文化（外国語）体験④ボランティアとしての日本語支援について研修した。

2回目は木更津市桜井公民館で、①異文化（外国語）体験②千葉県における外国人児童生徒の状況と受入体制について③外国人の子どもたちを支えるボランティアについて研修した。

(4) ボランティアリーダー連絡会議

帰国・外国人児童生徒の学習支援に関わっているボランティアの情報交換を行い、指導力の向上

や受入体制の充実を図るとともに日本語学習支援ボランティアの裾野を広げるための支援を行う等を目的として設置した。県総合教育センターで、内容は団体の活動報告、日本語学習支援ボランティア研修会について等である。

(5) 文部科学省作成「にほんごまなぼう」指導書より「学校から家庭への連絡文」翻訳

　日本語がよく理解できない保護者に対して、学校からの主な連絡等を母語の多様化に対応して10カ国語に翻訳した。それぞれの学校の事情に合わせて修正したり、補充したりして活用することができる。

【平成22年度】

(1) 促進地域（市川市・八千代市・香取市・銚子市）の実践研究支援

(2) 散在地域授業支援

　散在地域である香取市と銚子市の学校を会場に授業の在り方等について、学校や児童生徒の実態に応じて支援することにより、受入体制の整備を図った。内容は、①授業支援②学校への帰国・外国人児童生徒受入③教室における担任の役割④各教科と日本語指導の連携である。

(3) 帰国・外国人児童生徒学習支援キャラバン

　木更津市桜井公民館を会場に散在地域における小・中学校の管理職や教員を対象に県の受入状況についての理解を深め、学習指導に在り方等について協議し、散在地域の学校における受入体制の整備を図る。内容は、①受入体制の現状について説明②異文化体験③受入体制・適応指導④日本語指導（初期指導・JSL）について研修した。

(4) 定時制高等学校の支援

　帰国・外国人生徒の在籍する県立高等学校（定時制）2校に指導補助者を派遣し、日本語指導や学習支援を推進した。

(5) 帰国・外国人児童生徒の日本語指導担当者連絡協議会

　1回目は県総合教育センターで、①帰国・外国人児童生徒の受入体制について②日本語指導の実際③外国につながる児童生徒に対する日本語教育について研修した。

　2回目は市川市の小学校、八千代市の中学校で、①日本語教室授業参観②市・学校の取り組み③意見交換（グループ別）をした。

　3回目は県総合教育センターで、①実践報告②日本語指導ワークショップを行った。

(6) 外国人の子どものための日本語学習支援ボランティアの集い（ちば国際コンベンションビューロー・県国際交流センターと共催）

　千葉市文化センターで、①千葉県内の帰国・外国人児童生徒の受入状況について②子どもへの日本語指導③支援の実際―外国につながる子どもたちのためについて研修し、その後、意見交換会をした。

(7) 帰国・外国人児童生徒受入ガイドライン・リーフレット作成

　平成19年度作成「外国人児童生徒受入のための手引」を改訂し、散在地域に焦点をあてた内容

を加え作成した。内容は、①教育委員会編②学校編③資料編で構成されている。
(8)「知りたいな友だちの国のこと」作成

「母国の教育事情」の児童生徒用という位置づけで作成した。日本人の子どもたちと外国人の子どもたちが、互いの母国の学校や生活習慣について知ることができるように、「日本」の項目を追加し、47カ国について掲載している。全ての漢字に仮名を振り、各国の簡単な言葉、イラストを入れ、少しでもコミュニケーションを図ることもねらいである。

## 2 現在の主な取り組み

(1) 日本語指導担当教員の配置

日本語指導が必要な児童生徒が多く在籍している学校に「日本語指導担当教員」を加配している。今年度は42人で、内訳は、小学校32人（学校数30校）、中学校10人（学校数9校）である。特に在籍数の多い学校は2人体制で指導している。

子どもたちの発達の段階・日本語力に合わせて「日本語指導教室」で指導したり、教室で付き添い指導をしたりしている。

子どもへの日本語指導は初期指導（日常会話）だけでなく、教科学習に向けての日本語も指導していかなければならない。

また、学校生活で多くの時間を共に過ごす担任、通訳及び日本語指導補助者とも連携して指導にあたっている。

学校全体での取り組みの一環として、日本語指導担当教員を中心に、担任・補助者による授業も行われている。

(2) 帰国・外国人児童生徒の日本語担当者連絡協議会（教員研修）

外国人児童生徒の日本語指導等にかかわる教員を対象として、教員の指導力向上を図るとともに、外国人児童生徒の受入体制の充実また、外国人児童生徒の指導に携わる担当者が相互に情報交換をすることにより、指導の充実を図ることを趣旨として行う。

参加者は、①日本語指導担当教員（悉皆）②外国人児童生徒に日本語指導を行っている学校の担当者（希望）、③各市町村教育委員会担当者（希望）、④外国人の児童生徒に日本語指導を行っている学校の管理職（希望）、各学校へ派遣されているボランティア・補助員等（希望）である。

1回目は今年度初めて日本語指導担当教員になった教員もいるので、①帰国・外国人児童生徒の受入体制について、②文部科学省日本語指導養成研修報告③日本語指導の実際、グループ別協議を行い、各学校の取り組み資料をもとに活発な意見交換、2回目は①小・中学校別授業研究・情報交換、三回目は実践発表・ワークショップである。

(3) 外国人児童生徒教育相談員派遣事業

県立学校に在籍する外国人児童生徒等の日本語指導や適応指導を教師と連携して行う「教育相談

員」を委嘱して、学校に派遣している。人数は33人で、高等学校20校（定時制6校）、特別支援学校2校である

(4) 高等学校特別入学者選抜

特別入学者選抜としては、次の3つがある。

①海外帰国生徒の特別入学者選抜

②外国人の特別入学者選抜

　県立京葉工業高等学校、県立幕張総合高等学校、県立柏井高等学校、県立市川昴高等学校、県立松戸国際高等学校、県立成田国際高等学校、県立市原八幡高等学校、柏市立柏高等学校、県立市川工業高等学校（定時制）

③中国等帰国生徒の特別入学者選抜

　外国人生徒の増加に伴い、様々な配慮がなされている。

(5) 情報提供（ホームページ）

　県教育委員会のホームページでは、全県に向けて情報提供をしている。千葉県教育委員会→学校教育→外国人等児童生徒受入れの順で検索する。

　内容の1つ目は、外国人のための就学ガイドトップページ（就学案内、相談窓口、市町村窓口、就学ガイド、学校の生活、教育制度）で、ひらがな表記の日本語と6カ国語訳がついている。

　2つ目は、学校の先生へで、内容は、帰国・外国人児童生徒学習支援相談室、教員研修、日本語指導教材、学校から家庭への連絡文翻訳、リンク、教材リスト・楽しく日本語をまなぶために、学校の生活（ようこそちばの学校へ）、手引・研究報告等、外国人児童生徒の受入・適応・日本語指導、入学手続き（就学ガイド）、外国人のための「平成23年度千葉県公立高等学校入学者選抜手続」、母国の教育事情、外国人児童・生徒の日本語指導のあり方に関する調査研究、知りたい友だちの国のことである。

(6) 帰国・外国人児童生徒学習支援相談室

　県総合教育センター、メディア棟1階にある「帰国・外国人学習支援相談室」では水・金曜日の9～17時までメール・ファクシミリ・電話・来室による相談を受けている。

　日本語指導法、教材（日本語・母語付）、教科用語の翻訳、就学・進学等の相談が多い。

　資料室には、受入・適応、日本語指導、国際理解資料が五百近く揃えてある。指導案を作成するために来室する指導者も増えている。

　千葉県教育委員会として、帰国・外国人児童生徒が快適な学校生活や社会生活を送れるよう、支援をしていきたいと考えている。

**井上惠子（千葉県教育委員会帰国・外国人児童生徒学習支援相談室相談員）**

# 名前の重み

田中秀香（浦安南高校）

　みなさんは自分の名前が好きですか。みなさんはニックネームをもっていますか。
　私の名前は、ベンジャシリクン・シュダポンです。でも、2年前に日本にくることになったとき、先に日本に来ていた母が私の名前に「田中秀香」と日本名と漢字をつけました。それは、タイ語の音のひびきが理由でいじめられたり、いやな思いをしなしようにです。そのはなしをはじめて聞いたとき、正直「いやだな」と思いました。しかし、その理由が入学式の日にわかりました。一緒に高校に入学したタイの友だちの中に、ヌッチャンというタイの名前をそのまま使っている友達がいます。その友だちが入学式で名前をよばれたときに、笑い声がおきたのです。私はびっくりしました。でもその友だちは、「私の名前はヌッチャンだし、ヌッチャンはヌッチャンだもん。」と言いました。そのとおりだと思いました。私は今、母が言うとおり学校では日本名を使っています。なぜ日本では他の国の人の大切な名前を笑ったり、からかいの対象とするのでしょうか。
　タイでは他の国の人に対してみんなとてもやさしいです。まして一番大切な人の名前をからかいの対象にすることなんてありません。名前って何でしょうか。
　タイにはチューレンというのもがあります。チューレンとはニックネームのことです。日本のニックネームとにていますが少し違います。日本ではみんながもっているわけではなく、あったとしても「あきこさん」が「あっこ」となるように、名前の一部が変化したものが多くみられます。タイでは名前が長いからという理由もあり、全員がこのチューレンをもっています。まだ子どもがおなかの中にいるときに、親が名前より先に子どもにつけるのです。そして自己紹介のときからこのチューレンを使い、会社でも、学校の先生でも使います。そして「ほほえみの国」にふさわしく、笑顔でこの名前を使うと、お互いのあいだに親しみが生まれ、コミュニケーションがスムーズになる気がします。つまり、名前とはお互いを大切にし、コミュニケーションの基本だと思うのです。
　私は自分の名前が好きです。名前は単に音や文字の問題だけではありません。その人そのものです。このことは国や習慣が違っても同じだと思います。ですからこれからもお互いを大切にし、笑顔でコミュニケーションがとれたらいいなと思っています。そしてニックネームとチューレンでよびあえるたくさんの友だちを作りたいと思います。

帰国・外国人スピーチコンテストより

## 2　千葉市学校派遣日本語指導の会

### 1　会の設立

「千葉市学校派遣日本語指導の会」は 1999 年 10 月に設立された。当初は「千葉市学校派遣日本語指導ボランティアの会」（略称「学ボ」）と称していたが、その後標記の名称に変更し、略称はそのままとした。

設立当時は、千葉市においても、日本語を母語としない児童・生徒が散見されるようになっていたが、日本の学校に入学しても教室で一人ポツネンとしている状況であった。そこで、このような状況を改善し、その子どもたちにも学校生活を十分に楽しみ、日本の生活に慣れ親しめるような支援が出来ないかと、有志が集い、検討を重ねた上で立ち上げた組織である。当時は千葉市教育委員会等を訪問してヒアリングを重ねたり、県内他市で既に活動を始めていた団体を参考にして検討を重ねた。更に、活動目的に叶う資格取得のために、メンバー一同が所定の研修を受けた上で、千葉市教育委員会や千葉市国際交流協会の指導を仰ぎながら、本会を正式に発足させたのである。

派遣指導の目標としては、①日本語の仕組みを理解させ、②日本語による会話や読み書きの能力を養い、③学校における日常生活面や学習面での適応力をつけ、④積極的に学校生活に参加出来るようにすること、を掲げている。しかし、高邁な理想と眼前の実態の間には、なお困難が山積している。

### 2　活動実績

各学校への会員派遣は学校からの要請に基づいて、当会で適任者を人選して決定する。支援活動は取り出し授業を主体としており、会員が学校に赴き、正規の授業時間内に空き教室などを利用して行っている。活動の日時や 1 週間あたりの回数などについては学校側と相談の上で設定しており、指導期間や終了時期は、本人の意向も参考にするが、あくまでも学校との相談の上で決定している。

個々の支援の内容については、毎回の支援活動終了時に当日の指導内容を記録し、指導者の手元にファイルする他に、学校にも提出して参考に供している。更に、毎年 1 年間の児童・生徒の学習実績を個別に纏めて 1 冊に集積し、会全体の年間活動記録として市の教育委員会にも提出している。

このような活動を会の創設以来続けて来た結果、指導実績はこの 12 年間で、別表に示す通り小学校・中学校併せて 43 校、141 名の児童・生徒数に上っている。出身地は 17 ヵ国に及び、中国が最も多く、次いでフィリピン、韓国の順である。

## これまでの活動校（2000年4月1日〜2012年2月29日）

小学校の部

| 学　校　名 | 児童数 | 国　　名 |
|---|---|---|
| 院内小学校 | 37 | コロンビア・フィリピン・中国<br>インドネシア・モンゴル・韓国 |
| 磯辺第四小学校 | 1 | オーストラリア |
| 本町小学校 | 3 | 帰国子女 |
| 花見川第四小学校 | 1 | 韓国 |
| 生浜東小学校 | 1 | タイ |
| 真砂第三小学校 | 3 | インド・韓国 |
| 花見川第三小学校 | 3 | バングラディシュ・ブラジル |
| 幕張南小学校 | 1 | ブラジル |
| 川戸小学校 | 1 | フィリピン |
| 真砂第五小学校 | 1 | エルサルバドル |
| 稲毛台第二小学校 | 1 | フィリピン |
| 西小中台小学校 | 1 | 中国 |
| 海浜打瀬小学校 | 2 | 韓国 |
| 柏井小学校 | 1 | ロシア |
| みつわ台南小学校 | 1 | ロシア |
| 弁天小学校 | 4 | フィリピン・韓国・インド |
| 柏台小学校 | 4 | フィリピン・中国・ウクライナ |
| 幸町第三小学校 | 4 | 中国 |
| 稲浜小学校 | 5 | 中国・フィリピン・ブラジル |
| 蘇我小学校 | 1 | フィリピン |
| 都賀の台小学校 | 3 | フィリピン・モンゴル |
| 大宮台小学校 | 1 | タイ |
| 鶴沢小学校 | 6 | フィリピン・中国 |
| 高洲第一小学校 | 2 | 中国 |
| 桜木小学校 | 2 | ラオス |

| 小　計 | 児童数 | 国　の　数 |
|---|---|---|
| 25校 | 90名 | 15カ国 |

中学校の部

| 学　校　名 | 生徒数 | 国　　名 |
|---|---|---|
| 幸町第一中学校 | 20 | 中国・コロンビア・フィリピン・韓国 |
| 幸町第二中学校 | 5 | 中国 |
| 蘇我中学校 | 1 | 中国 |
| 末広中学校 | 1 | フィリピン |
| 有吉中学校 | 1 | コロンビア |
| 新宿中学校 | 5 | コロンビア・中国 |
| 轟町中学校 | 1 | コロンビア |
| 葛城中学校 | 1 | フィリピン |
| 小仲台中学校 | 1 | コロンビア |
| 千草台中学校 | 5 | フィリピン |
| みつわ台中学校 | 1 | モンゴル |
| 山王中学校 | 1 | モンゴル |
| 都賀中学校 | 1 | フィリピン |
| 加曽利中学校 | 1 | 韓国 |
| 犢橋中学校 | 1 | ナイジェリア |
| 磯辺中学校 | 1 | 中国 |
| 椿森中学校 | 1 | ルーマニア |
| 貝塚中学校 | 3 | ラオス・中国・モンゴル |

| 小　計 | 生徒数 | 国　の　数 |
|---|---|---|
| 18校 | 51名 | 8カ国 |

小学校・中学校の合計

| 学　校　数 | 生徒・児童数 | 国　の　数 |
|---|---|---|
| 43校 | 141名 | 17カ国 |

第4章

### 3　現状について

　現在も従来通りの支援活動を継続しているが、新年度直前の3月11日に発生した東日本大震災による地震、津波、更にそれに伴う原子力発電所の事故により、在日外国人特に中国系在住者の多くが緊急帰国したため、夏休み以前は従来になく指導対象児童・生徒が減少した。半年が過ぎて、少しずつ戻って来ているようである。

　支援活動を行うに当たり、当初からの課題はテキストの問題であった。小学生の低学年であれば、幾つかの教科書が用意されているが、中学生になってから転入して来た生徒に対しては有用な手引書が極端に乏しいように思われる。現状では、日本語普及協会編「かんじだいすき」の第1巻から

第6巻、凡人社の「日本語学級」、スリーエーネットワークの「みんなの日本語」等を使用している。

初期段階では学年に関係なく平仮名・片仮名から入るが、次の課程に入る段階からは、類似の課程でも年齢相応の知的レベルを備えた教科書が必要ではないかと思うのである。そのようなテキストは、我々ボランティアが開発しなければならないのか、あるいは専門家に検討願うべきかの何れかであろうが、その必要性は高いと思う。

当会は前述の通り、学校からの要請によって会員を派遣しているが、派遣を要請される学校は概ね支援活動に対して熱心であり、前向きであるとの印象を受ける。しかし、学校によっては、未だに取組み方にまちまちの状況が見られる。小学校の高学年で来日し、翌春には中学へ入学するはずの児童を擁しながら、小中学校間の連携が出来ていない例もあり、我々としては大変心配する事例が少なくないのである。小中学校間の連絡が稀薄である結果、折角小学校である程度身についた日本語能力が、中学進学後に低下してしまう恐れを感じることが多いのである。小学校・中学校間で相互のフィードバックが出来ていれば、対応の仕方について中学校サイドでも見えて来るのではないかと思うので、是非とも相互調整をお願いしたいところである。

## 4 今後の課題

我々会員は、ボランティア活動の位置づけであるとは言え、日本語を指導する立場で日頃から自己研鑽を積まなければならないと自覚している。残念ながら現状では研鑽の環境に恵まれていないことが一つの隘路である。同時に我々の役割に対する関係者の理解が未だに十分とは言えないことが、活動の進展を鈍らせる原因にもなっている。

我々に課せられた目的は「**日本語の学習支援活動**」であって「**教科としての国語指導**」ではないと位置付けられているが、その点の境界には常に微妙な判断がつきまとう。誰でも日本滞在が1年2年と経過すれば、日常の会話はおおかた無難にこなせるようになるのが普通である。しかし、日本語を話せるからといって、学年相応の教科の問題を読み・書きしたり、問題を解く能力を備えることとは自ずから次元が違うのである。端的に言えば、会話が出来ることと読み書きが出来ることとは違うのである。

経験的に言うならば、児童・生徒の日本語学習は、①先ず話せるようになること、②次に読み・書きが出来るようになること、次のステップとして、③当該学年相応の日本語の学習へと進み、④やがて我々の支援を必要としなくなるところまで到達するのである。この①②③の段階までが我々の経験を活かした支援の場である。ところが、この③の段階でしばしば学校との間に「教科への立ち入り」の問題が生起する。日本語指導と教科指導との接点であるこの段階が本人にとって極めて大切な時期であり、その段階をスムーズに展開させるために、学校側の十分な理解を期待したいところである。

次に、前述と重複するが、小中学校間において、全くと言ってもよい程連携が取れていないこと

を指摘したい。小学校で折角ある段階まで日本語を習得したにも拘わらず、中学入学と同時に支援活動が途切れてしまうことである。我々は児童の小学校卒業に当たり、中学校に進学してからも継続して支援が必要であると判断した場合には、その旨中学校への申し送りをして頂きたいと要請しているのであるが、継続された事例は極めて少ないのが現状である。消極的であるとの叱声を受けるかもしれないが、「継続支援させよ」と我々が直接中学校へ申し出ることは当会の性格上差し控えているので、中学校側の理解がなければこの問題は進展しない。是非ともその点の積極的な対応を期待したい。

また、中学の生徒が大変な努力をして県内の公立高校に入学出来ても、彼らの日本語レベルで果たして当該校での学習に支障を来さないかと心配でもある。近時、極めて稀な事例であるが、県立高校からの支援要請を受けた事例があり、小中学生時代に我々が指導した子ども達が、その学齢に達していることも考え合せると、新たな兆候として大いに期待を抱いている。

我々の立場で何にも増して重要と考えることは、今高校で学ぶ彼らが、近い将来日本の社会の中に根付き、更に成長して行く力をつけることである。やがてそれは、今小学校で学ぶ来日児童達の将来に繋がる道でもあるからである。

本項の最後にお願いを一言。

我々の活動は所謂ボランティア活動である。しかしこの活動には公的側面が極めて強いと考えられる。先述の通り、会員は常に研鑽を積み、技量を磨く必要がある。日常の活動は奉仕の精神に支えられているが、自己研鑽への手助けとしては是非「公的支援」を得たいと希望している。

殆どが自分の意志ではなく親の都合で来日した子ども達に、我が国で学び、我が国で成長して行く手助けを日本の社会全体で考え、実践出来るように力を注ぎたい。我々はその一助の担い手であると考えている。

## 5 行政に望むこと

現在我が国、あるいは県内に住んでいる「日本語を母語としない児童・生徒」がどの程度の数に上っているのか正確には把握していないが、年々増加しているであろうと推測出来、殊に我が国の少子高齢化の進行による勤労人口の減少が見込まれる中で、将来は外国人労働力の必要性が増し、それに伴って来日する外国人の子弟も増加するであろうことは容易に想像出来る。

そのような立場で、自分の意志とは無関係に来日し、日本国内の学校で学ぶ立場に立たされる子ども達の将来に対して、我が国が国家としてあるいは地域行政の中で、そのような子ども達をどのように受け入れるのか、将来展望としての施策はどの程度明確に考えられているのであろうか。

現在、小・中学校、更には高校で学んでいる来日児童・生徒の教育について、どの程度明確な進路計画が出来ているのであろうかと、疑問に思うことはしばしばである。我々が日頃の活動の中で受ける印象では、何処の段階においても目先の対応に追われて、或いは目先の関心のみで、将来展

望にまでは考えが及んでいないように見える。

　親が職を求めて来日した場合でも、国際結婚などによる場合でも、親達の事情によって日本で生活している来日児童・生徒が、将来の生活設計をどのように描いて行けるのかを、受け入れ国としては真剣に考慮すべき時期に来ていると思う。

　将来日本に定着するか否かは未知数であるが、少なくとも受け入れ国としては、その児童・生徒が相当程度の比率で国内に定着する可能性を前提にして、我が国の国家社会の中で貴重な人材として、我が国の地域社会の発展に寄与してくれることを期待し、また見方を変えれば、その児童・生徒が将来何処でどのような人生を送るにしても、成人した後々までも日本に対する親しみを持った良き理解者であってほしいとの願いを込めて、その子ども達に暖かい手を差し伸べる姿勢が欲しいと思っている。

　そのような基本的な姿勢を持って現在の来日児童・生徒の勉学の道を考えるならば、自ずと方向は見えて来るであろう。

　将来我が国の社会の中に定着して、個々人の生活を維持して行けるだけの力をつけることが、学校教育の中で真剣に検討されなければならない課題であろう。

　日本語教育の目標としては、小、中、高を経て、行く行くは大学まで進めるだけの実力をつけることを考えるべきであろう。勿論誰もがそうなるとは限らないが、少なくとも、その意欲がある者にはその道を提供することが出来るだけの準備は整えておくべきであろう。

　日頃の日本語指導の中で接する子ども達の将来を考えるにつけ、我が国の受け入れ姿勢について心にも形にも暖かい将来像が描かれることを切望する。


**小林稔子・石原隆良（千葉市学校派遣日本語指導の会副代表）**

第4章

# 3 松戸市学校派遣スタッフ

## 1 日本語支援制度

「外国からの編入の方です。」
転学担当者から連絡が入ると、私たちが動き始める。
「どこの国からですか？」
「日本語はわかりますか？」

この制度ができたのは、平成17年度。それまでは、市内のボランティア団体が行っていた。それを松戸市教育委員会の事業として始動させた。小中学校合わせて30名ほどの子どもが、指導を待っていた。教育委員会がこの事業を発足させたのは、学校教育を担当する上で必然的な結果ともいえよう。

平成16年度から準備を始め、ボランティアからの移行について会議がもたれた。その後、日本語指導支援スタッフの面接をし、採用者を決定した。面接を受けたのは、ボランティアの頃から指導実践を積んだスタッフ及び、ボランティア団体に所属し、成人の日本語指導に携わっていた方々である。そして、スタッフの代表者を含む連絡調整会議では以下の内容が確認された。

まず、日本語指導支援スタッフ派遣の目標である。
①外国籍児童生徒が、学校・学級集団の中で日本語のコミュニケーションが円滑にできるようにする。
②日本語の習得を通じて、児童生徒の自立をめざす。

また、方針としては、次の通りである。
①日本語習得のための指導支援であり、教室での生活言語、学習言語の習得を支援する。
②決して教科の指導ではなく、学校へも派遣時にその旨を連絡・確認する。
③スタッフの派遣は、学校から提出される企画書に基づき行う。
④指導をどの段階で終了するかは、学校との相談の上、各スタッフの指導に委ねる。

教育委員会としても、初めてのことであり、様々な紆余曲折があったと思われるが、ここで移行が完了した。

## 2 松戸市の現状

松戸市には、44校の小学校と20校の中学校がある。東京への交通の便がよいため、外国からの編入は毎年多い。日本語の指導を必要とする児童生徒の内、中国やフィリピンからが、9割を占めている。

平成23年度は、50名ほどの児童生徒が指導を受けているが、ここ数年は、毎年100名弱が指導

を受け、半数ほどが指導を終えている。現在スタッフとして30名あまりが登録し活動している。また、母語で指導をする日本語指導協力者として、4名（中国人2名、フィリピン人2名）が登録している。こちらは、来日したばかりで、まったく日本語がわからない児童生徒の指導に当たっている。

## 3 日本語指導スタッフ派遣

　日本語指導が必要な児童生徒がいると、スタッフを派遣することになる。編入時には、保護者は手続きのために教育委員会に来る。その時に、日本語の習得がどの程度なのか確認する。あまり日本語がわからないようであれば、保護者に指導の内容・形態を伝え、許可をもらう。別室での指導となるためである。

　指導が必要ということになると、学校側へ連絡、スタッフの派遣を伝える。場合によっては、日本語指導協力者の派遣もする。各学校教頭へは、年度初めに、指導の流れの内容を知らせている。

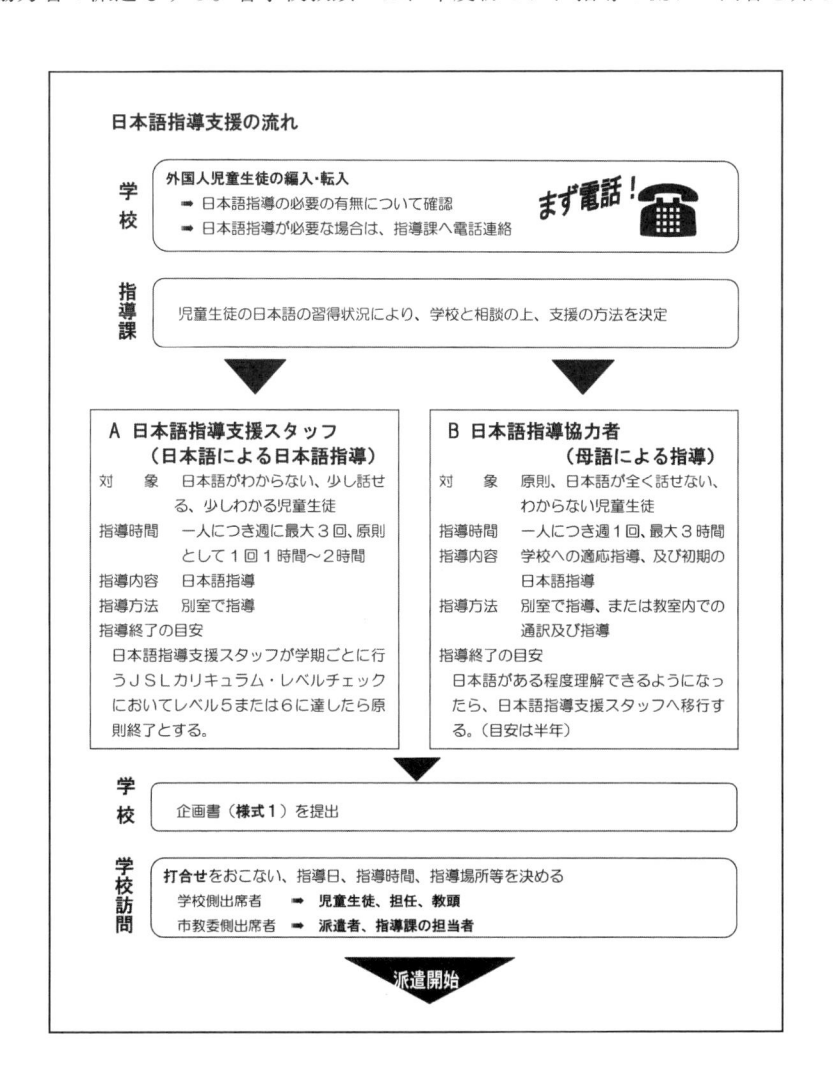

### 日本語指導支援の流れ

**学校**
外国人児童生徒の編入・転入
⇒ 日本語指導の必要の有無について確認
⇒ 日本語指導が必要な場合は、指導課へ電話連絡
（まず電話！）

**指導課**
児童生徒の日本語の習得状況により、学校と相談の上、支援の方法を決定

**A 日本語指導支援スタッフ（日本語による日本語指導）**
- 対象　日本語がわからない、少し話せる、少しわかる児童生徒
- 指導時間　一人につき週に最大3回、原則として1回1時間～2時間
- 指導内容　日本語指導
- 指導方法　別室で指導
- 指導終了の目安　日本語指導支援スタッフが学期ごとに行うJSLカリキュラム・レベルチェックにおいてレベル5または6に達したら原則終了とする。

**B 日本語指導協力者（母語による指導）**
- 対象　原則、日本語が全く話せない、わからない児童生徒
- 指導時間　一人につき週1回、最大3時間
- 指導内容　学校への適応指導、及び初期の日本語指導
- 指導方法　別室で指導、または教室内での通訳及び指導
- 指導終了の目安　日本語がある程度理解できるようになったら、日本語指導支援スタッフへ移行する。（目安は半年）

**学校**
企画書（様式1）を提出

**学校訪問**
打合せをおこない、指導日、指導時間、指導場所等を決める
- 学校側出席者　⇒　児童生徒、担任、教頭
- 市教委側出席者　⇒　派遣者、指導課の担当者

派遣開始

担任の判断で、すでに在籍の児童生徒に指導が必要になる場合も多い。どちらにせよ、その時点で企画書を提出していただく。

派遣スタッフについては、まず「日本語指導コーディネーター」に相談する。教育委員会としての意見を述べ、助言をもらう。そうして、派遣スタッフが決定することになる。

## 4 事前打ち合わせ会

スタッフが決定すると、学校に連絡し打ち合わせの予定が組まれる。日本語指導の指導を円滑に行うためである。打ち合わせ会は、派遣校で、教頭、担任、当該児童生徒、コーディネーター、スタッフ、教育委員会担当者で行われる。

まず、指導日についての話し合いが行われ、児童生徒の実態、時間割を考慮し決定される。次に、事務連絡をする。そこで、書類提出のお願いをして、今後の窓口は教頭にお願いする。学校関係者であることを証明するための名札など、細かい点まで確認される。最後に初回の指導日を決定し、打ち合わせ会は終わる。

## 5 日本語指導コーディネーター

ここで、打ち合わせ会にも参加するコーディネーターについて述べたいと思う。本市では、「日本語指導コーディネーター」として、スタッフの中で、派遣や指導、研修会の中心となり、私たち担当の助言者となってくれている方がいる。ボランティアで活動していた時代から、この事業を中心となって行ってきている方々の中からお願いしている。教育委員会は、人事異動が多く、担当も変わることが多い。そのため、コーディネーターが、スタッフの状況を把握して、派遣することに対して意見を出してくれる。また、日本語指導を行ってきているので、事前打ち合わせ会では、児童生徒の日本語習得状況を確認し、スタッフへの助言も行っている。そのため、スムーズに派遣ができている。

## 6 指導内容

日本語指導は、日本語指導支援スタッフが、教室とは別の場所で行う。

国語や社会など、日本語ができないと授業内容がわからないような時間帯に、指導を行うことが多い。放課後も担当スタッフの都合が合えば、行うことができる。

内容は日常会話、日本の学校生活、母国の学校と日本の学校との違いなど、学校生活に直結することである。学習に関わる内容としては、漢字や九九など2～3年生程度の基礎的なことも指導する。読む練習では、教科書も使用する。しかし、前述の通り学習内容は教えていない。

指導は、原則として、1日1時間程度、1週間に3日まで行うことができる。この場合、外国から来日したてで、ほとんど日本語がわからない子どもたちが多い。少し話せるようになると、1週間に1回程度に回数を減らしている。それは、別室で勉強するよりも、友達のいる教室で一緒に勉強するほうが、児童生徒のためになると考えるからである。

## 7 指導の実際

「おはようございます。」
　元気な挨拶から、指導は始まる。挨拶は指導の基本であり、友だち同士と先生方への挨拶の違いについても指導する。
　「先生だと、おはようございます。お友達同士なら？」
　「おはよう！」
　「そうですね。よくできました。」
　敬語などという難しい言葉を使わなくても、これで目上の人と友だちの違いに対する感覚が養われていく。また、スタッフは、教室への帰り方も丁寧に教えていく。
　「ただ今って明るく元気に言うんだよ。」
　別室での指導による疎外感をなくすためには、効果的である。
　学校生活では困ることも多い。トイレに行きたいのに言えない。体調が悪いことを伝えられない。そういった自分のことを伝えるための日本語は、児童生徒にとって必要不可欠である。また、友だちとのコミュニケーションを図る上でも、自分のことを上手に伝えさせたい。これには日本語指導の本が使われている。様々なシチュエーションが描かれている本である。教育委員会では、この本をたくさん用意してあり、自由に使えるようにしている。
　言葉の指導には、トランプなどのゲームを活用する場合も多い。数字を覚えることができ、「次は」「これは〜」などの言い方を覚えることができるからである。
　そして、学習に参加するにあたって、児童生徒にまず必要なのは、ひらがなの指導である。習得状況を把握したスタッフは、個々に応じたプリントなどを用意し、練習させていく。楽しく学習できるよう、イラストなども

多用している。ひらがなが書けるようになると、カタカナ・漢字の指導を始める。このように、指導者は、工夫して指導を進めている。

　評価については、JSLカリキュラムを参考にしている。評価項目・基準を決め、スタッフが評価を行っているが、これは、指導の状況や終了を確認するためであり、学習の評定ではない。スタッフによって受け取る感覚が違うので、指導を終了してよいかについては、コーディネーターとの話し合いで決めることになっている。

　もう一つ大切なのが、児童生徒の心のケアであると考える。子ども達は、言葉が通じない国で不安な毎日を過ごしている。コミュニケーションが取れずに、友だちとトラブルを起こしてしまうことも多いだろう。別室での指導では、こうした日ごろのストレスを発散してもらうこともできる。問題がありそうな時は、日本語指導よりもゲームや、少し話せるようであれば、おしゃべりを楽しむということもある。日本語指導協力者は、母語で心のケアを行っている。

　学級担任との連絡は、ノートや指導記録を使用している。今日は、こんな指導をした、元気がなかったなどを書き、担任に見てもらう。例えば、教科書がここまで読めました。と伝えれば、授業中に読ませて自信を付けさせる。といった活動が考えられる。

## 8 スタッフ研修会

　年に2回、スタッフ研修会を行っている。研修会では、日本語指導の研究者などを招聘し、講演いただく。実践だけでなく、理論や指導法を学ぶ機会を設けることは、スタッフの指導力向上を図る上で重要である。

　また、研修会の後で年に1回は、担任との連絡会を設けている。学校ではゆっくり話すことができないので、このような機会は有意義だと好評である。グループで話し合いを持つので、短い時間ではあるが、他のスタッフの様子もわかり、指導に生かすことができている。

## 9　スタッフの採用

　松戸市の広報誌を通じて、「特色ある学校づくり派遣スタッフ」として募集している。420時間の日本語指導養成講座を修了していることなど条件を設け、履歴書等の書類の提出と面接によって、登録を決めている。

## 10　課題

　平成17年度から、始まったこの制度であるが、外国籍児童生徒に様々な成果をもたらしてきた。日本語を学ぶ機会が必ず与えられるようになったことは言うまでもないが、教育委員会が関わることで、少しではあるが、報償を出すことができるようになった。また、各学校とのパイプ役としての役割も大きい。

　しかしながら、課題も多い。もっとも大きいのは、進学の問題である。入学試験では、国際高校もあるが、やはりそこは狭き門であり、一般の入学試験を受けなくてはならない場合が多い。数学や英語はできる子も、問題文が読めなくては答えることができない。中学校に派遣されているスタッフは、その対応にも力を注いでいて、土日の日本語教室や進路ガイダンスを紹介して、少しでも溝を埋めようと働きかけているところである。

## 最後に

　日本語指導支援スタッフは、
「日本語で日本語を指導します。」
と言う。始めはどういうことかわからなかったが、日本語がわからない子どもに母語で日本語を教えるより、日本語をシャワーのように浴びせ続け、日本語に慣れさせていくということの重要性がわかってきた。中には、言葉に自信が持てずに、一時間黙ったままの児童生徒もいるそうだ。その子に対して、一時間話しかけ続けたということもあったそうである。頭の下がる思いがした。そういった地道な活動が、この制度を支えていることを忘れずに協力していきたいと考える。

**清水るみ（松戸市教育委員会）**

# 4　柏市学校派遣日本語支援の会

## 1　当会活動の経緯

　当会は柏市内の小中学校に編入された、日本語を母語としない外国人児童生徒に対し、初期日本語を指導する活動を行っている。

　当会の前身は柏市国際交流協会の事業「学校派遣日本語ボランティア」であり、その活動については 2000 年に刊行された、『多文化・多民族共生のまちづくり』（長澤成次編著）に記載されている通りである。

　そこでは同ボランティアの 1993 年の設立から 1999 年までの活動について記載されているが、本書が刊行されるに当たり、その後の 11 年間について報告するものである。

　筆者が 2002 年 6 月にこの活動に参加する以前からボランティアメンバーは柏市に対して交通費の支給を要請していた経緯がある。

　日本語支援に出かける学校が、必ずしも各ボランティアの家から近いとは限らず、マイカーを持たない主婦の方々も少なくなかった当時、毎週 1 ～ 2 回、1 ～ 1 年半の間、公共交通機関、バス代の負担は無視できないものであったためと思われる。

　2005 年に至り、柏市教育委員会は市の規則上交通費は支給出来ないものの、日本語支援活動に対する謝金が支給されることになった。

　これに対し、柏市国際交流協会は、謝金が支給されるような活動は最早ボランティア活動ではないとして、協会として本事業に対し従来配分していた活動費予算を計上しないこととなった。

　日本語ボランティアメンバー全員で話し合った結果、任意団体「柏市学校派遣日本語支援の会」として独立、国際交流協会とは団体会員として関係を維持し、且つ柏教育委員会と連携して活動を続けることとなった。

　独立後も、当会の活動理念、方針は当初の学校派遣日本語ボランティア当時の派遣システムを踏襲し、実績を重ねてきた結果、教育委員会や学校との連携は格段に深まり、活動は軌道に乗っていると感じている。

　1993 年当時、学校派遣ボランティア活動を立ち上げ、1999 年までの間、外国人児童生徒に対する日本語支援システムを確立された先駆者の方々に対し敬意を感じつつ活動を続けている次第である。

　引き継いだ日本語支援システムに沿って進めている活動状況を以下報告する。

**日本語支援実績**

2000年以降現在までの活動状況は以下の通りである。

| 年度 | 2000 | 01 | 02 | 03 | 04 | 05 | 06 | 07 | 08 | 09 | 10 | 11 |
|---|---|---|---|---|---|---|---|---|---|---|---|---|
| 生徒数 | 19 | 36 | 24 | 30 | 32 | 34 | 30 | 51 | 39 | 50 | 51 | 20 |
| 国数 | 6 | 7 | 9 | 8 | 8 | 10 | 11 | 10 | 11 | 12 | 10 | 5 |
| 派遣校数 | 11 | 18 | 13 | 18 | 21 | 20 | 17 | 27 | 25 | 23 | 23 | 15 |
| 指導者数 | − | − | − | 21 | 24 | 17 | 21 | 19 | 21 | 26 | 30 | 26 |

2000～2011年の国別年度別生徒数の推移は表4-4-1の通りである。延べ人数416名は同じ生徒に対し複数年支援することがあるので、正確な人数を反映しているものではない。

今年は3月11日の東日本大震災の後、春休み中に帰国して再来日を躊躇しているケースが多く、例年に比し生徒数が激減している。

表4-4-1

国別年度別支援児童生徒数

| 国名 | 2000 | 2001 | 2002 | 2003 | 2004 | 2005 | 2006 | 2007 | 2008 | 2009 | 2010 | 2011 | 延べ人数 |
|---|---|---|---|---|---|---|---|---|---|---|---|---|---|
| ブラジル | 5 | 8 | 5 | 4 | 2 | 2 | 2 | 4 | 1 | 2 | 2 |  | 37 |
| 中国 | 4 | 7 | 3 | 5 | 7 | 10 | 6 | 11 | 8 | 12 | 12 | 6 | 91 |
| フィリピン | 4 | 8 | 7 | 11 | 14 | 9 | 6 | 20 | 12 | 11 | 10 | 9 | 121 |
| 韓国 | 3 | 8 | 3 | 6 | 4 | 2 | 4 | 3 | 7 | 8 | 9 | 1 | 58 |
| タイ | 2 |  |  |  |  |  | 2 | 2 | 3 | 3 | 3 | 3 | 18 |
| インド | 1 | 1 | 1 | 1 |  |  |  |  |  |  |  |  | 4 |
| ペルー |  | 3 | 2 |  |  | 3 | 3 | 1 |  | 3 | 4 |  | 19 |
| モンゴル |  |  |  | 1 |  | 1 |  |  | 1 | 3 | 1 | 1 | 8 |
| ガーナ |  | 1 |  |  |  |  |  |  |  |  |  |  | 1 |
| ロシア |  |  | 1 | 1 |  | 1 | 1 |  |  | 1 | 1 | 1 | 7 |
| ウクライナ |  |  | 1 | 1 | 1 |  |  |  |  |  |  |  | 3 |
| アメリカ |  |  | 1 | 1 |  | 2 | 1 | 3 |  | 1 | 1 |  | 10 |
| マレーシア |  |  |  |  |  | 2 | 3 | 3 | 2 |  |  |  | 10 |
| フランス |  |  |  |  |  |  | 1 |  |  |  |  |  | 1 |
| シンガポール |  |  |  |  | 1 |  |  |  |  | 1 | 1 |  | 3 |
| コロンビア |  |  |  |  |  |  | 2 | 1 | 1 |  |  |  | 4 |
| 日本 |  |  |  |  |  |  |  | 2 |  |  |  |  | 2 |
| インドネシア |  |  |  |  |  |  |  | 1 | 1 |  |  |  | 2 |
| イラン |  |  |  |  |  |  |  |  | 1 | 2 | 2 |  | 5 |
| カナダ |  |  |  |  |  |  |  |  | 1 |  |  |  | 1 |
| バングラデッシュ |  |  |  |  |  |  |  |  |  | 1 | 1 |  | 2 |
| ポルトガル |  |  |  |  |  |  |  |  |  | 1 | 1 |  | 2 |
| パキスタン |  |  |  |  |  |  |  |  |  | 2 | 2 | 1 | 5 |
| ルーマニア |  |  |  |  |  |  |  |  |  | 1 | 1 |  | 2 |
|  | 19 | 36 | 24 | 30 | 32 | 34 | 30 | 51 | 39 | 50 | 51 | 20 | 416 |

**日本語支援の目的**

　教育委員会からの要請に基づき、柏市内の日本語を母語としない外国人児童生徒の編入を受け入れた小中学校に日本語指導者を派遣し、それら児童生徒が学校生活に適応できるように日本語支援を行う。

　日常会話だけではなく、児童生徒が在籍クラスでの授業ができるだけ理解できるように文字（ひらがな、かたかな、及び学年相応レベルの漢字）の読み書きも並行して指導、支援することが必須である。

**指導方法**

　担当となった会員が各学校に出向いて、児童生徒の在籍クラスが授業中に別の場所（空き教室、その他）で当該児童に対し日本語指導を行う、所謂「取り出し授業」である。

　日本語指導者と児童生徒1対1、或いは同レベルの児童生徒が複数居る場合はグループ指導、又は1人の生徒に対し複数の日本語指導者が支援に当たる場合がある。

　授業方法は日本語で日本語を教える所謂直接法であるが、日本語指導者が児童生徒の母語が分かる場合は、その母語を介した方が、新出語の説明などでは、理解を早めることができる。

　授業時間は週に2～1回、1回当たり2～1時間（小学生低学年の児童の集中力を考慮）である。取り出す時間は在籍クラスの時間割が国語、社会など外国人児童生徒にとって困難な授業の時間を当てるようにする。音楽、図工、体育、生活科などの時間は在籍クラスの子どもたちと一緒に楽しんでもらうようにする。

**使用教本**

小学生　　＊ひろこさんのたのしいにほんご（1）（2）　　　　凡人社

　　　　　　同　　ぶんけいれんしゅうちょう

　　　　　　同　　ひらがな・かたかな・かんじれんしゅうちょう

　　　　　＊にほんごをまなぼう　1・2　　　　　　　　　　文科省

　　　　　＊日本語学級　1・2　　　　　　　　　　　　　　凡人社

　　　　　＊かんじだいすき（一）～（六）　　　　　　　　　AJALT

　　　　＊その他　オリジナル教材、絵本、カードなど

中学生（小学校高学年）

　　　　＊みんなの日本語初級　Ⅰ・Ⅱ　　　　　　スリーエーネットワーク
　　　　＊にほんごをまなぼう　1・2　　　　　　　文科省
　　　　＊日本語学級　1・2　　　　　　　　　　凡人社
　　　　＊その他　　漢字教材、読み物教材など

**指導期間**
　学校と相談の上決めるが、日本語指導者による指導の終了の目安を教本進度によって次のようにしている。平均的には1～1年半程度の指導期間である。

**テキストでの目安例**
　小学生：ひろこさんのたのしいにほんご（1）終了まで。
　中学生：みんなの日本語初級Ⅰ・Ⅱ（40課ぐらい）終了まで。
　これら教科書に出てくる以上の学習指導は原則として行わない方針である。

**当会への参加条件**

1. 日本語講師養成講座を終了した人。（420時間の日本語教師養成課程或いは地域国際交流協会などによる数ヶ月の日本語ボランティア養成講座を終了した人。）
　当初の参加条件は420時間終了であったが、この場合応募者が少なく、人員確保が難しいため、2～3ヶ月の日本語ボランティア養成講座修了者も募集の対象とした。

2. 8月（夏休み）以外の毎月第三木曜日のミーティングに出席できること。
　学校よりの日本語指導者派遣要請は、時期を定めず発生することから、毎月定期的にミーティングを行い、派遣要請に対応し、同時に会員相互の情報交換及び指導法の研究を行う。

3. 会員は年会費を納入する。
　教育委員会より会員に対して謝金が支給されるが会に対する活動費の支給は無い。従って会員から年会費を拠出してもらい、会の活動費（教材費、レベルアップ講座の為の講師招請費など）に当てている。

**会員数**
　平成23年7月現在の会員数は26名（男4名、女22名）であるが、内2名が休会中で実働24名である。

## 2 会の運営について

　当会が2006年に柏市国際交流協会から独立したのを機に、会の名称、会則を定め、会の活動、運営を円滑に出来るようにした。当会の役員は会長1名、副会長2名、会計1名、監事1名（副会長兼務）である。役員の任期は1年とし再任を妨げないとしている。

　他に教材用蔵書の管理を行う図書係、新入会員ガイダンス係、勉強会係、進路ガイダンス係を置いている。

　月例ミーティングは毎月第3木曜日に開催され、13:00 ～ 15:00の2時間で通常以下のようなことが話し合われる。

①教育委員会から指導主事が必ず出席され、新規派遣要請、その他連絡事項についてお話がある。
②新規派遣要請に対する派遣担当者の決定。
③毎回3名程度の会員の活動報告を行い、問題があれば全員でそれぞれの経験、アドバイスなどを話し合う。
④年度始め、年度末（3月、4月）には役員の改選、会計より決算、予算報告がある。

**日本語指導者派遣の手順**

1. 日本語を母語としない外国人児童生徒の編入を受け入れた各学校長から教育委員会へ日本語指導者の派遣を要請する。
2. 教育委員会から当会へ日本語指導者の派遣を要請する。
3. 当会の月例ミーティングで派遣指導者を決定し教育委員会へ通知する。
4. 教育委員会は各学校に対し、派遣される日本語指導者との面談、打合せの時間を設定し、日本語指導者へ連絡するよう通知する。
5. 学校と日本語指導者との打合せ
　①学校に対し当会の日本語指導について説明し、それを記載した書面を渡す。
　②担任と授業日、時間、教材について相談し決める。
　③決定事項を「日本語指導時間表」に記入し教頭、担任に対し教育委員会指導課へ送付を依頼する。必要な教材・文具などの準備をお願いする。
6. 各学校との打合せによる決定事項、指導日・時限を副会長にeメールで報告する。

**教育委員会との連携**

　当会は柏市教育委員会がある柏市沼南庁舎内の一角にキャビネットをお借りし日本語テキスト、教材の保管、管理を行い、毎月の定例会議を同庁舎の会議室で開催させて頂いている。

　柏市教育委員会指導課は毎年「柏市日本語指導者派遣要綱」を作成し市内の小中学校に対し、日本語指導者派遣に関する趣旨、申請方法、日本語指導者への対応その他について詳細に通知し、日

本語指導者が円滑に活動できるよう念入りなバックアップを頂いている。

**学校との連携**

　日本語指導者は毎回の指導事項を「教案・報告」用紙に記載し、学校に提出する。この用紙には日本語指導者、学校それぞれのコメント欄があり、これに記したコメントがお互いの連絡帳を兼ねることとなる。

　授業の都度、日本語指導者は「実施報告簿」（出勤簿のようなもの）に学校側の認印をもらう。これが教育委員会から支給される謝金の根拠となる。

　又、毎学期末には日本語指導者は担当児童生徒の現況、指導内容や今後の課題などを記した「学校派遣日本語指導の記録」を学校側に提出し、担任の先生のコメントを記入していただき、教頭先生、校長先生の認印を頂いた上で、原本を教育委員会に提出し、コピーを会員全員が所持し、それぞれの会員の活動状況を把握し、その後の活動に役立たせる。

　以上の日本語支援体制の下、会員の日本語支援活動により、編入当初は日本語が聞き取ることもできず、一言も話すこともできなかった外国人の子どもたちが、1～1.5年後には殆ど不自由なく同級生達と喜々として日本語で会話し、学校生活にも全く問題がなくなって行く様子を目の当たりにできるのは、日本語支援活動の喜びである。

　子どもたちは自分の意思に関係なく日本につれて来られ、異文化の大きなショックを受け、打ちひしがれそうになる。然し、大半の子どもたちは宮崎駿監督のアニメの世界の子どもたちのように冒険心、向上心豊かで、毎日の日本語のシャワーをたくましく受け入れ、生きた日本語を身につけ、生活をエンジョイする方向に向かう。このようにして子どもたちの日本語日常会話は比較的早い時期に身につくものと考えられる。

　日本語支援者は、子どもたちがそのようにして身につけて行く日本語を、正しい初期日本語に向けて指導することが活動の大きな目的である。

## ③ 高校進学の対応について

**状況**

　毎年数名（3～5名）の中学3年生が居り、高校進学を希望する。最近の高校進学状況は以下の如くである。

| | | |
|---|---|---|
| 平成23年 | 2名 | 1名一般入試受験、1名進路未定。 |
| 平成22年 | 0 | 中学3年生がいなかった。 |
| 平成21年 | 3名 | （市川工業（定時制）、松戸国際、市立柏） |
| 平成20年 | 6名 | （市立柏（2）、東葛飾（定時制）2、松戸国際、おおたかの森国際） |

平成 19 年　　　　5 名　　（市立柏 2、湖北他 3）

　今年（平成 23 年度）は中学 3 年生が 2 名居り、1 名は進路未定、もう 1 人は成績優秀で日本人生徒と同じ一般入試受験を決めている。

　本来、外国人生徒の進学準備も在籍中学校が行うのが当然だが、在籍クラスの担任の先生は、日本人生徒の受験対応に多忙で、学校全体で 1 名程度の、日本語がよく分らない外国人の生徒に対する支援は後回しとなりがちで、日本語指導者ができる範囲で、受験指導を支援しているのが実態である。

　高校受験の時、来日 3 年以内の生徒であれば、外国人特別枠で受験することが出来、試験科目は面接と日本語作文（或いは英作文）のみである。

　この 2 科目だけなら日本語指導者でも何とか支援できることから初期日本語支援と並行して受験支援も行っている。

　作文についてはテーマは傾向として「高校に入ったら何をしたいか」「私の将来の目標」などであるが、それらのテーマについて生徒と話し合いの上、文章化を手伝いながら行い、一緒になって 600 字前後の文を作り上げる。

　高校によっては作文のテーマが毎年変わるケースもあり、10 以上のテーマについてこの作業を行うこともある。

　面接については 20 項目程度の想定質問表を作成して、各質問に対する答えの内容をこれも生徒と話し合って文章化し、スムースに言えるようになるまで繰り返し練習する。名前を呼ばれた時の返事のし方、面接室への入り方など面接態度の指導もする。

　これらは付け焼刃的ではあるが、作文や想定問答について、何回も話し合いを重ね、作文の書き方、面接の応答の仕方の反復練習など、生徒たちにとって相当の練習量となることから、日本語理解にかなり役立っていると考えられる。

　問題なのは、中学 3 年生で編入された生徒が高校進学を希望する場合で、1 年足らずの時間では初期日本語指導さえも無理があり、高校受験など問題外と日本語指導者は悩むことになる。

　一時このようなケースが続発したので、中学 3 年生編入に限って日本語習得の時間を増やすべく、過年次編入により 2 年生編入を認めてもらいたいと、柏市教育委員会学務課と数回お願いしたが、全く検討の余地なしとのことであった。

　受験支援を放置し、その生徒が中学浪人となった場合、当会の日本語支援対象にはならず、一層悲観的な事態になるので、とにかく、作文と面接を丸暗記させてでも高校に進学させておく方が次善であると考えることになる。無理に丸暗記させて高校受験に合格したとしても、高校入学後授業について行けず中途で退学するケースが出てくる。

　然しながら、大半の生徒は高校入学後も一生懸命頑張って高校生活をエンジョイしているのが実態である。

## 4 房総日本語ボランティアネットワークとの連携

　同ネットワークは2002年から「日本語を母語としない親と子どものための進路ガイダンス」を県下3地区（千葉、船橋、松戸）で毎年開催している。

　「会の運営について」の項で触れたが、当会では「進路ガイダンス係」を定め、年度始めから同会の実行委員会に数回参加し、その状況を当会の月例会議で報告してもらっている。当会が支援している受験生及び保護者に参加してもらう為である。

　進路ガイダンスは例年10月中旬の日曜日に開催されるが、その場では高校進学希望の外国人生徒と保護者に対し、高校進学に関する様々な情報が提供される。

　情報提供のために日本語を母語としない受験生を受け入れている高校の先生方、松戸市及び近隣の教育委員会の方々が多数参加される。

　当日は当会会員も司会や会場係りとして10名近くがボランティアとして参加している。日本語支援及び進学支援をした生徒たちで、高校生となったOB、OGが先輩として後輩たちに、受験に関する経験談、高校生活について日本語でスピーチを行うが、この時、受験指導に当たった会員は胸が熱くなる感動を覚える。

　中学校の担任の先生にもこの催しの事は常々申し上げて、参加をお願いするのだが、開催日が日曜日のためか参加されることは極めて稀である。

**行政当局への要望**

　従来外国人特別受け入れ枠が設定されていた高校は、成田国際高校、幕張総合高校、松戸国際高校、市立柏高校、市川工業高校（定時制）の5校のみであったが、来年度からはこれらの他に県立京葉工業高校、市川昴高校、市原八幡高校が追加されるとのことである。

　これは外国人生徒進学希望者にとって朗報ではあるが、日本人中学生の高校進学合格比率を考慮すると、これら各高校の外国人受入れ定員が2桁に達しない現状は未だ十分とは言えず、更なる追加対応が望まれるところである。

**日本語支援活動の課題**

　日常会話は出来るが教科の日本語が理解できず、学校の授業に付いて行けない児童生徒が出てくる問題がある。

　柏市国際交流協会、学校派遣日本語ボランティアの当時から、メンバーの中には初期日本語支援と並行して教科支援を行うことの提案をされる方々がおられた。

　一方で当時は、教育委員会及び学校側としては日本語ボランティアが教科には立ち入るべきではないとの意向が強く、又メンバーの大半は教員免許を持たない日本語ボランティアが教科を教えることはできないと考え、これに反対していた。

このような状況の中で、平成16年、柏市は市民公益活動促進条例が施行されたのを機に、日本語ボランティアの有志、数名で「日本語と教科学習支援の会」を立ち上げ、柏市に対し協働事業提案を行い、平成17年度に採択された。
　平成18年4月から「柏JSL学習会」として当会とは別の団体として活動を開始し現在に至っている。
　当会と柏JSL学習会の活動は何れも柏市教育委員会の事業であり、当会のメンバーの数名の方が柏JSLのメンバーを兼ねている。
　又、柏JSL学習会は、教科を教えるのではなく、教科の中の日本語を教えるものであるとのことなので、2つの会を一体化した方が児童生徒、学校及び教育委員会にとって好都合であると考え、当会と柏JSL学習会の統合について検討中である。
　柏JSL学習会も活動を開始してから6年目となり、その間それぞれの会の新入会員も増え、お互いの会の活動に関する相互理解度、多人数による会議開催の問題など、統合には問題もあるが、子ども達、学校及び教育委員会のため、初期日本語と学習支援を総合的に行うことができるよう、引き続き統合に向けて努力中である。

三船弘雄（柏市学校派遣日本語支援の会）

平成22年度の会員

第4章

## 5　船橋市の取り組み

「先生、ぼく明日からペルーに帰る。いつ戻ってくるかはっきりわからないとお母さんがいっていた。」「先生、ぼく日本で生まれたから日本人だよね。お父さんたちはペルー人だけど、ぼくはスペイン語よりも日本語のほうがわかる。」「先生、日本って、ぼくが自分の国で習っていたこととぜんぜん違うよ。みんな優しくて、日本が大好きだよ。」

私が、学校で子どもたちと交わした会話の一部である。日本の公立学校で学習している「日本語を母語としない子どもたち」のつぶやきである。

船橋市教育委員会では、非常勤職員5名（中国語2名、ポルトガル語1名、スペイン語1名、タガログ語1名）を日本語指導員として派遣希望校に配置し、日本語指導が必要な児童生徒を指導している。私は、その事業の中のスペイン語担当の指導員として仕事をしている。また、本市秘書課国際交流室及び船橋市国際交流協会等から紹介を受けた日本語指導協力員を、派遣希望校に配置し、日本語指導が必要な児童生徒を支援している。ここでは、日本語がわからないままに来日し、日本の学校で勉強している子どもたちの支援の現状を報告したい。

冒頭示したように、「日本語を母語としない子どもたち（以後「子どもたち」と表記）」は、常に移動している。長いスパンで日本と母国を、そして毎日学校（日本）と家庭（母国）を移動している。そのため、日本語を学習するだけでなく、文化も学習していかなければならない。

指導員は、原則的に派遣を希望した学校（小学校・中学校）に週1回、2時間訪問をし、日本語指導を行なっている。その形態は、子どもたちの習熟度や在籍学級の授業内容を検討しつつ、学級担任と相談して「取り出し授業」「入り込み授業」の二つのスタイルを選択している。

また、子どもたちは日本での生活に慣れ、日本語の指導が必要でなくなっても、親が日本語を理解できない場合には、学校と親との連絡がスムーズにいくような支援をしている。具体的には、学校からの書類（集金関係・学校行事関係）の日本語訳や個人面談の際の通訳、親から学校への連絡のパイプ役などがある。

日本語指導を始めるときに、「子どもたちの背景をしっかりと見極める」ことがとても重要になる。それには、①家族構成（家庭での生活習慣）　②母国での生活状況（成育歴・学校生活）　③学力の確認（日本の在籍学級に適応するために、子どもたちがどの程度学習に参加できる学力があるか・特に算数　中学生は英語も含む）④子どもたちの心の動き（ストレスは感じていないか。困ったことはないか。）など、チェックして、子どもに関わる教員（担当者）で情報を共有することが必要である。

「子どもたちの背景をしっかりと見極める」ために適しているものの一つに、「取り出し授業」の時間がある。日本語を教えるのが第一の目的となるが、子どもたちが日本語を学習したい気持ちに

なるためには、環境整備が大切になる。在籍学級では、日本語がよく分からないというストレスもあり、子どもたちの気持ちが読み取れない場合も多い。そのためにも、子どもたちと静かに向き合える時間に、子どもたちの今置かれている状況を的確に観察することが必要である。時には、「取り出し授業」の時間が、子どもたちと話すだけの時間になる場合もあるが、言いたいことを伝えられない子どもたちの気持ちを聞いてあげるのも、日本語指導の大切な役割である。注意しておきたいのは、日本語指導員だけが子どもたちとの関係を抱え込むのではなく、「取り出し授業」で得た情報を、担任や管理職と共有することが必要である。そのためにも、指導の記録をとるとともに、担任に「取り出し授業」でどのような指導をしているか報告をすることが大切である。日本語指導員は、子どもたちにとって、心のよりどころとなるカウンセラー的な役割を担う場合もある。

## 1 取り出し授業の様子

来日直後は、日常会話が理解できるようになるために、サバイバル日本語（さまざまな場面で役に立つ最小限の日本語）中心の学習プログラムをたてる。学校生活を理解するために、子どもたちと一緒に学校探検を行ない、学校がどんなところかイメージをもってもらう。

学校の行事予定（週プロ・学級便りなど）を使って、日本語が分からなくてもある程度学校生活に対処できるように、事前に情報を与える。

日本での生活にある程度なれてきたら、子どもたちの状況を見ながら、日本語学習（初級）と並行して、学校の授業に参加できるための日本語指導も同時に行っていく。子どもたちによっては、早く在籍学級で授業に参加することを希望している場合もある。

担任から、学級の授業の代替として、教材（授業で行われている教科のテスト、プリントなど）を指導するように依頼される場合もある。その際、子どもたちの学力（日本語力）と教材を検討し、時には現時点で子どもたちに不向きな教材の場合は、教材を取捨選択することも必要である。

ここで注意しておきたいのは、「生活するための日本語（生活言語）」と「学習するための日本語（学習言語）」は、違っているという認識を家庭も学校も共有することである。子どもたちの両親は日本で生活する際、「学習言語」は全く必要がない。そのため、「子どもだから日本人と同じ教室で生活していれば自然と日本語は身についていく。『取り出し授業』を受けていると、学校の勉強についていけなくなるので、やめさせたい。」との声を聞くことも多い。しかし、日常会話ができるようになっても、日本語で学習するための力は、やはり「取り出し授業」のような形で特別に補っていかないと、子どもたちが将来進路を考えていくときに、「日本語力の不足」が大きな壁になることもある。

また、日本語指導をする側からも、「日本語指導はできますが、授業を教えることはできません。」との声を多く聞く。大人に対する「日本語指導」と子どもたちに対する「日本語指導」の大きな違いは、大人と子どもでは、「日本語を使用する環境」が違うことである。子ども用の日本語指導書

は豊富になっているが、いつまでもそればかりで日本語指導をしていくわけにはいかない。子どもが学校で普段使用している「教科書」を使って日本語指導ができないか、工夫することも必要である。

文部科学省からJSLカリキュラム（日本語を母語としない子どもたちの学習支援のためのカリキュラム）に関する情報もたくさん配信されている。日本語を指導する側も、常に情報を取り入れていく姿勢が大切である。

ただ、日本語指導者が全てできるわけでは決してない。まずは、「日本語を母語としない子ども」が、それぞれが持っている個々の能力に応じて日本の学校で学習できるようになるために、学習のツールとなる日本語を身につけていけるような指導をすることが第一である。

## 2 国際理解授業

日本語は理解できないが、母語であれば在籍学級の生徒と同じように学習できる。こんな当たり前のことが、普段の学校生活では見落とされがちになる。そのため、学級担任と相談し、「国際理解授業」を推進している。普段はなかなか自己表現ができない子どもに自信を持たせ、在籍学級の児童・生徒にも、よりその子を理解してもらうことを目的とする。そして、クラスの生徒に外国を身近に感じてもらい、違う国の友達が同じ教室で勉強していることは、素晴らしいことだと気づいてもらう機会をつくる。授業の内容により、保護者達にも参加してもらう。そうすることで、保護者同士のコミュニケーションをとるきっかけ作りにもなる。

### 「世界の遊び」の授業（小学校3年生）

保護者にゲストティーチャーとして参加してもらい、ペルーの話や遊びの紹介をしてもらった。教室でほとんど声を出さない子どもが、保護者とスペイン語で会話している姿を見て、在籍学級の児童は「ぼくたちには全くわからない言葉で話している。すごいなぁ。」とびっくりしていた。その後、子どもも次第に自信をもって学級で過ごすようになった。

### 「世界の物語」の授業（小学校4年生）

子どもが母語（スペイン語）で「物語（王様の剣）」を紹介した。普段、なかなか授業に参加できない子どもが、母語で堂々と発表している姿を見て、在籍学級の児童は「すごい、僕たちにわからない本を読んでいる。」とびっくりしていた。その後、子どもも次第に自信をもち、普段の授業でも手を挙げるようになった。

### 「世界の料理」の授業（小学校5年生）

保護者にゲストティーチャーとして参加してもらい、コロンビアの話やコロンビア料理を紹介してもらった。その際、日本人の保護者にも参加を呼びかけ、親子でコロンビア料理を作った。この授業をきっかけに、親同士も交流がもてるようになった。

### 「世界の国を知ろう」の授業（小学校・中学校）

子どもたちに自分が住んでいた国のことを新聞にまとめ、発表してもらった。普段の授業では、自分の考えをまとめることが苦手な子どもたちも、母国のことを紹介するときは、とても意欲的に取り組んだ。「フィリピンの乗り物」「ペルーの食べ物」「中国の学校生活」など、テーマは多岐にわたった。

### 「日系人の歴史」の授業（小学校・中学校）

日本から南米に移住した日本人の歴史を紹介した。明治時代、貧しい国から、豊かな国を目指して日本を後にした日本人の歴史を紹介することで、困難な状況を克服しながら頑張った日本人の姿、それを支援した南米の人々の姿を想像してもらう。そして、その子孫が今、同じ教室で勉強していることに気づいてもらう。授業のあと児童から「昔の日本人はすごいね。」「だから、僕たちと名前が似ているんだね。」「ぼくも、将来外国で仕事をしたい。」など、さまざまな感想がでた。

### 進路指導

中学生になると、卒業後の進路を考えていかなければならない。その時「将来日本で生活するのか、それとも母国に帰るのか。将来の生活の基盤をどこに置くのか。」を確認することが重要である。それにより、学校での進路指導の取り組み方も変わってくる。そのために、保護者と面談を重ね、日本での進路（高校受検・就職）についての理解を深めてもらう必要がある。しかし、保護者と将来のことを確認しても、現実には、卒業後帰国予定の生徒が帰国を急きょ取りやめ、卒業直前に、高校受検をしたいと相談してきたり、高校に合格したのに、親の仕事がなくなったという理由で、急に帰国したりと、家庭環境に振り回されている生徒がいるのも事実である。

## 3 船橋市内の中学校の実践例

研究の柱を「国際理解教育」に置いており、その実践例から「帰国外国人生徒に対しての日本語教室や教科領域での支援」を抜粋して紹介する。

指導の具体的方策として、「帰国・外国人生徒の持つ特性や情報などの積極的活用」を挙げており、年間を通して「日本語指導」「外国語（英語）保持指導」「学習支援」を日課のなかに組み込んで、継続的に指導している。また、学年会や校内日本語指導委員会の中で、生徒の適応の状況について、情報交換をし、指導方法を検討している。

継続的指導のひとつとして、「日本語教室」を設置しており、現在（23年度）日本語指導が必要な生徒（日本語教室参加生徒）が12名在籍している。指導者は、中学校日本語指導教諭1名、指導課日本語指導員（1名）、日本語指導協力員（3名）で、毎週月・木曜日の5時間目から放課後の時間を、取り出し指導にあてている。指導方法は、習熟度別のグループ指導（現在は4グループ）で、指導内容は大きく分けて、日本語指導（読解、聴解、文法、作文、会話）、補習授業（授業中にわ

からなかった部分の復習、宿題、予習、定期テスト対策)、高校受検対策（面接、作文）である。

　また、定期テスト支援として、生徒の日本語の習熟度に合わせて試験を受ける体制を整えている。日本語がまったくわからない生徒には、ルビをつけた問題用紙を用意し、別室で教員や中学校のＧＴ（ゲストティーチャー）がマンツーマンで解説をしながら、日本語の設問の意味が分からないなどの問題が生じた場合に対処している。日本語が理解できるようになるにつれて、ルビ付きの問題は用意するが、教室でほかの生徒と一緒にテストを受けるようにする。そして特に３年生については、高校受検を想定し、支援なしで自分の力でテストを受けるようにする。そのために、定期テストのたびに、日本語教室担当教員と担任が相談し、生徒がどのような環境でテストを受けるのが適切なのか決めている。

　進路指導（進学指導）では、「日本語を母語としない親と子どものための進路ガイダンス」について、該当生徒に紹介し、担任と情報交換しながら進路相談を行っている。また、ＰＴＡ国際教育委員会と連携して、帰国・外国人保護者懇談会も開いている。

　成果として、「日本語教室」でグループ学習を行うことで、仲間づくりを行うことができ、お互いに励ましあって日本語学習を行うことができる。また、上級生と関わることで、進路の問題も身近に感じることができる。そして、生徒の本音がでることも多く、生徒の気持ちをじっくり聞く時間をとり、担任と連絡を密にしながら、生徒の抱えている問題を解決できるような環境を整えている。

　課題として、中学校では進路の問題が重要になり、日常会話は問題ないが、学習用語の習得が難しく、テストの点数に結び付かずに自分に自信が持てない生徒がいる。また、家庭の生活基盤が不安定なため、将来の具体的な展望を持てない生徒もいる。

## 4　まとめ

　「日本語が話せる」と「日本語で学習できる」日本語力には大きな違いがある。生まれた時から日本に定住している子どもたちに日本語指導は必要ないと思われがちであるが、家庭に帰ると日本とは違う文化（言語）で生活しているため、家庭生活で身につくべき言語（日本語）が身につかず、そのために学習するうえで様々な弊害がうまれていることもある。しかし、学校ではそのことに気づかれずに、学習の力が伸びないのは、その子の学習能力に原因があると判断され、必要とされる日本語指導が行われていないケースもある。それというのも、学校現場で日本語力を測るための物差しがないため、学校でも適切な指導を行いにくい現状がある。

　また、将来、日本以外の国・地域で生活する可能性も念頭におき、日本語での学習が必要ないと考えられている子どもたちもいるが、どこで生活するにしても、社会生活に参加できるための基本的な知識は、学校での教育をとおして身につけられる。そのためにも、「日本語を母語としない子ども」たちへの学習の基本的ツールである日本語の指導は非常に重要なポイントを占めている。

日本語を母語としない子どもたちが、日本の学校でそれぞれが持っている個々の能力に応じて教育が受けられるように、環境を整備していくことが大切だと実感している。

## 5 『待つこと』が大切

〈事例〉

　フィリピンから来たばかりの小学校5年生のN子は学校生活に全く興味を示さず、同級生とのトラブルも多発していた。筆者は週に2回訪問指導にあたっていたが、N子と気持ちが通じずに悩んでいた。

　以下はその頃、N子より先に来日したA君と交わした会話である。A君はペルーより小学校3年生の時来日し、当時中学1年生であった。来日直後から1年以上日本の生活に馴染めず、小学校では同級生とのトラブルが多発し、学習意欲もかなり低かった。中学に入り部活も始め、学校生活にも意欲を見せ始めたところであった。

| | |
|---|---|
| 私 | N子は、どんな気持ちなんだろう？ |
| A君 | 日本にいたくないんだよ。フィリピンに帰りたいんだよ。俺がそうだった。 |
| 私 | N子が、友達のいやがることをするのは、どうしてなの？ |
| A君 | 日本語がわからないからだよ。 |
| 私 | N子はどうしたらいいの？ |
| A君 | 今は、日本語を勉強したらいいんだよ。そして、日本語がわかるようになったら、日本語で「ごめんなさい。」と謝ればいいんだよ。 |
| 私 | 友達がN子にできることは何？ |
| A君 | 『待つこと。』N子が日本語を話せるようになるまで、待つことだよ。 |
| 私 | N子の気持ちをみんなにわかってもらうには、どうしたらいいかな？ |
| A君 | クラスのみんなが一日中話さないように決めるんだ。そして、先生がスペイン語だけで授業をすればいいんだよ。そしたら、俺やN子の辛さが分かるよ。 |
| 私 | 先生もN子の気持ちがわかりたいよ。 |
| A君 | くやしいんだよ。 |
| 私 | 何で？ |
| A君 | 俺もN子も日本語がわからなくて、そして、少しわかるようになっても自分の気持ちを話せなくて。でも、俺はもう大丈夫だよ。日本語話せるようになったもん。 |

**仲江千鶴（船橋市教育委員会日本語指導員）**

## 6　夜間中学 —市川市立大洲中学校夜間学級から

　現在、公立の夜間中学校は8都府県35校、自主夜間中学は13都道府県30団体ある。生徒さんは国籍を問わず、15歳から90歳代まで、戦争、貧困、病気等で義務教育を受けられなかった日本人、元不登校生、中国・ブラジル等からの引き揚者や家族、中国、フィリピン等からの新渡日人や家族、ベトナム等の難民や家族等、様々な理由で学んでいる。全国の生徒数は公立の夜間中学校で2,488人、自主夜間中学で約700人。（2010年度全国夜間中学校研究大会資料より）

　夜間中学は時々の社会情勢を反映して様々に変化してきた。また、地域によって求められることが異なり、同じ公立夜間中学校間でも多様化が進んでいる。ここ数年、東京を中心にした首都圏では就労や国際結婚等の理由で中国、フィリピン等から渡日する人の数が増え、10代の新渡日の生徒さんの入学が急増し、生徒総数の90％以上を占める学校も出てきた。このような状況の中で、今までにない問題や課題が生じている。いずれにせよ、正規の義務教育から疎外された人々を対象とし、基本的人権としての「学ぶ権利」の保障をめざしているのが夜間中学校である。本学級もその一つだ。

　本校夜間学級の現在の要綱には「中学校の就学年齢を超え、中学校を卒業していない者のうち中学校教育課程の卒業を希望する向学心の強い者に対し夜間に中学校教育を行い卒業資格を与えることを目的とする」とある。主な入学条件は千葉県内に在住、学齢期（満15歳）を超過、義務教育未終了の3点。

年齢別生徒数

| 15歳〜19歳 | 22人 |
| --- | --- |
| 20歳〜29歳 | 9人 |
| 30歳〜39歳 | 9人 |
| 40歳〜49歳 | 1人 |
| 50歳〜59歳 | 2人 |
| 60歳〜69歳 | 1人 |
| 70歳〜79歳 | 1人 |
| 合　計 | 45人 |

(2011.9)

国籍別生徒数

| 日　　本 | 3人 |
| --- | --- |
| 中　　国 | 22人 |
| フィリピン | 4人 |
| 韓　　国 | 1人 |
| ブラジル | 1人 |
| インド | 4人 |
| ミャンマー | 1人 |
| ネパール | 7人 |
| タイ | 1人 |
| モンゴル | 1人 |
| 合　計 | 45人 |

卒業生総数：247人

職員構成：校長1、教頭1、教諭3、非常勤講師1、時間講師3

授業時間：午後5：25〜8：45（希望者には3：30〜の授業がある）

以下、新聞記事、30年間の夜間学級文集の要旨を交えて本校夜間学級の変遷を振り返り、現在の課題について考えていきたい。

昭和57年4月大洲中学校新設と同時に千葉県内唯一の夜間学級として開級した。今年で30周年を迎える。昭和53年12月26日付朝日新聞に「教育をみんなに」「公立夜間中学を作ろう」「市川中心に運動起きる」との見出しで「市川・教育を考える会」の運動が紹介されている。これを受け、翌年11月6日、同新聞に「自らも夜学で学んだことのある高橋國雄市長が共鳴、協力を約束した」とある。以後、市教育委員会をはじめ多くの機関、関係者のご尽力で市川市にやっと夜間学級が産声を上げた。開級式で当時の高橋國雄市川市長は「いまからでも遅くない、せっかくやるんです。くじけてはいけません、向学心に燃えて、後に続く人のためにも、がんばってください。」と挨拶された。この市長さんの言葉は学級訓として今も引き継がれ、生徒さんだけでなく教職員にも学ぶ心の拠り所となっている。

当時の様子が窺える2つの手記を紹介する。

## 1 資格

Mさんは学校給食の仕事をしていた。職場の上司からたびたび調理師免許を取るよう勧められた。その度に身の縮む思いをした。中学の卒業証書をもらっていなかったのだ。試験を受けることができないのも分かっていた。「思い余って、市川市役所に行き、中学の証明書がもらえないかたずねてみました。すると、そこには偶然、妹の恩師がおいでになりました。その先生は我が家の経済苦をよく知っていてくださり、遠足に行けないという妹にそっと自分のお小遣から費用を負担してくれ、前日にはお菓子まで届けていただきました。（中略）事情を説明すると『今年夜間中学校ができるから、来てみたら』と声をかけて下さいました。私は内心不安でしたが、（中略）友達にも声をかけ2人で夜間中学に通い始めました。授業が始まってみると、むずかしくて胃が痛みましたが、次第に学校が楽しくなってきました。色々な方々にお世話になり、無事に卒業することができたのです。さっそくその年に調理師の試験を受け、念願の資格を取ることができ、その時は天にも昇る気持ちでした」この時、同時に入学したお友達Kさんも調理師試験に合格されました。このお2人が本校夜間学級最初の卒業生です。

このMさんのことを、当時市川市教育委員会に勤務され、夜間学級開設の準備を担当されていたS氏は、「いよいよ明年四月開設ですが日々難題もありました。（中略）問い合わせも多く寄せられましたが、卒業証書は欲しいが通学に自信がない、この年齢になって通学は恥ずかしい、後悔しているが今では遅いなどの理由で辞退する人も多く、（中略）ある日、直接窓口にみえた40歳前後の女性が担当の指導主事に、私の姿を見て名前を確かめ、私の席まで入ってきました。『私、先生に教わったT子の姉です』『夜間中に入学したいので』と、突然のことで戸惑い、T子ちゃんを思い出し姉の顔を見てわかりました。20数年も前に担任したT子ちゃんの姉でした。当時病弱の母親

に代わって家事手伝いをしていた人でした。私がＴ子ちゃんとその姉を覚えていたことに大層喜んでいましたが、私の方はむしろ妹の担任だった私を覚えていたことに驚きました。調理師の免許を取りたい（中略）だから、今の仕事を続けながら夜間に通い１年でも早く卒業したい、その願いを、夫は家事を引き受けてくれ、遅い帰宅の時には駅まで迎えに行く等と協力。一番上の子どもは今年高校１年生、お母さんがわからないところは教えてあげるからと応援してくれるとのことでした。（中略）入学式当日、10名の入学生の爽やかで真剣なまなざしと若やいだ姿が印象的でした。（中略）謝恩と晴れの卒業式。ＭさんとＫさんの絶えない涙・涙。翌日指導課に挨拶に来た時の２人の笑顔を忘れることができません」

　ところが夜間学級開級後３年が経過して、生徒が減り、夜間学級の存続の危機を迎えた。昭和60年２月４日付千葉日報に「夜間中学の"灯"を消すな」市民ら『トークマラソン』熱く存続訴え」と云う見出しで、「‥入学資格に満18歳から51歳までという年齢制限や市外からの入学者は市川市内に在住する身元保証人が必要という他の中学校に見られない厳しい条項が盛り込まれたため入学者が年々減少、今年はいまだに一人の入学願書提出者も現れていない‥」という記事がある。早速、市は年齢制限を撤廃し、学齢期（満15歳）を過ぎた者とした。その結果、生徒数は増え、色々な年齢の方が入学してきた。

## 2　高齢の生徒さん

　Ｓさん「私は長い間学校のことを夢見てきました。学校に入れたことを、本当によかったと思っています。学校のことを夢見て、はや60年の月日が流れてしまいました。入学できて本当によかったと飛び跳ねて喜びました。学校に来てからは、今までの苦しみや悲しみもみんなすべてを忘れ帰宅してからも嬉しさを味わっています」

　Ｋさん「今さらなぜとよく聞かれます。私は『今だから』と答えます。半世紀余りも、心の奥に閉じ込めたままの学業への思いが叶えられ、夢が実現し、今が一番幸せです」

　Ｐさん「先生がた、私は小さい時に学校にいきたくて、ユメにまでみました。その、ユメがやっと来ました。77さいでかないました。これが私の生きがいです。先生がた、わらわないでくださいね」

　Ｉさん「おそすぎた勉強ですけれど、この学校を見学にきた時同じ年ごろの人たちが勉強してがんばっていたので、思いきって入学させていただきました。先生がたもとてもあたたかくむかえてくださいまして、とても感謝しております。手をとるようにおしえてくださっているのに、なかなかおぼえることができなくて、自分でもなさけないこととつくづく思います」

　Ｏさん「新制中学校の過程を学び終えてから、他界できた暁には、おおいばりで極楽に行けるのではと考えたこともありました」

## 3 戦争

　Pさん「私が23、4歳の時でした。朝8時15分の汽車で呉の自宅に帰るため、広島駅から汽車に乗っていました。原爆が落ちた日です。私は運よく汽車の屋根からはみ出ていない真ん中の席に座っていたので、火傷もしないで助かりました」

　Mさん「高等科に入学した頃から戦争が激しくなって、勉強どころか勤労学徒として軍需工場で働かされていました」

　Uさん「昭和20年8月9日、私は長崎市内の叔母の家をたずねての帰り道、(中略)『ピカー』と閃光が走り、爆弾音と同時に地面が大きく揺れ、一瞬の間に町全体が真っ暗になり、先が見えなくなりました。私は恐怖で、体が震え、・・」

　Sさん「私は戦災孤児です。農家の納屋で犬からご飯をもらって生活していました。ある日、汽車に飛び乗り、初老の紳士に助けを求めました。・・」

## 4 貧困

　Tさん「私は6さいの時に、こもりとして農家に行かされました。北国の冬はとてもさむさがきびしく、風はつめたくてはだをさすようでした。(中略)幼い私には本当につらい毎日でした。朝は3時からおきて豆ふづくりの手伝いをやらされたり、できた豆ふを町に売りに行きました。(中略)何とかたえることを学びました。でも、本当に学びたいことは学校での勉強でした。私も行きたい、行きたいなと思いましたが、思うだけでした。(中略)せんそうがおわりまして、やっと帰ってきたらもう行き先が決まっていました。それはけっこんでした。まだやっと20さいになったばかりなのに、と思いました」

　Sさん「・・・貧乏だから通えないと思っていました。今は、学校に通う喜びをだれにもわかってもらえないと思います」

　Kさん「毎日、朝早くから、夜寝る時まで働かされ、寝ている時だけが自分の時間でした。学校は6年生まで通いました。しかし、毎日赤ん坊をおぶって、学校に顔を見せに行くだけ。勉強はさせてもらいませんでした」

　Yさん「うちは貧乏で、学校に行かせてもらいませんでした。ある時、奉公に行くことになりました」

## 5 交流

　年配の生徒さんは失った青春を取り戻したかのように、大変明るく、学校中に大きな笑い声が響いた。授業中は私語の全くない、真剣な学習が続いた。また、孫のような若年へ声を掛け、温かい

雰囲気が生まれた。その様子をＴさんは「僕が夜間学級で学んだことは、勉強の大切さです。昼間の中学生の時は、授業を聞くのが当たり前、勉強を教えてくれるのが当たり前と思っていました。しかし、夜間学級には、昔中学に行きたくても行けなかった人、家庭の都合で中学を卒業できなかった人達が通っていて、最初は驚きました。勉強を熱心にしていて、すごいなと思いました。特に、お年寄りの方々の熱心さには、若い人達に負けまいと頑張っていて」

Ｄさん「日本に来たり、アルゼンチンに帰ったり、引っ越したりとで転校経験豊富な僕ですが、今までのどの学校よりこの大洲中学校が好きです。他の学校でもたくさんの楽しい思い出がありますが、この学校には他にはない思いやりと温かさを感じるからです」

Ｍさん「仕事を持ちながら勉強している人、外国から来日して勉強している人達との新しい出会いもあり、日本とは違う生活文化の話等も聞くことができました。大変興味深く学業の他の勉強もさせて貰っています」

Ｙさん「通学には１時間以上かかります。勉強が終わって家に着くのは10時頃です。国籍や年齢の違いを超えて、同じ目的をもった仲間と勉強できることがうれしいです。私は今、毎日がとても楽しいです」

Ｗさん「私はタイ人です。（中略）日本にはじめて来た時は冬でした。タイから飛行機でも６時間かかります。タイの温度は36度Ｃでしたが、日本に着いたら２度Ｃでした。はじめて覚えた日本語は「さむ〜い」でした。（中略）学校では日本語の勉強だけでなく、いろいろなことを勉強します。例えば美術・音楽・体育など16さいから70さい以上の人まで、みんなで勉強します。時々はお国自慢の料理を作ったり、遠足に行ったりします。そんな時は、私はまるで一つの家族のような感じがします。勉強して日本の文化や行事をしりました。」

Ａさん「クラスの友達に初めて会った時、私は驚いてしまいました。友達の中に年配の人が何人もいたからです。ええ、まだ学校に行っているの。本当に中学生。そして、みんなとても優しくしてくれました。でも、その時はどのように接していいかわかりませんでした。こんなお年寄りの友達を持ったのは私にとって初めてのことでしたから。外国から来ている人とも友達になりました。中国、ベトナム、ブラジル、それに、一番感動したのは私の国、フィリピンから来ている人と友達になったことです。私が今までいた所の人と今、ここで友達になるなんて、なんて不思議なことでしょう」

Ｙさん「私は夜間学級が大好きです。ここでは、年齢、国籍、そして、文化の違う人たちが仲良く学んでいます。『こんばんは』と戸を開けると、『こんばんは』と明るい返事が聞こえ、『きょうも、学校に来ることができて嬉しいな、よかったな』と感動が広がりました」

## 6 引揚者

Ｆさん「私の出身地は日本の津軽海峡の近く、でも、育った所は中国の松花江のそばです。氷祭

りで有名なハルピン市です。3年前、58年ぶりに中国から日本に帰ってきました」

Oさん「中国で十何年も生活した後、ようやく自分の国である日本に帰ってきました。でも、この何も見たことがない、知らない国でどうやって生活することができるのでしょうか」

Yさん「私は日本で生まれ、ブラジルで34年間暮らしました。9歳の時に父が『大きな船に乗りたいか』と聞くので『うん、乗りたい』と返事をして、気がついたら『あるぜんちん丸』の中にいました」

引揚げて来られた方は、日本に帰れた喜び、一日でも早く日本に慣れたいとの一心で特に熱心に勉強されました。

Mさん「年齢が過ぎてしまったので、昼間の中学に入れなかったです。高校に行きたいです。中国帰国者自立センターの先生から夜間学級のことをしりました。はじめはドキドキしていました。教室に入って、すぐに温かみを感じました。ホントに来てよかったです。昼間の中学校に入れなかったことは残念だったけど、夜間学級に入れたことが私の人生にとっていい経験になりました」

## 7 識字

Sさん「手紙を出そうと書くのだけど、言葉がまとまらなくて、繰り返し何回も書くけど、やはり言葉がまとまらなくて、本当に悲しくて悔しくなりました。そのとき、『夜間学級があるよ』と娘が話してくれました。それを聞いて、『学校に通えるなら、通って勉強したい』と思いました」

Hさん「私が夜間学級に行こうと思ったのはひらがなの『あいうえお』からべんきょうしたいと思ったからです。（中略）ひらがながよみかきできないのはほんとうにふじゆうです」

Kさん「僕は映画が好きです。特に洋画が好きです。映画に出てくる活字が読めるようになるのが夢です。それと、カラオケに出てくる活字が読めるようになりたいです。来年は、歌に出てくる漢字が読めるようになりたいです」

Iさん「私は小さい時から、仕事一筋に過ごしてきたような気がします。私たちの年代の人は多かれ少なかれ勉強できなかったことで、不自由を感じていると思います。それでも、私のような人は少ないと思います。私の周りにいる人は学歴を身につけている人ばかりです。そんな中で、私は字が読めないため社会から閉鎖されて家にいることが多くなっていきました。ある時、友達の紹介で夜間学級に入学させていただきました」

## 8 差別

Kさん「6人兄弟で、私は長女で女だから、勉強しなくていいと言われました。家の仕事を手伝って、弟のめんどうをみてくれと母に言われました。それでも私が学校に行くと、お母さんに何度も、何度も殴られました」

Kさん「昼間は仕事の手伝い、夜は本を読みました。女が本を読むのは見たくないと、母はおこりました。わからないように、深い夜に読んでも、本を火で燃やされました」

Pさん「むかし、韓国では、学校に行くと生意気になるからダメだと言って、女の子は学校に行かせてもらえませんでした。だから、今、夜、学校に通っています。おおふく4時間かかります。いくら教えてもらっても、すぐに忘れてダメです。忘れても、わすれても、また、夜になると、学校に行きたくなります。先生、私のようにいくら教えてもらってもすぐに忘れてしまう生徒が多くて本当に大変だと思います。(中略) 先生、私は、今はしあわせです」

Aさん「学校は楽しいところ。私を名前で呼んでくれるから。学校で勉強するのは嬉しい」

年配の方々の勉強への情熱には唯頭が下がる思いである。教える事以上に生徒さんから多くの事を学んだ。「学ぶことは楽しいこと」まさに学びの原点がここにある。

## 9　元不登校

「夜間学級は鈍行列車、ゆっくり走る」この雰囲気の中で20歳代の元不登校の生徒さんものびのびと学べた。

Tさん「ボクには、色々な事情があり、中学の勉強をあまり出来ませんでした。そして、社会に出て一生懸命仕事をしていました。でもこれから先のことを考えると、何かモヤモヤして心から楽しめませんでした。しかし、ある時大親友から『そんなに昔のことが重荷なら、少しでも昔のことを取り戻す努力をしてみなよ』と言われた時、何かふっ切れたというか、すごくすっきりした気になりました。(中略) せめて自分のことが好きになっていたいから、かなわないまでも目標に向かって色々じたばたしてみたかったのです。まずは、『勉強してみよう』と心に決めました」

Tさん「弟に誘われ、ドキドキしながら学校に来ました。でも来てみたら自分より年上の人や他の国の人もいておどろいたけど、みんなよくはなしかけてくれたので打ちとけられました。先生たちも無理させずに僕の学力にあった勉強をていねいに教えてもらって感謝しています。昔は引っ越しばかりしていていたので学校になれることができなかったので、学校があまり好きでなかったし、親の都合で卒業できなくて」

Yさん「最初、小学校は行っていたのですが、引っ越しの連続で、小学校が終わった後も家庭の事情が悪く、中学には行けませんでした。16歳ぐらいからバイトをし、20歳の頃、浦安で一人で仕事をしていました。(中略) ある日、役所の人に『Yさん、義務教育がまだということなので、夜間中学とかに入ってみないか』と言われました」

## 10　外国籍生徒の受入

20周年記念誌に「予想もしなかった中国帰国子女の受入、当時(1990年代)はその指導も混乱

をきわめた。（中略）とりわけ夜間学級の入学制限にあった『外国人条項』をはずしてまで、積極的に受入を認め、その後も折に触れて、来級し励ましてくださった高橋市長さんには、感謝しきれない思いでいっぱいだ」とある。このようにして本校夜間学級の外国籍の生徒さんの受入が始まった。10年前の外国籍の生徒さんの増加傾向の様子は以下のように述べられている。「外国籍といっても、日系人が半数近くいる。また、日本人との国際結婚による子どもも多く入学している。彼らは将来日本との懸け橋になるような仕事をしてみたいとも言っている。大いに期待したい」

　Yさん「初めて日本に来た時は本当に困りました。一番簡単な生活常識もわからないし、毎日部屋の中にいるばかりで全然おもしろくありませんでした。とても悲しいけれど、私にはどうにも仕方がなかったのです。（中略）その後、私はずっとこの学校に通っています。自分の日本語能力も高くなり、友達もできました。幸せだと思っています。高校にも行ってみたいです」

　Bさん「私はタイにいた時、仲の良い友達がいました。（中略）でも、母に会いたいと思っていました。私の母は日本にいて、タイにはいなかったからです。私はいつもかなしい思いがしました。でも今は母と一緒にいるから幸せです」

　Yさん「私は福建から来ました。日本はとてもきれいです。お母さんの所にこれてとてもうれしいです。（中略）日本語も話せないこともあり、とても心細かったです」

　Bさん「4年前、僕が日本に来た時すごく不安でした。日本語もしゃべれないし、字も読めないし、書けないし。だから、僕はずっと家で勉強していました。（中略）やっと、この夜間学級に入学しました。最初は不安でしたが、先生たちはすごく優しいから、だんだんなれました。家からこの学校まで1時間かかりますから、学校に通うのは大変です。でも、学びたいから、そんな事はあまり気になりません。みんなもがんばっていますから。この学校に3年間通いました。いい思い出がすごくいっぱいあります。この学校の先生たち、クラスメート、絶対に忘れません。この学校を見つけて本当によかったです。僕の卒業という夢がやっと叶えられます」

　Mさん「母は私が小学校2年の冬に日本に来ました。だから、私は8歳の時からおばあさんと一緒に住んでいました。（中略）お母さんと離れたくなかったです。日本という国を憎悪しました。日本に来て11ヶ月の今は、私にとって日本はまだまだ難しく不慣れな国ですが、もっと勉強して、日本という国を私にとって大好きな国の一つにしたいです」

　Aさん「フィリピン人です。高校に入学するには学歴が1年足りないとのことで、この学校に入学しました。（中略）色々な国の人がいて、皆さんの気持ちが一緒で、勉強が大切だと改めて私は強く思いました」

　Sさん「私はお世話になっているボランティアさんから『日本の学校に入ってみようか』と言われました。私はまだ日本語が上手ではないので、昼の学校はだめかなと思っていました。ボランティアさんも大洲中に一緒に来てくださいました」

　Rさん「私が日本に来た時日本語は全然話せませんでした。年齢が大きすぎて、中学校に入れなかったです。（中略）この学校は外国人がいます。だから、色々な言葉を話します。でも、夜間学

級の生徒はとてもやさしいです。みんなは教室で日本語でおしゃべりします。私が勉強がわからない時、先生がまじめに教えてくれます。とてもしんせつです」

Bさん「僕は日本に来たばかりの時、とてもさみしかったです。友達もいないし、中国に帰りたかったです。(中略)この学校に入って、寂しくなくなりました」

## 11 日本語

「最初から日本語が話せる人もいるが、多くの人は、片言の日本語しか話せない状態である。その対策として、平成9年より、二階に日本語教室を作った。平成12年度現在、在籍生徒の半数以上を外国籍の生徒が占めるに至った。(現在は93%) 夜間学級は本当にインターナショナルスクールといった感じである。休憩時間はいろいろな国の言葉が飛び交う。共通語は日本語だ」(20周年誌)以後、日本語学習、指導のテキスト等も市費で多数購入して頂き、日本語教室も充実してきた。しかし、残念ながら日本語指導教員派遣と日本語教室は現在まで認可されていない。(東京の5つの夜間学級には日本語指導員のいる日本語教室が併設されている) この間、日本語指導については現有職員で試行錯誤を続けてきたが、問題解決には未だ至っていない。改善された点が2点ある。第一は外国人子女等支援事業（市川市教育委員会事業）の活用で、昨年度よりタガログ語、中国語、ウルドゥ語の通訳さんを派遣して頂いている。生徒さん及び保護者の方々の生活、教育、進路相談で役立っている。第二は今年度から学校施設一般開放の一環として、日本語教室を毎日3時半～5時まで開放し、希望者に対してボランティアの方が日本語指導を行うようになった点である。

Aさん「私が21歳で日本に来た時、日本語が全然わかりませんでした。初めてクリーニング屋さんに洋服を出しに行った時、クリーニング屋さんが『住所と名前を言ってください』といいました。でも、私は意味が全然わかりませんでした。私は『クリーニング、クリーニング』といいました。2、3日後洋服を取りに行って初めてわかったことは、伝票の名前は『ミセス　クリーニング』だったことです。

Iさん「僕は日本に来てから、色々な問題がありましたが、今は楽しく過ごしています。(中略)この夜間学級に来た時、日本語が完全にできなかったですが、親切な先生が僕にいっぱい教えてくれ、友達からもいっぱい勉強しました。仕事と学校の両立の生活はちょっと忙しいですが、楽しいです」

Hさん「最初、日本語があまり話せなかったし、漢字も読めませんでした。こまったことは病院や買い物に行った時、あいての言うことや、自分の言いたいことがつうじなくてほんとうに困りました」

## 12　進学

　高齢の生徒さんの中には向学心に燃え、高校に進学される方も多い。平成18年3月8日付千葉日報に「定時制高校、74歳の巣立ち」の見出しで本夜間学級卒業生のSさんの事が紹介されている。一方「16歳から19歳くらいで来日した子どもたちに対して、日本での教育・訓練の機会は殆ど準備されていない。彼らは日本の学校教育から、見放されている。」(20年誌)このような状況下で、日本語習得が不充分な中国残留孤児2、3世や外国籍の生徒の為に、公立高校入試で特別枠を設けるよう県に働き掛けたのは、本夜間学級開設から11年間教頭を勤められ、その後も7年間講師を務められた本校夜間学級の育ての親と云うべき木村隆氏である。その結果、他県に先立ち中国残留孤児2、3世や外国籍の生徒の為の公立高校入試制度や高校での日本語指導等で受入制度が整い、現在に至っている。多くの生徒さんがこの制度で、進学の道が拓かれ、高校、専門学校、大学にまで進んで、社会で活躍している。

　Iさん「夜間学級の中国語をしゃべれる人たちが、僕を助けてくれました。僕も一生懸命日本語を勉強しました。(中略)学校の先生とクラスメートは『日本語がうまくなったね』と言ってくれました。僕は本当にうれしかったです。高校に入る試験がありました。僕が受けたのは推薦試験でしたから作文と面接だけでしたが、自分には六百から八百字ぐらいの作文は書けないと思っていました。でも、先生のおかげで僕は試験に合格しました。とてもうれしかったです。あと1ヵ月ぐらいで、僕は高校へ入ります」

　Iさん「弟はまだ小学生なので、すぐ学校に行くことができました。でも、私は中学の年齢が過ぎてしまっていたため、高校に行かなければなりません。そのためには、試験を受けなければなりません。私は日本で教育を受けていないし、中学3年の勉強もしていないので、試験を受ける自信がありませんでした」

## 13　入学条件

　渡日してすぐ本学級に入学を希望する方がいる。そのような方に市川市内に在住する日本人の身元保証人がすぐに見つかるものだろうか。入学ができない、何ヵ月も待たされるケースもあった。学校長、市教育委員会にはそんな現場の声を真摯に受け止めて頂き、心から感謝している。3年前、保証人の項目が要綱から削除された。

## 14　「やっと辿り着いた学校」

　長い年月を経て、又は昼間の学校を断られ、最後に辿り着いた学校、それが夜間学級だ。様々な苦難を乗り越え、自らの夢の実現に向け努力する人に心からエールを送りたい。私は平成15年よ

り本学級に勤務し共に学べたことを幸せと思う。夜間学級は今転換期を向えている。鈍行列車と特急列車とが併走している。ゆっくり学ぶ人、先を急ぐ若年層。十代の外国籍の生徒さんの中には入学後１年未満で高校入学を目指す人が多い。言葉、文化の問題に加え、学力の問題もある。例えば、出身国の教育事情により九九等の初等教育も受けていない人、反対に高度な内容を学んで来た人。学力差は大きい。教育課程、授業内容の工夫等、解決すべき課題は多い。ただ、昼間働き、長時間かけて通学する生徒さんに「今日も色々あったけど、やっぱり学校に来てよかった」と思われる学校でいたい。

　本稿では「生徒さん」と言う言葉が多用されている。耳慣れない方も多いと思う。これは年齢、国籍を問わず、苦難を乗り越えて学ぶ方への応援の気持ちと尊敬の表れである。本学級30年間で培われた風土である。本学級の多文化共生の考えは「さん」と呼ぶことから始まる。

　Ｔさん「夜間学級は私の原点です。だから、もし好きな人ができて、結婚すると決めたら、彼女をここに連れてきます。私の原点を見てもらいたいからです。私はここから育ちました」

　Ｓさん「日本に来る前、中国の近所の人たちが、日本人は外国人を軽蔑する。そして、特に、中国人を軽蔑すると、聞いていました。だから、日本人はとても怖いと思っていました。でも、この学校に来たら、先生はとても優しいです。(中略)今、私は日本人は優しいと思っています。中国に帰ったら、近所の人に『日本人は優しい』と言おうと思います」

　Ｅさん「愛する人、お母さんの為に僕は一生懸命勉強します」

藤井好幸（市川市立大洲中学校）

第4章

# 7 外国人特別入試における市川工業高等学校定時制の取り組みと現状

## 1 外国人問題に関心を持つようになったきっかけ

　今回、市川工業高等学校の取り組みという内容で、四街道高校の白谷先生より原稿の依頼があった時、自分の中で少しためらいがあった。その理由の1つは、本校で色々な事を試行錯誤しようとしているがこれが思うようにいっていない現実がある。2つ目の理由は、私自身、本校で日本語を母語としない生徒の支援のシステムに多少関わっているが、房総日本語ボランティアネットワークなどで参加している学習支援の人々や小学校、中学校、高等学校、大学の先生、また日本語教師、教育相談員や通訳、翻訳のボランティアなどの人達が日本語を母語としない子どもたちの進学ガイダンスや、多文化共生社会のために日々活動している状況を自宅のパソコンのメールリンクで見ているので、私のようなものが自分の意見をこのような場で言うことにためらいを感じているからだ。それでも白谷先生はじめ、多くの方々に、教育相談員の件や校内の多文化共生に関する研修などでいつもお世話になっていることを考えると、何かその人達にお礼をしなければという気持ちでこの原稿依頼の件を引き受けることにしたのである。

　最初に少し私自身のことについて書きたい。なぜならばその人間がどういう経験や環境にあるかによって物の見方や考え方が違い、その事が現状を分析するのに影響するので理解してもらいたいからである。

　私は市川工業高等学校の定時制で社会科を教えている。そして柔道部の顧問で自分自身も柔道のまさしく発祥の地である講道館で柔道の練習をしてきた。そのため昔から常にまわりには外国人の人達がたくさんいる環境にいた。講道館には一度は柔道の発祥の地で柔道をやりたいと思って遠い国からくる人々や、また日本に住んでいて柔道をやりたい外国人や学生ビザを取るために講道館の柔道の学校に入る人たちが来ていた。

　また私は社会科の教師なので、特に1997年のアジア通貨危機以来、日本の情報だけでなく海外の情報を得たいと思い、外国語を勉強したり日本語を外国人に教えたりするようになった。そんな私の状況を知っていた同僚の社会科の先生から長澤先生や白谷先生が活動されている「日本語を母語としない親と子どものための進路ガイダンス」を紹介され、今から7〜8年まえからこの活動に参加するようになった。この時、本校のスペイン語の教育相談員をされている近藤さんと知り合い、この活動の事を教えていただくことになる。

## 2 本校での外国人特別入試までの状況とその準備

　当時の市川工業高校（定時制）は外国人生徒が多く、中国語の教育相談員とスペイン語の教育相談員がいるだけで特別な配慮はなかった。また職員集団も、外国語の教育相談員に任せきっていた

（実際は何をして良いのかわからない面が大きかった）。そのため教育相談員の力量が外国人生徒の学校生活の継続に大きく影響している面が強かった。

　その後、本校の入学者の減少により外国人生徒の減少していた 2009 年 4 月、当時の校長より、来年度の入試から外国人特別入試を本校で実施するとの話が突然あった。ちなみにこの時、私は入院していたのでこの話はずいぶん後に同僚から聞いた。この時、多くの職員はこの件がどういうことなのかイメージできなかったのが実態であった。そのためその後は教務主任や教務中心に書類や入学関係の資料作成などが進められた。たまたま教務主任の藤野先生はこの分野のことに理解があり、この件がある前から英語の卒業証明書などを作成するなどの活動をしていた。そして管理職と教務主任で大洲夜間中学校の視察を行い、現在のレインボウ教室（本校の日本語教室）や日本語教育のための教材準備を教育委員会と相談しながら始めた。このように、教務部中心に外国人入試関係の詳細な実施要項等（本校が想定する概ねの定員や選抜方法など）の準備が行われると同時に、この制度を周知してもらうための広報活動として、例年行われている中学校訪問や「日本語を母語としない親と子どものための進路ガイダンス」でこの制度の紹介等を行った。しかし校内では特にこの制度を検討するための委員会を置かなかったため、職員全体のこの制度への理解や取り組みには不十分な面があった。この原因の 1 つには、多くの先生達にとってこの制度が始まることによる学校の変化を理解することが難しかったからである。なぜならこれまでも多くの外国人の子供を本校は受け入れ卒業させてきたから、この制度の後、何が変わり何が必要なのかを考える必要性を感じていない面があった。この制度の導入以前は外国人の生徒は例え、教育相談員の補助があったとしても学校を卒業するためには日本人になる必要性があったからである。要するに学校はあくまでも本人及び保護者が本校を希望して入学してきたので多少の配慮はあっても本人の自己責任と考える面が強かった。この制度を導入することにより本校自体があえて外国人の生徒を求める体制になることによりこれまで以上の受け入れ体制の準備をする必要性がでてきたのである。しかし本音を言えば、多くの職員にとってこのシステムづくりに対して何をして良いのか分からないのが現実であった。そのため外国人特別入試後の合格発表からこの問題を認識させられることになる。それは本校の入試では英語による面接、作文を選択できるようにしたため本当に日本語能力の低い生徒が入学可能になり、その保護者も日本語を理解するのが難しいケースの場合、合格通知をもらってもそれを理解できず、学校に問い合わせるケースが出てきた。もちろん本人は片言の日本語のためどの程度理解できたのかは定かではなかった。その後の入学許可候補者説明会に関してもこの時点では、学校の職員自身がどのような準備をするべきか考えることさえもできない状態であった。そのため私は、全くこの件に関しては担当外であったがこの学校での勤務も長く、外国人の人たちとの交流も多い経験を生かして何かできないか考えた。

　そこで思いついたのが入学許可候補者説明会の資料の翻訳作業であった。しかしもう時間が無く、また膨大な日本語資料をすべて翻訳するのは不可能であり、仮にそれができたとしても文化やシステムの違う外国人生徒の保護者に理解してもらうのは困難である。そこで提出書類の文章や日本語

の単語の意味だけの翻訳をすることに決めた。

　最初は提出書類を各言語別に作成しようと考えたが、そうすると保護者は自分の母語で記入する可能性があり、これでは不便になると考えその方法は諦めた。私はまず書類のスペイン語と英語の翻訳に取りかかった。スペイン語は自分で最初に翻訳し、それをアルゼンチン人の友達に直してもらうという作業で英語も同じ手順で本校のフィリピン語担当の教育相談員に見てもらった。その他、タガログ語と中国語はそれぞれ本校の外国語対応の教育相談員に依頼して作成してもらった。できた書類を入学許可候補者説明会担当の総務部や事務に渡し詳細を確認した。特にここで重要になることは事務のお金に関する書類の理解であった。そこで入学許可候補者説明会の日に外国人対応の教育相談員に来てもらえるか再度（依頼はこの数年前から教務主任が行っている）確認し、作成した書類の使い方及び、当日のシミュレーションを行った。しかし実際に当日になるとこちらが把握している生徒とその保護者以外にもその対象者がいたり、また本人や保護者は理解しているつもりでも実際は勘違いしている面があったりして、やってみてはじめて問題が見えてきた。特に問題として出てきたことは書類に保証人の名前と印をもらう部分で、これを理解させること（保護者の名前を記入する人が多い）が少し難しく、理解してもその該当者が存在しないケースが多いのである。結局この年度は教育相談員の判断で、その場で教育相談員の人が保証人となる結果になってしまった。その後、入学式までが事務的手続き等の問題が無いか不安はあったが予想に反して特に問題もなく過ぎ、入学式を迎えることになった。

　今回、外国人特別入試実施の最初の年度であったので、広く一般の人に周知してもらうため、合格発表日と入学式にマスコミ関係者に来てもらい取材をしてもらうよう管理職が手配をした。また外国語対応の教育相談員も2名から5名に管理職を通して増員してもらうことができた。しかし外国人の生徒のための日本語教育のカリキュラムを中心としたソフト面の準備が出来ていない状態で、レインボールームと日本語教材だけがある状態であった。

## 3　レインボールームの現状とその問題点

　私は前年度から日本語教員と学習支援ボランティアの学校への導入を当時の校長に依頼していた。そのためか、人事異動において、国際高校の英語科で勤務経験のある先生と他府県で識字教育に携わった経験のある先生が本校に来てすぐにこのシステムの中心となることになった。しかし2人とも転勤で本校に来たばかりである上に、これまでの流れを知らないという状況であったので、軌道に乗るまでは引き続き教務主任や自分が中心でやらざるを得ない状況が続いた。その結果、誰が何をやるかを決める時間も無く、目の前の問題をクリアーせざるを得ないため、多少の問題も見られた。

　私たちが最初に考えなければいけない問題として、授業前に集合する外国人の生徒たち

に何を教え、何をさせるかであった。日本語教材があっても私たちは日本語教師の経験は無い、そこで生徒たちを2つのグループに分けることにした。1つのグループは英語で入試を受けた日本語能力の低い生徒たちで、この生徒たちには学習言語というよりは英語を使った日本語の日常言語の勉強と小学校1年の漢字の勉強を私が担当した。もう1つのグループは入試を日本語で受けたグループで、小学校の漢字の読み書きを本人のレベルに応じた公文式のプリント学習にして日本語の説明を二人の先生や外国語対応の教育相談員の先生たちに指導してもらった。この方法を実施するにあたり、最初に日本語レベルチェックを行う必要があり、簡単な質問に答える会話能力のテストと漢字の読み中心のテストを行った。大部分の生徒が小学校1、2年レベルの漢字を理解できるかどうかのレベルであるのに対し、会話のレベルにはかなり差が見られた。対象の生徒は外国人特別入試の生徒と日本語を母語としない一般入試で入学してきた生徒なので、当然の結果であったと思うが両グループに共通に感じたことは学習言語レベルの低さであった。

中間テスト後にレインボウ教室に関係している教員および外国人対応の教育相談員と今後の計画を話し合う会議をもった。ここではやはり、日本語教師無しでのこの運営のやり方に疑問が多くでた。私たちだけでは生徒の学習言語を上げるスキルが無いため、生徒の成長を見て、適切な教材を与えることがむずかしく体系的なシステムが無いために担当者によってやることが全く変わってしまう。そこで中間テスト以降は日本語教師の経験のある教育相談員の先生中心にシステムづくりを始めることにした。

生徒の日本語教育以外の面で力を入れたのは保護者への対応であった。これまではどうしても保護者が日本語をあまり理解できない場合、電話連絡などをするのをためらう面があったり、またあるいは外国語対応の教育相談員にまかせきってしまう面が多く見られた。また保護者側も日本語が分からないため学校から距離をとるような面が見られた。そこで私はこのような面を少しでも緩和するために学校での様子を電話で伝えたり、保護者面談を行ったり毎月の予定表や学校からのお知らせを外国語担当の教育相談員の人に翻訳してもらいそれを保護者に渡すことにより学校を理解してもらう努力をした。そのため最初の年は5人の外国語担当の教育相談員の人たちには大変な量の翻訳をしてもらうことになった。

## 4　本校での日本語教育及び日本語教師問題

1学期も後半頃、かねてより希望していた日本語教師を校長が教育委員会と相談し文科省関係の特別枠で確保することができると言う話があった。学校としてはとても良いことであったが2学期という途中からの実施のために、今実施しているレインボウ教室を途中から大幅に変えなければならず、やっと軌道に乗り始めていた関係の職員にとってはとまどいが大きかった。最終的には日本語教師の先生に一任することにより、レインボウ教室のカリキュラムや生徒個人データ、そして運営方法を確立してもらった。これで1つの本校の日本語教育のスタイルができた。しかしまた問題

も見えてきた。それは、生徒が学校生活に慣れてくると授業前（4時半から45分間）のレインボウ教室での日本語教育に参加しなくなってきたことである。そこで日本語教師の先生や私の意見として取り出し授業の実施が必要という考えが強くなり、このことを学校として少し検討してもらったが正式には教諭による指導でなければ許可できないという問題と、学校上のシステムや人員を考えると厳しい状況であるため、この方法は実現できなかった。その他、実施して感じたことは基礎的な日本語以外にも教科に関する日本語教育の必要性である。実際には中間テストや期末テストの1週間前に試験対策の勉強期間をもうけ、この時期に各教科担当の先生たちに試験対策プリントや授業プリントを提出してもらい、その補習をレインボウ教室で行う、場合によっては教科担当にレインボウ教室に来てもらうのである。これは試験対策としてはとても効果があった。なぜなら生徒にとって目的意識がはっきりとしているため参加率が高い。またレインボウ教室に関係していない先生たちにもレインボウ教室の存在やそこに参加している生徒たちの現状を詳細に認識する効果が見られたからだ。しかしこれだけでは教科指導に対しての日本語教育の時間があまりにも少ないという問題や、本校では座学による専門授業での日本語の理解がとても難しく生徒自身が諦めてしまう面が見られたり、日本語教育に対する勉強へのモチベーションを維持することの難しさや、自分の母語をしっかりと使えない状態での日本語学習の限界を感じる面もあった。

また生徒たちの心の問題への対応（カウンセリングなど）で配慮しなければならない面ではネイティブの教育相談員の重要性を強く感じた。その他、小学校や中学校時代に学校や日本語学校で日本語教育に関わっている先生や日本語教師の先生たちに出会い、日本語教育を受けた経験のある生徒たちは日本語のレベルだけでなく日本語の勉強に取り組む姿勢が、他の生徒に比べ明らかに違うことを強く感じた。

## 5 その他の取り組みと今後の課題

学校全体では諸問題もありながらも、何とかシステムができ軌道に乗った。後は先生方に日本語を母語としない生徒たちの置かれている環境や、それによって彼らが持つ悩みや日本語教育への理解を深めてもらうために、人権教育の一環として千葉大学の新倉先生に国際化や多文化共生について講演をしてもらった。

以上が私たち市川工業高等学校の取り組んできたことである。このようなことを通して私が強く感じたことは小学校や中学校の段階での日本語のプレスクールの必要性である。

これはボランティアや小・中・高校の先生も関わるかたちで学校というスペースを活用するのが望ましいと思う。またこのような活動は参加する人たちに無理が無いように配慮する必要もある。なぜなら今、学校では仕事量の急増により先生方に余裕が無い状況で、このことを仕事の一つとしてしまうと、逆にかたちだけのシステムになり本来必要なことができなくなる可能性があるからだ。またこのことと同時に多文化共生と言う意識を一人でも多くの人たちに理解してもらうための活動

も重要であると感じた。

　最後に本校の現状を現在レインボウ教室で中心となって活動している畠先生の報告書をここで紹介して終わりにしたい。

---

平成23年7月15日

## レインボールーム活動報告

レインボールーム担当

1. 今年度（H23年度）1学期の現状

　（ア）参加生徒の状況

　　①参加（登録）生徒数：1年生8名、2年生6名

　　②生徒の出身国または保護者の国籍は、フィリピン、中国、タイ、ペルーなど

　　③日本語会話能力や漢字読み書き能力の差が大きい。例えば1年生の4月入学時点での漢字読み書き能力が、小学校1年生程度から4年生程度まで混在。

　（イ）1学期の参加状況

　　①1学期（4月14日～7月5日、計40回開講）の参加率

　　　　　1年生の参加率　50.9％　　　　2年生の参加率　36.8％

　　②しかし、1年生の参加率は、4月62.5％　→　6月前半30.4％に低下。

　　③ただし、5月中旬の中間考査のための補習期間中の1年生の参加率は67.5％であり、ほぼ全員が全科目で及第点をとることができた。

　（ウ）学習内容の現状

　　学習内容は、①日本語の聞き取り練習、②漢字の勉強、③日本語文法の勉強、などであるが、

　　①参加率が低いため、一斉に行う聞き取り練習があまりできていない。

　　②日本語教育の専門指導員がいないため、日本語文法を適切に指導することができず、漢字中心の学習になっている。

　（エ）各生徒の参加状況と進捗状況

2. 課題等

　（ア）参加率の低迷

　　①上記で示したように、参加率が低迷している。個人別の参加率は、裏面で示したように、100％の生徒から0％に近い生徒まで存在し、個人差が大きい。

　（イ）学習レベルの格差とモチベーションの格差

①1年生では、上記に示したように、4月入学時の日本語能力レベルの格差に、参加率の差による進歩・進捗状況の差が加わることによって、ますます日本語レベルが開く傾向にある。

②上記の参加率や学習到達の格差の裏には、日本語学習に対するモチベーションの格差が存在する。これはレインボールームのような基本的に自由参加の学習教室に必然の問題と考えられるが、モチベーションの維持が課題である。

③5月の中間考査以降6月に入って急激に参加率が低下したのは、現在の日本語レベルでも（補習によるその場限りの学習で）試験で及第点を取れると安心した面も否定できない。友人同士の日常会話程度の日本語と、授業を理解し仕事（職業）で使いこなせる日本語のレベルは大きく異なり、学習を続けなければならないことを理解させる必要がある。

森　誠（市川工業〔定時制〕高等学校）

# 外国人生徒と中学校

大根和子（元中学校教員）

「明日から〇〇から外国人生徒が来るそうです。」「え！ 明日からですか。」というような会話が中学校の現場でよく交わされる。というのは国内の転入生や海外からの帰国生徒に比べて急に編入の話が飛び込んでくる事が頻繁にあるのである。それは親が外国人で日本の学校事情を知らないためなのか理由は定かではないが、とにかく外国人生徒の受け入れは学校現場は結構大変である。

受け入れの大変さは初日で終わるのではなく、相当長い間、担任や関係職員にとって続くのだがそれは言葉の問題が大きく影響している。

編入生徒は何もわからないまま学級に入るわけだが最初は学級の生徒もとても親切で身振り、手振りを駆使しお互いに何とか意志を通じさせようとしながら学校生活を送っていく。献身的に行動する学級の生徒を見て、学級担任は「ほっ」とするもののひとりの外国人生徒に使うエネルギーは相当なものがある。たとえば何かきちんと伝えたい事がある時は日本語指導員の方が来てくれる日に解決することになる。学校からの手紙、学校行事の説明、面談等々でも指導員の方と共に保護者の理解を得、生徒が日本の生活や学校に適応していけるよう指導していく。

そうして順調に学校生活を送り始めて、半年が経つ頃、外国人生徒がひとりで寂しそうに歩いている姿を見ることがある。日本の生活に不安と期待を持って頑張っていた外国人生徒、でもなかなか日本語や日本事情が分からない。又、親切で献身的な日本人生徒は半年も経つとそれほど特別に面倒はみられない。このような時期を乗り越え日常会話が不自由でなくなる１年半を過ぎる頃、やっと日本の学校生活で自立ができる時期を迎えられる。職員室の先生方の会話の中にも「〇〇さん、もうほとんど日本語がわかるね」と。

中学生としてやっと自立出来た頃、次はいよいよ進路選択が待っている。この進路選択もなかなか難しい。親の期待感と子供の成績結果が合わなかったり、（自分の国にいた時はもっと出来たはずなのに…）忙しいあまりに日本の進路選択状況をわからないままだったり、生徒の数だけ悩みや問題があるといってもいいぐらいである。

進路を決定し卒業していく姿をみると学級担任や関係職員はやっと肩の荷を下ろす。「これからも頑張れよ」と声援を送りながら…

第4章

# 第5章

# 地域における日本語を母語としない子どもたちへの支援

**概要**

　「日本語が十分でない子どもたちをどう支援をしていくのか」という問題は、一義的には教育委員会と学校が責任を持っている。しかしこの問題は、教育委員会や学校だけでは対応できないのも事実であろう。さらに、小学校、中学校、高校の枠を越えて、日本語学習の支援を継続している場は学校内には存在していない。これらの役割を担っているのは、もっぱらボランティアの日本語・学習支援教室である。

　この日本語・学習支援教室が、千葉県内で急増している。「日本語を母語としない親と子どものための進路ガイダンス」が始まった2002年であるが、そのときに県内各地で100を超える日本語教室が開かれていたが、子どもを直接の対象としたのは4教室だけであった。しかし、現在では20教室を上回っている。

　それらの日本語・学習支援教室は立ち上げの契機や運営、地域事情がさまざまであるが、子どもたちの日本語学習や教科学習を支援しながら、進路の相談や、時には生活の相談にも対応することも多い。

この章では、千葉県に設立された日本語・学習支援教室のうち5教室を、以下の順に紹介する。
 1.「外国人のための勉強会」（松戸市）
 2.「千葉市土曜学級」（千葉市）
 3.「センシティ土曜にほんご教室」（千葉市）
 4.「地球っ子プロジェクト」（船橋市）
 5.［AMIGO］（八千代市）
そして、ニューカマーの子どもや親たちに千葉県の高校入試制度の説明や学校紹介などを行っている 6.「日本語を母語としない親と子どものための進路ガイダンス」の活動についても報告する。

白谷秀一（千葉県立四街道高校・進路ガイダンス事務局長）

第5章

# 1 地域で支える外国人の子どもたち

## はじめに

　外国人の子どもへの日本語支援を始めて15年になる。ひと言も日本語が分からない子、滞在期間が長く会話は流暢だが学校での勉強にはついていけない子、日本での生活に戸惑っている子など様々な子どもたちに出会ってきた。

　子どもたちは毎日学校で学び、私たち「外国人の子どものための勉強会」には、週1～2回通ってくる。「地域のボランティアとして何ができるのか」「どんな会にするのか」ずっと考えながらやってきた。日本語を勉強したい子、成績を上げたい子、高校に入学したい子などを日々支援する一方、子どもたちが同じ境遇の仲間と母語で話し合える、また時にはライバル意識を持って学べるそんな会でありたいとも考えてきた。

　参加した子どもは、1996年度は年間18名、1997年度は21名、1998年度は27名、1999年度は30名、2000年度は44名、2001年度は34名、2002年度は38名、2003年度は54名、2004年度は45名、2005年度は66名、2006年度は93名、2007年度は86名、2008年度は104名、2009年度は99名、20010年度は94名の853名である。

　子どもの出身地は中国、フィリピン、ペルー、ブラジル、台湾、バングラデシュ、パキスタン、韓国、ベトナム、コロンビア、アメリカ、タイ、ベネズエラ、メキシコ、オーストラリア、ロシア、ウズベキスタン、シンガポール、カナダ、マダガスカル、モンゴル、インドネシア、タヒチである。小学生から高校生までが参加している。

　スタッフは当初、日本語教師養成講座で学んだ地域の日本語ボランティアと日本語指導協力員(松戸市教育委員会指導課から学校に派遣される子どもたちの母語話者)の2名であった。数年後には小・中学校の退職教員も加わるようになり、スタッフは例年20数名で支援にあたり、現在に至っている。

　会をスタートした1996年から現在までを振り返ってみたい。

### 1 スタート時集まったのは小学生 ―日本語を教えようと、子どもたちの前に立ったのにみんな上手に話している！―

　1996年5月「外国からきて地域の学校に入った子どもたちに学校の外で、学校が休みの土曜日(隔週)、日本語を教えよう」とスタートさせた。集まった子どもは中国人(小2)1名、ブラジル人(小4・小3・小2)3名の合わせて4名であった。全員小学生で、4名とも日本語による会話はペラペラである。日本語教師養成講座で学び、それを忠実に実践しようと意気込んでいたが違うようだとすぐに気付かされた。養成講座で学んだことは、外国語としての日本語を成人に教えるのに参考になる

ものである。子どもたちの日本語は外国語としての日本語ではなく「第2の母語」になることばということである。文型、文法を意識しながらの日本語支援は子どもたちには受け入れられないと感じた。

また、土曜日、学校は休みである。子どもたちは参加することが楽しいとか、参加することで何だか得になったと思わないと継続して来ないであろうと思われた。

日本語を上手に話している子どもたちを前に、「さあ、何を教えたらいいのか・・」「月に2回だけ来る子どもたちに系統的に何をやっていけばいいのか」模索しながら進めた。

### (1) 子どもたちの使う日本語

集まった子どもたちを観察すると、それぞれいろいろなものに興味を持っている。ある子はミニカー、ある子はポケモンである。その子たちはミニカーの名前、ポケモンの名前を実によく知っていて嬉々として話している。

そこで、学校で子どもたちが友だちと会話するためには、今、友だちの間で流行っている事物、遊びを知っていないとその会話の中に入っていけないのではないか。私たちは話題のもの、流行っているものの情報を教えることが大切ではないかと考えた。

小学生はミニカー、ポケモン、ドラえもん、中学校ではアイドル、ドラマ、歌などが話題になるようだ。「ポケモンは毎週○ようび、○チャンネルで、○時間から○時間までやっている」「ドラえもんはこうやって書くんだ」そんな話をしながら「○から○まで」をさり気なく教えたりしていった。

### (2) 何を教えるか

子どもたちは日本語はとても流暢に話している。しかしひらがなは書けるがカタカナは完璧ではない。漢字は数えるほどしか書けない。まとまった文を書くのは非常に苦手である。このような子どもたちの実情を見て「まとまった文を書く」を日本語支援の中心にすることにした。

テキストに沿って日本語を教えるのではない。まねっこ詩（本にある詩をまねて作る詩）を書いたり、自分の生活の中の気付いたことを書いたりした。書いたものの中で、ひらがな表記を見、カタカナにした方がいいものを直し、ひらがなで書かれたものを漢字に直させた。抜けている助詞を入れて文法的にも整った文を書かせるようにした。

一方、しりとり、かるた、トランプで遊ぶ。宿題をする。お母さんが買ってくれたワークブックをするなどをしているうちに子どもたちは、喜んで参加するようになっていった。

### (3)「土曜日、勉強会に行ってもいいよ〜」から「勉強会に行く！行く！」へ

毎回「明日の土曜日、勉強会に来る？」と電話すると、初めは「行ってもいいよ・・」という返事をしていた子がいつからか「明日来る？」に「行く！！」と言うようになった。

同じクラスの日本人の友だち、また会場（常盤平支所会議室）近くに住む不登校気味の日本人の

小学生も加わるようになっていった。

　子どもたちは全く理解できずにいた日本語が聞いて分かるようになり、そして少しずつ話し始める。某校長先生が言っておられた。「給食、おいしかったか？」と尋ねると、来日直後はその問いかけが分からず、顔を見つめているだけである。それが6か月もすると「給食‥おいしかったか？」に対しうなずくようになり、そしてやがて「おいしかった！」と応えるようになる。それを聞いて校長は日本語ができるようになったと受け取られるのである。子どもたちは生活の中で孤立せず友だちができるかどうかが鍵となると思うが、コミュニケーションする力（生活言語能力）の獲得は速い。

### 2　自我に目覚める時期の中学生 ―外国人の子どもには日本語の生活言語能力と学習言語能力をつける―

　スタート翌年(1997年)には、中学生も参加するようになった。中学生は聞く、話すが中心のコミュニケーションする日本語学習だけでなく、学習のための力（学習言語能力）をつける日本語を求めていると気付かされた。そこで教科につながる読む・書くをじっくり支援しようと考えた。それも日本語の聞く・話すがある程度できるようになってからではなく、並行して進めることだと確信した。

#### （1）子どもが教えてほしいのは、数学（算数）

　中学生は数字が媒介となる数学、アルファベットが媒介となる英語が得意の場合が多い。来日後、あまり時間が経っておらず日本語が分からなくてもテストで高得点を取ることができる子もいる。子どもたち自身も勉強したいのは1に漢字、2に日本語の聞く・話す、3に数学（算数）だと言う。国で学んできたことが日本での学習につながる数学などの得意科目をアップさせる支援を早い時期からすることにした。

#### （2）日本語の勉強イコール漢字の勉強

　特に非漢字圏の子どもたちにとって、漢字は非常に大きな壁になっている。ひらがな、カタカナを練習し終わっても、膨大な漢字を覚えなければ教科書が読めない、理解できない。「もっと漢字の勉強がしたい！」「しなくてはならない！」という子どもたちに、如何に使える漢字を定着させていくか。日本人と同じ方法、同じテキストではよくない。

　漢字を機械的に書いて練習するのではなく、意味がわかり、子ども自身が使えるところまで行く漢字習得を目指し、2011年度は目の前にいる中学生を頭に置き、会のスタッフで「外国人中学生のための漢字ワーク」づくりに取り組んでいる。

### （3）日本語が分からない、授業が分からないよりももっと大きな壁

　高校受験を前にある子どもが話した。「来日するとき、日本語が分からないことや授業が分からないことで、大変な日々が続くことは覚悟してきた。それは覚悟してきたが、日本に来て大変だったのは言葉が分からない、勉強が分からないということではない。毎日、いろいろ分からないことばかりでそれが大変だった」と。

　例えば学校生活の中、日本人の子どもたちは言われなくてもわかっている暗黙の了解のルール、行動などについて、外国人の子どもたちは、なぜこうしなければならないのか？と疑問を持ち戸惑う場面が多いのである。そんな子どもたちの話をじっくり聞く時間を大切にしてきた。

## 3　進路希望も多様 ―そんなあまいこと言わないでよ！という中3―

　高校進学を目指す子どもたちに「頑張ればきっと合格できる！」と声をかける。それに対し「学校の担任は入る高校はないと言っている。そんなあまいこと言わないでよ！」という中学3年生。外国人の子どもたちの多くがどう頑張ったらいいのかが分からずにいる。私たちはそれぞれの子どもに、どう向きあえばいいのか、子どもが納得するまでのアドバイスを心掛けている。

### （1）高校受験は自分を振りかえるいいチャンス

　来日3年以内の生徒は「外国人枠」で受験する。内容は600字程度の作文と面接である。600字の作文を書くことは、子どもたちが高校受験までの自分を振り返り、将来を考えるチャンスになる。母国での自分、日本に来てからの自分、高校に進学していく自分、将来の自分を日本語で書くのである。600字という長文が書けたという自信は子どもたちの自己肯定観を育むものにもなっていると思う。

### （2）就職、家事手伝いを選ぶ子ども

　日本人の高校進学率が高いからといって来日した子どもたち全員が高校進学を希望するとは限らない。中学では友だちも出来ず、勉強もわからず全然面白くなかった。それと同じことになる高校になど、行きたくないと言って就職をしていった子がいる。また卒業後は家庭できょうだいの世話や家事をするという子もいる。それはそれで良しと考え支援している。

### （3）どの子も個性的で、たくましい！

　それぞれの家族、それぞれの国を背中に背負ってどの子も個性的である。日本人に似ること、日本人と同じことをすることで安心するのではなく堂々と生きていってほしい。

## 4 共生に向けて

　私たちは外国人の子どもだけを集め火曜教室、木曜教室、土曜教室、文化ホール教室で日本語・教科・進学支援をしてきた。夏休みと冬休みには集中勉強会を開いてきた。また年に一度、おやこ会を開催し交流してきた。今後も子どもたちはそれぞれ日本人とは違う価値観を持っていることを理解し、寄り添うように支援をし続けていこうと考えている。

　子どもたちは毎日の生活時間の多くを学校で過ごしている。現在、学校側も外国人の子どもが在籍するという経験を積み、日本語指導をはじめいろいろな配慮がされている。外国人の子どもたちは日本の学校で孤立せず、仲よくやっている。しかし子どもたちが日本での生活や学校に馴染んでいくには、周りの働きかけがもう少し必要ではないかと思う。

　今後は「日本人と外国人の子どもたちが、もっとお互いを知り分かり合う場」を目指して、「中・高校生の集い」や「どくしょ甲子園」などを開催していく。それが日本人、外国人双方の子どもたちが共生を考えるきっかけになればと考えている。

【参考文献】
齋藤ひろみ編著, 2011,『外国人児童生徒のための支援ガイドブック』凡人社.
千葉県教育委員会, 2005,「外国人児童・生徒の日本語指導のあり方に関する調査研究」.

　　　　　　　　　　　　　　　　　　　**海老名みさ子（NPO法人 外国人の子どものための勉強会）**

## ぼくの大せつな物

前原小学校6年 キエテハノセイジ

ぼくの大せつな物は家族です。ぼくは家族といっしょにいるとさびしくないです。

ぼくは9才の時、ボリビアから日本に来ました。家では、家族とスペイン語を話しています。

日本に来たとき、母さんはよくねていました。お母さんは、お仕事をたくさんしてつかれていたからです。ぼくはもっとねていたかったから日本語が半分ぐらい分からないでもそうじをしてたのはえらいと思います。お母さんは、ごはんのおべんとうも作ってくれて、しごともしていてたいへんです。でも、ぼくは、お母さんが大すきでお母さんに手つだってくれたようなんは、みんなよるに食べる時はよくねてあげたいです。でも、まだ日本語がわからないです。お母さんに事があったから、引っこしもしました。お母さんは、いろいろ物を買ってくれてもまた言っているから物をまたすぐに買ってくれます。お母さんは、いろいろ大へんです。お父さんはまだ日本語がわからないです。お父さんは、仕事が行っています。ぼくは、家族が大すきです。ぼくがわからないでも明るくてもまいです。

※来日3年目 夏休みの宿題で書いた作文

## 2　千葉市土曜学級

### 1　「土曜学級」とは

「土曜学級」は、千葉市美浜区で外国人児童生徒に日本語指導や教科の補習を行っているボランティアによる学習支援教室である。

◆日時：毎週土曜日の14時〜17時
◆場所：高洲コミュニティセンター
　　　　千葉市美浜区高洲3-12-1
　　　　JR京葉線「稲毛海岸駅」下車徒歩3分
◆対象：小学生から高校生まで
◆費用：無料

　参加生徒は、毎回15名前後で、中学生を中心に下は小学校低学年から上は高校生まで。来日直後の生徒もいれば来日して5〜6年経った生徒もいる。参加の動機は、「日本語を勉強したい」「学校の勉強がよくわからないから教えてほしい」「高校受験に備えたい」等々様々である。生徒の多くは教室に近い美浜区に住んでいるが、中央区や緑区から来ている生徒もいる。以前は成田市や市原市から通って来る者もいた。

　教えるスタッフは7人。教員・定年退職者・主婦・学生…と職業も年齢も様々で、一人一人が得意分野を活かし熱意を持って指導に当たっている。

　教室は自由な雰囲気で、14時から17時までの時間帯なら、いつ来ても帰ってもかまわない。それぞれが好きな先生にマンツーマンで教えてもらう形態を採っている。

　課題も生徒自身が持ってくるので、教室には、日本語を学習している子、学校の宿題をやっている子、進路の相談をしている子など、いろいろな生徒がいる。学習に飽きたら仲間とおしゃべりしたりゲームをしたりしても、周りに迷惑でなければOK。この教室には学習目的だけではなく、母語で語り合える仲間を求めて来る子も多いので、やりたいようにさせている。

　学習以外にも毎週参加者全員で百人一首のかるた取りをしたり、年間恒例行事として遠足やお楽しみ会を行ったりしている。

### 2　開設の背景

　「土曜学級」は、日本語の習得が不十分なために学習に不安を抱える中国帰国者の2世、3世の

中学生・高校生を対象に、学校の授業の補習をする学習班として、1990年10月20日に開設された。当時、千葉県にも多くの中国残留邦人が帰国して居住するようになり、1988年度からは県立高校入試で「中国帰国者特別選抜入試」が行われるようになった。この「特別枠」の制度は、言葉のハンディのため学業に支障があり高校受験において不利な状況にあった中国帰国者の生徒たちにとって朗報であった。しかし、生徒がこの制度に甘んじて何もしないで高校に入学しても、すぐに授業についていけなくなり、はては長期欠席し退学することになってしまう恐れがあった。この悪循環を未然に防ぐため、帰国者の子どもたちへの補習教室が必要だったのである。

## 3 開設に至るまで

「特別枠」ができた年の11月、千葉県内に住む中国帰国者たちが、互いに励まし合って自立を目指そうと「中国帰国者自立互助会」を結成した。そして、その活動を支援するために、市民有志による「中国帰国家族を支援する会」が1990年9月に結成された。

この「中国帰国家族支援する会」では、帰国者の要望に応え、就職の斡旋や住居の確保、国籍取得などの支援に力を入れるとともに、子どもたちの就学・進学を重点目標に掲げ、結成後すぐに補習教室開設に動いた。

「支援する会」では、まず友人知人の伝手を通じてボランティアの講師を募集した。それに対し市民や大学生らから「協力したい」との申し出が相次ぎ、16名のボランティアが集まった。会場も、帰国者が多く住む地域の一つである千葉市美浜区の磯辺63自治会の厚意で、自治会館を定期的に貸してもらえることになった。

次に「支援する会」のメンバーが3日間かけて対象になる生徒の家を一軒一軒家庭訪問し、参加希望を確認した。それにより中学1年生4名、中学2年生5名、中学3年生8名、高校生5名の計22名の生徒が第1期生として参加することになった。

## 4 「土曜学級」の誕生

1990年10月20日、磯辺63自治会館にて開講式が開かれ、活動が始まった。生徒の出席率は非常によく、生徒の熱心さは主催者の予想をはるかに超えるもので、どの生徒も3時間ぶっ通しで机に向かい、「休憩」と声をかけても頭を上げないほどだった。

年度末には、中学3年生のうち6名が県立高校に、1名が市立高校に「特別枠」で入学できた。私立高校へも1名が入り、土曜学級に通った生徒全員が高校へ進学できた。

しかし、公立高校の「特別枠」実施から4年目が経ち、「特別枠」での受け入れを断る学校も出てきた。また、「特別枠」で入学したものの中途退学した生徒が数人いることが判明した。懸念していたことが現実となった。

小中学校への入学でも問題が山積していた。

帰国者の多くは中国東北部の農村で育っていて、教育を受ける機会が無かった者さえいる。（開講式のとき、自己紹介をした中学生で自分の名前を正確に書けなかった生徒がいたのはショックだった。）無論、日本語もわからない。入学した学校では、十分な日本語指導が受けられないことも多い。なかには16歳で来日し本来は高校1年生の年齢だが、中国で中学校を卒業しておらず、日本の中学2年生に編入を希望したものの年齢制限で編入入学が認められず、市川市の大洲中学夜間学級まで通う女子もいた。

この頃、義務制でも受け入れ対策が少しずつではあるが採られ始めた。例えば千葉市教育委員会では指導協力員を1名採用し、学校を巡回して日本語指導を行うようになった。1991年には、県内で中国帰国児童が最も多く在籍する千葉市立稲毛小学校に中国帰国児童のための日本語指導教室「コスモス学級」が開設された。

## 5　第2期以降

第1期生の中学3年生が高校に進学して顔を出さなくなり講師ボランティアの数に余裕ができたので、第2期の1991年度から、対象を小学校5、6年生まで拡げた。さらに、5月からは、場所をJR京葉線「稲毛海岸駅」近くの高洲コミュニティセンターに変え、遠方から参加する生徒の便宜を図った。

また、平仮名の読みと日本文化を身につけさせようと、年末が近づいた時期に「百人一首」のゲームをやることにした。この「百人一首」は大好評で、その後は毎回学習の後にやることになり、成績の累計に応じて賞品がでるようになってからは、これだけをやりに教室に来る生徒もいるほどの人気コーナーとなった。

この年からは、毎年クリスマス前後にお楽しみ会も始めた。1995年には黄金週間の一日を使い、初めて野外活動を実施した。この時は、泉自然公園へ講師たちの自家用車に分乗して行ったのだが、生徒の大部分が車酔いし大変だった。その後は、毎年春休みに、電車やモノレールを利用して、葛西臨海公園や千葉市動物公園、千葉港などに遠足に行くことになった。お楽しみ会や遠足は、母体である「中国帰国家族支援する会」から費用を援助してもらっている。

生徒M・Aの作文から（原文のまま）

> 　今からぼくは大好きな土曜学級にみんなと一緒に勉強を教えてもらいに行きます。
> 　1993年ぼくと家族は一緒に日本に来ました。その時ぼくは日本語が全然わからなかった。だいたい一か月後に従兄のＨから土曜学級を紹介されました。その時からぼくは毎週土曜日は学校の勉強が終わったらだいたい12時ごろ家に帰って土曜学級に向かいます。土曜学級の先生はすごく親切です。ぼくが一番好きな先生はＮ先生です。Ｎ先生はママみたい。
> 　土曜学級はときどき日帰りで遊びに行きます。たとえば先週の日曜日は泉自然公園に行きました。朝みんな先生たちの車に乗って遠い公園へ行きました。一日中いろいろな遊びをしました。ぼくたちは中国の遊ぶ方法を日本の先生にたくさんおしえました。この一日は楽しかったです。
> 　もしぼくが将来中国に帰ったら、日本の学校の友だちと土曜学級の先生とみんなのことを一生わすれません。

## 6　高校受験を目前にしての編入や既卒者のケース

　1993年10月、ふた組の帰国家族の子どもたち6人が土曜学級にやってきた。姉二人は中国では中学校1年生を終えたばかりだが、ともに年齢が15歳なので、日本の中学校では受け入れてもらえず、どこにも所属しない宙ぶらりんの状態にあった。

　中国の農村では日本ほど小学校の就学年齢が厳しく守られていないことと、9月が新学期という制度の結果、日本の就学制度からみるとこのような中途半端な存在になってしまうことがしばしばある。この時は、千葉市教育委員会の教育的配慮で新年度の4月から地元中学の3年生に編入し、高校入試の機会も与えられた。しかし、言葉もわからず、中1までの学習しかしていない彼女たちにとって中3への編入は相当厳しいものだったので、土曜学級で費用を出し、大学生を家庭に派遣して日本語と教科の特別講習を行った。

　最近も卒業目前の2月に中学3年生に編入し、日本語も何もわからぬうちに「卒業させられた」ケースがあった。その生徒は、卒業後も「土曜学級」などに通って勉強に励み、1年遅れで難関の志望校に進学した。

　土曜学級には、2002年から既卒の生徒が来るようになった。日本語学校に通っているので日本語はだいぶ上達したものの、教科の学習がしたくて来級したとのこと。中学校に通っていないと進学情報が得にくいのも悩みだと言っていた。

## 7 中国帰国家族以外の受け入れ

1995年7月のペルー人姉弟を皮切りに、残留邦人関係ではない中国人やそれ以外の国の子どもがこの教室を聞きつけ頼ってくるようになった。「来る者は拒まず、去る者は追わず」の方針で、支援を必要としている外国人の子なら誰でも受け入れるようになった。

2000年頃からは、国際結婚（母親が日本人男性と再婚）による呼び寄せのケースで来級する生徒が増えてきた。

これまでに受け入れた生徒の出身国は、中国・ペルー・コロンビア・インドネシア・ロシア・フィリピン・韓国・タイ・ベトナム・モンゴル・ポーランド・ホンジュラスなど。

この20年余りの間に受け入れた生徒の累積人数は約410名で、9割強の約380名が中国系であり、そのうちの約320名は中国帰国家族の生徒である。中国以外の国の出身者は約30名である。圧倒的に中国帰国家族の生徒が多いものの、その割合は徐々に減少の傾向にある。2011年度には、震災の影響で中国に帰国する者が多かったこともあり、中国以外の出身者が半数近く占めるようになった。

生徒数と講師数の変移（単位：人）　数字は、年度当初の参加人数

| 年度 | 1990 | 1991 | 1992 | 1993 | 1994 | 1995 | 1996 | 1997 | 1998 | 1999 | 2000 |
|---|---|---|---|---|---|---|---|---|---|---|---|
| 生徒 | 22 | 12 | 10 | 10 | 14 | 23 | 30 | 35 | 10 | 20 | 19 |
| 講師 | 16 | 15 | 8 | 8 | 8 | 11 | 11 | 13 | 5 | 3 | 5 |

| 年度 | 2001 | 2002 | 2003 | 2004 | 2005 | 2006 | 2007 | 2008 | 2009 | 2010 | 2011 |
|---|---|---|---|---|---|---|---|---|---|---|---|
| 生徒 | 25 | 33 | 37 | 29 | 25 | 18 | 27 | 36 | 18 | 14 | 17 |
| 講師 | 5 | 9 | 6 | 7 | 7 | 9 | 7 | 8 | 5 | 10 | 7 |

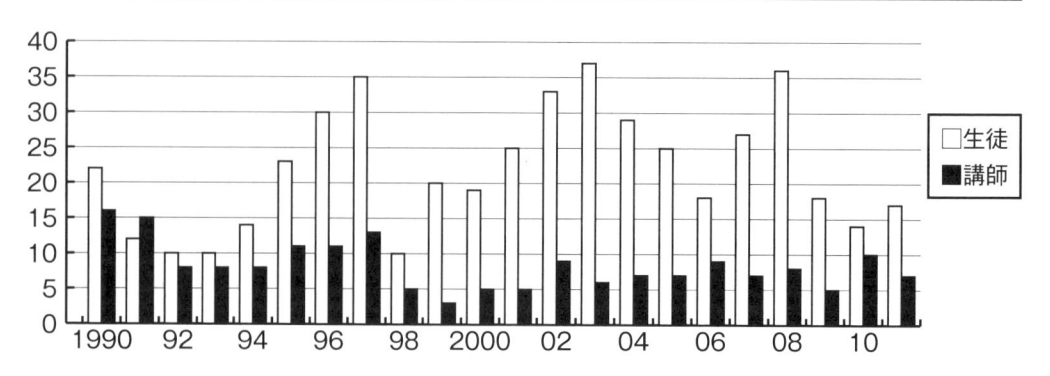

## 8　非正規滞在者の問題

　2004年12月、土曜学級にとって、思いもよらぬ事件が勃発した。小学生の時から土曜学級で学んできた高校1年生と中学3年生のL兄妹が、在留資格を取り消されてしまい、退去強制の危機に陥ったのである。永年日本で暮らしてきて母語もおぼつかず中国での生活は困難なので、当人たちは日本で勉強を続けたいと強く願っていた。そこで、彼らの願いを叶えてやりたいと「L兄妹の在留を求める会」を立ち上げて支援活動を始めた。県内のみならず全国の方々から署名やカンパをいただき、裁判の結果、東京地裁・高裁ともに彼らの主張が認められ、この兄妹に念願の在留特別許可が出された。

## 9　幼児や成人の受け入れ

　以前から保育園児も参加したいとの要望があり、一時受け入れたものの、何を教えたらよいものかと行き詰まり、ボランティアの人数にも限りがあって小中学生への指導が手薄になってしまうので、現在では受け入れていない。ただし、小中学生の兄姉が参加している年長児のみ特例として受け入れている。

　成人の参加問い合わせも多い。「中国帰国家族支援する会」では、2005年から「健康増進教室」の一環として日本語や日本文化の学習会を開催し、中国帰国者の1世や2世が多く学んでいる。帰国者以外の成人については、他の教室を紹介している。

## 10　成果と課題

　活動を始めてから20年余り。初期の生徒はすでに社会人となり家庭を持ち、日本の生活に溶け込んでいる。高校だけでなく大学に進学する生徒も増えてきた。

　土曜学級の本来の目的は学習支援であるが、同じような境遇の者たちが学びあうことで精神的な支えにもなっていたと思う。

　時折卒業生が進学や就職の報告にやって来る。卒業生同士で結婚したカップルもいる。卒業生たちは、後輩たちの様子を見て自らを振り返り、自身の成長ぶりを確認していくようだ。

　しかし、在日外国人生徒の問題は20年前と比べてみてもあまり変わっていない。開設当初から言われてきた「このような教室がなくても済むようになってほしい」との願いは未だに叶えられていない。

　教室の運営に当たっても、問題は山積している。いちばん大きいのは金銭的な問題である。生徒たちに負担をかけまいと開設時より参加費は取っていないし、公的な資金援助も受けていないので、ボランティア講師には交通費さえ支払えない。以前は無料だった施設も使用料が掛かるようになっ

たので、場所の確保も容易ではない。母体である「中国帰国家族を支援する会」からの助成金で細々とやりくりをしている。

　慢性的な講師不足も深刻である。千葉市国際交流協会等を通じて講師の募集を行っているものの、なかなか人が集まらない。学生ボランティアは、卒業と同時にやめていくケースが多く、やっと見つけた講師も長続きしない場合が多い。さらにボランティアの資質の問題もある。熱意だけでは生徒を指導するのが難しい。

　日本語が話せるようになっても、授業に追いつくまでには5～6年かかると言われている。言葉や文化の違いから来るストレスも溜まりやすい。外国人生徒が、安心して暮らせるように、日本語指導から教科の補習まで、必要がある限り「土曜学級」の活動は続いていくのだろう。

元吉ひとみ（千葉市小学校教諭）

第5章

## 3 センシティ土曜にほんご学級

### 1 設立の経緯

「センシティ土曜にほんご学級」(以後センシティと表記する。) は、県国際交流協会 (当時) 主催の【サバイバル日本語講座】で共にボランティアとして活動した仲間が田中秀子を代表に設立した。

県協会主催の【サバイバル日本語講座】は、夏休みのイベントとして1999年に県国際交流センターを会場として第1回が開催された。2006年までは交流センターが中心になり、2007年からは、市川市や八千代市など各市国際交流協会との共催ながら地域主導の活動として引き継がれている。

講座に参加した子ども達が最終日には『今日で終わりなの？また来たい。もっとあったらいいのに・・・。』と言っているのが我々には気になり出した。子ども達は、わからないことをわからないと言える、母語で悩みを話せる、そんな教室を求めているのではないか、地域に根ざした日常的な子どものための日本語支援教室が必要なのではないかと。

子ども達の声に後押しされ、日本語を母語としないJSL児童・生徒たちのために日本語及び教科支援を通しての居場所作りに寄与することを目的として設立に至った。名称の「センシティ土曜にほんご学級」は、活動拠点としている千葉市国際交流協会が当時入っていたセンシティビルから名付けた。協会移転後も文化庁等の助成金申請の都合上、名称変更せずにそのまま使用している。

06年4月を設立目標に市交流協会に協力を求め準備に入ったが、我々の活動を理解して下さった市交流協会職員の助言もあり半年繰り上げて開設することになった。多言語の教室案内チラシ作成には、ネイティヴ通訳者や千葉大学の留学生の協力を得、その後も引き続き通訳として協力してもらっている。

2005年11月5日、参加生徒3人、支援ボランティア12人で第1回目の活動を行った。設立資金は全くなく翌年の文化庁の助成金に採択されるまでは有志持ち出しの自転車操業の船出だった。

会場の確保、学習者・支援ボランティアの募集、教室運営のノウハウは当団体代表がすでに立ち上げていた日本語教室「稲浜日本語ボランティア」から学び、形を整えることが出来た。

### 2 活動状況

2005年度は5ヶ月間のみであった。設立の経緯にも述べたが、半年繰り上げての立ち上げは運営資金、教材確保、ボランティアの共通理解等、準備不足が目に見えていた。支援ボランティアは、設立メンバーの知り合いや県国際交流協会からの紹介、千葉大学 長澤教授の呼びかけに手を上げた学生などを確保できたが、指導教材は各自の私物を持ち寄り間に合わせざるを得なかった。支援ボランティアは、大学で日本語教授法を学んだ者、420時間日本語教師養成講座修了者や県・市開

催の日本語学習支援ボランティア養成講座修了者などで、中には既に学校で活動している者もいたので何とかなると、深くは考えていなかった。また、多数が【サバイバル日本語講座】に先立ち開催された年少者指導の専門家による研修講座に参加していたこともあり、ミーティングを重ね団体の趣旨を徐々に浸透させていけばいいのではないかと気楽に考えていたのもまた事実だった。

ところが、初日3人だった学習者が毎回のように増え、12月の最終日には17人になり、慌ただしく過ぎて行くばかりだった。高校受験希望者が6人も含まれていたので、作文や面接指導、入学願書の記入指導など、予想外の受験の為のサポートに追われた。翌年1月には受験指導をやっていると聞きつけて来た生徒の受入れで受験生が11人にもなったが現役高校教師の協力を得ながら、10名の高校進学を見届けることが出来た。（1名はアメリカの高校へ進学）

年度末の3月には幼・小・中学生、既卒（義務教育修了者）、高校生の登録学習者は、31人に膨れ上がった。その頃には学生を含め登録ボランティアは33名になり、臨時に頼める通訳ボランティアの登録も5名になった。しかし成人への日本語指導経験のみの者や教科指導はできると思って漠然と異文化交流を目的に参加した学生と共に活動することは、お互いに気を使い打ち解けるまでには時間がかかった。連絡なしに来なくなった学生が後を絶たなかった。活動が根付いていない団体の弱さを見て物足りなく感じたのだろうか。「お楽しみ会」「雛祭り」などの行事を通してやっと打ち解け、大学卒業までの3年間を一緒に活動してくれた学生もいた。

設立からの半年間は支援者同士が子ども達への対応や指導の流れを共通認識するところまで行かず、子ども達にきちんと向かい合えずに終わってしまったことに心が痛む。年度末の定例会記録には、会則や教室開催日カレンダー、メーリングリストの作成について記載があり、団体としての形が整いつつあったことがわかる。

翌2006年度から受験指導として『夏期・冬期講座』を開催している。その年の受験生登録は20名であったが、中学に在籍している者は13名、母国で義務教育を修了しているものが6名もいた。彼らは受験情報を得る術を知らない者も多く、中学在籍生徒以上にサポートが必要であった。我が子の高校受験のことなど忘れ去っているボランティアが多い中、受験指導は団体メンバーの現役高校教師頼みであった。仲間に現役・退職教師がいることは非常に心強く、以後頼りっぱなしである。

その後、母国と日本の教育制度の違いから中学には編入できない、義務教育修了が認められず高校受験もできない子の入会があり、市川市立大洲中学校への入学を手伝った。当時、同校では市川市在住の保証人が必要であったため、外国につながる子ども達に理解がある知り合いに頼まざるを得なかった。翌年から毎年生徒を引率し、11年度は3人を引率した。

2009年には忘れられないことが起こった。高校に入学しても引き続き他市から通って来ていた生徒の報告で、一人の生徒が肺結核で入院したと知ったのは4月半ばだった。直ぐに千葉市に連絡したのは言うまでもないが、保健所の指示により、罹患生徒との接触回数が多かった受験生と通訳者を含むボランティア全員が結核患者接触者として検診を受けることになり、ボランティアは半年ごとの4回のレントゲン撮影（2011年3月まで）、生徒達はQFT検査（血液検査）をすることに

なった。08年度の受験生32名の内、本人と既に他市で受診していた3名を除き28名に往復葉書を出し、夏休み中の検査を勧めた。返信のない生徒には電話で検診を呼びかけたが、検査を受けたのは24名だった。葉書代や千葉駅から保健所までのバス代はすべて一般会計からの予想外の出費だった。10月末、保健所から結果が届き、3名の生徒が陽性だとわかったが、その後の個別対応は保健所に任せて、センシティとしての長い半年が終わった。学習者やボランティアの健康管理を改めて考えさせられた。

### (1) 行事

06年、夏休み工作の参考にと小学生全員が7月の最終学習日に、牛乳パックで「びっくり箱」を作った。危険が伴わない作業のみ子ども達にさせるため、空きパックのカットや完成までの流れをわかりやすく書いた紙の用意など準備に追われた。ボランティアの説明を聞き、解らないことを質問し、黒板に貼った説明を声に出して読み、完成後は絵や文字で記録した。第一回目の工作とは思えないほど日本語四技能を踏まえた指導は予想以上の流れだった。子ども達の歓声に準備の苦労も報われ、工作を通して安易に手を出さず見守ることの大切さを学んだボランティアが少なからずいたことも収穫だった。

翌年の工作は、ペットボトルで風車を作った。ボランティアの知り合いの方が材料集めから制作の指導までを引き受けて下さり、子ども達と一緒にボランティアも楽しんだ。祖父母世代の年配講師に緊張気味だった子ども達もすぐに打ち解け、出来上がりに大満足だった。センシティには、工作や折り紙、語学など特技を身につけたボランティアが多く、人材には事欠かない。

2006年7月　工作「牛乳箱でびっくり箱」制作

06年を最後に県交流センター主催の【サバイバル日本語講座】が地域主催に移行したのをきっかけに第１回の『夏の学習会』が計画された。２日間ではあったが、学校の宿題をやったりTEPCOを見学したり、子ども達には楽しい時間になった。

　年間定期行事として受験生のための『夏期・冬期講座』、小学生対象の見学や夏休みの宿題、中学生以上を対象とした日本語能力試験対策をする『夏の学習会』、年末の『お楽しみ会』、年度末の『受験生お祝いの会』が定着し、07年から日本文化を知り体験するための五節句の行事も加えた。そして支援ボランティア全員がいずれかの運営に関わることに決めた。

2008年　雛祭り

2007年　七夕飾り

2007年　子どもの日飾り

2009年　節分　お面作り

花見川学級　2010年お楽しみ会

第5章

241

2010年度は、市交流協会の『スピーチ大会』への出場を新たに行事として加えた。大会にはセンシティ学級から一人、花見川学級から一人出場した。二人とも来日してからの体験を率直な言葉で思いを込めて語り、参加者から高く評価された。大勢の人の前で話す経験は自信につながりその後の学習意欲も湧く。今年も日本語が上達した2名の高校生が出場し、新たに設けられた最優秀賞・優秀賞を共に受賞した。

2010年10月2日　千葉市国際交流協会　『日本語スピーチ大会』

## （2）分室の設立

　設立から入会者が後を絶たず、学習者に見合う広さの教室やボランティアの確保が急務になってきた。センシティには設立当時から千葉市ばかりでなく近隣の市原、八街、佐倉、成田、富里、習志野各市から公共の乗り物を利用して通ってくる子ども達がいた。保護者の仕事の都合を理由に退会する子どももいたため、引率者がいなくても安全に通える支援教室を各区に設立すべきだと考えた。

　09年3月、緑区の保健福祉センターを会場に支部教室「みどり土曜にほんご学級」を立ち上げた。積極的に会場の交渉に当たって下さった当時の市交流協会事務局長の好意を忘れられない。

　同年11月17日には、南米の子どもが多い花見川区花島コミュニティーセンターに二番目となる「花見川土曜にほんご学級」を立ち上げた。設立当初は生徒が集まらなかったが、口コミで増え続け、現在ではボランティア不足に悩まされている。

三番目となる分室「稲毛土曜にほんご学級」は、11年3月に稲毛区保健福祉センターに開設したが、開設後すぐに東日本大震災が起こり、学習者がなかなか来なかった。

　センシティ以外の教室では成人の支援もしている。引率してくる保護者にも日本語が運用でき、学校の配布文書を理解してもらいたいからだ。保護者の学習の様子を間近に見ることで子ども達の日本語学習にも意欲が出てきている。

年度別在籍推移　＊既卒：義務教育修了　＊その他：自国の高校中退　＊国別日本：不登校　＊(*)：市川市立大洲中学校在学

| | 年度別集計 | 2005年11月 | 2006年3月 | 2007年3月 | 2008年3月 | 2009年3月 | 2010年3月 | | | 2011年3月 | | | 2011年9月 | | | |
|---|---|---|---|---|---|---|---|---|---|---|---|---|---|---|---|---|
| | 教室名 | センシティ | センシティ | センシティ | センシティ | センシティ | センシティ | みどり | 花見川 | センシティ | みどり | 花見川 | センシティ | みどり | 花見川 | 稲毛 |
| ボランティア | 成人 | 12 | 17 | 27 | 34 | 36 | 25 | 7 | 8 | 26 | 12 | 8 | 23 | 10 | 11 | 6 |
| | 学生 | | 16 | 15 | 13 | 1 | 2 | | | 1 | | | 1 | | | 1 |
| | 通訳 | 2 | 5 | 8 | 8 | 10 | 8 | | | 8 | | | 8 | | | |
| | 計 | 14 | 38 | 50 | 55 | 47 | 35 | 7 | 8 | 35 | 12 | 8 | 32 | 10 | 11 | 7 |
| 学習者内訳 | 就学前 | | 2 | 3 | 2 | | | | 2 | | | 3 | | | 3 | |
| | 小学生 | 1 | 4 | 23 | 14 | 16 | 17 | 4 | 10 | 17 | 1 | 12 | 17 | | 12 | |
| | 中学生 | 2 | 18 | 27 (1*) | 17 (2*) | 34 (6*) | 27 (3*) | 2 (1*) | 2 | 21 (2*) | 5 (1*) | 2 | 17 (2*) | 1 | 2 | 1 |
| | 既卒 | | 1 | 6 | 10 | 9 | 5 | | | 3 | 2 | 1 | 2 | | 1 | |
| | 高校生 | | 2 | 3 | 6 | 5 | 15 | | | 18 | | | 17 | | | |
| | 成人（その他） | | (4) | (2) | | | | 3 | 11 | | 7 | 4 | | 3 | 4 | 2 |
| | 計 | 3 | 31 | 64 | 49 | 61 | 64 | 9 | 25 | 59 | 15 | 22 | 53 | 4 | 22 | 3 |
| 学習者国別 | 中国 | 2 | 4 | 10 | 15 | 29 | 27 | 6 | | 24 | 11 | | 15 | 3 | | 2 |
| | 韓国 | | | 3 | 6 | 5 | 1 | | | 1 | 1 | | 1 | | | |
| | 台湾 | | | 2 | | 2 | | | | 1 | 2 | | 1 | | | |
| | フィリピン | | 9 | 24 | 18 | 17 | 13 | | 6 | 15 | | 7 | 21 | | 5 | |
| | インドネシア | | | | 1 | | 2 | | | | | | 1 | | | |
| | イラン | | | | | | | | | 2 | | | | | | |
| | ベトナム | | | | | 1 | | | 4 | 2 | | 4 | | | 3 | |
| | ネパール | | | | | 3 | 3 | | | 3 | | | 3 | | | |
| | タイ | | | 1 | 3 | 2 | 7 | 3 | 2 | 1 | | | 1 | | 2 | |
| | インド | | | | | | | | | | | | 1 | | | |
| | モンゴル | | | 4 | 1 | 1 | | | | 2 | | | 2 | | | |
| | ロシア | | | 1 | | | | | | 1 | | | | | | |
| | ウクライナ | | | | | 1 | | | | | | | | | | |
| | ウズベキスタン | | | | | | | | | | | | 2 | | | |
| | ルーマニア | | | | | 1 | | | | | | | | | | |
| | ポーランド | | | | 1 | 1 | | | | 2 | | | | | | |
| | エジプト | | | | | 1 | | | | | | | | | | |
| | ナイジェリア | | | | | | | | 8 | | | 6 | | | 8 | |
| | ホンジュラス | | | | | 1 | | | | 2 | | | 2 | | | |
| | メキシコ | | 1 | | | | | | | | | | | | | |
| | ペルー | | 6 | 8 | 1 | 2 | | | 5 | | | 5 | 3 | | 4 | |
| | ブラジル | | 2 | 4 | 3 | | 2 | | | 2 | | | 1 | | | |
| | ボリビア | | | 1 | | | | | | | | | | | | |
| | ドミニカ | | | | | | | | | | | | | | | 1 |
| | コロンビア | 1 | 6 | 5 | | | | | | 2 | 1 | | | | | |
| | カナダ | | | | | | | | | | | | | | | |
| | イギリス | | | 2 | | | | | | | | | | | | |
| | 日本 | | | | 1 | | | | | | | | | | | |
| 学習者在住地域 | 千葉市 | 3 | 22 | 42 | 40 | 51 | 54 | 9 | 23 | 52 | 14 | 19 | 46 | 4 | 19 | 3 |
| | 市原市 | | 1 | 6 | 1 | 5 | 1 | | | 2 | | | 1 | | | |
| | 八街市 | | | 2 | 4 | | | | | | | | | | | |
| | 習志野市 | | | 2 | 6 | 3 | 1 | | | | | | 1 | | | |
| | 八千代市 | | | | 2 | | | | | 2 | | 3 | | | 3 | |
| | 浦安市 | | | | | 2 | | | | 2 | | | 1 | | | |
| | 成田市 | | | 2 | 2 | | 2 | | | | | | | | | |
| | 茂原市 | | | | | | | | | | 1 | | | | | |
| | 富里市 | | | 2 | 2 | | | | | | | | | | | |
| | 佐倉市 | | | | 1 | | | | | | | | 2 | | | |
| | 四街道 | | | | | | 1 | | | | | | 1 | | | |
| | 東金市 | | | 2 | | | | | | | | | | | | |
| | 山武郡（横芝） | | | | 1 | 1 | 1 | | | | | | | | | |
| | 香取郡（神崎） | | | | | | 2 | | | | | | | | | |
| | 長生郡（白子） | | | | | 1 | | | | | | | | | | |
| | 大網白里 | | | | | | | | | 3 | | | | | | |

243

## (3) ボランティア研修講座

ボランティアの資質向上を図るために欠かせないのが研修講座の開催である。07年度は片桐史尚先生（明海大学外国語学部准教授）、08年度は関口明子先生（AJALT地域日本語教育理事）と大蔵守久先生（波多野依頼ファミリースクール）、09年度は片桐先生と吉谷武志先生（学芸大学国際教育センター教授）、10年度は関口先生（1回3時間半の研修講座を5回開催）、11年度は関口先生と大久保美子先生（AJALT日本語教師）を講師にお願いし年少者支援のノウハウを学んだ。

研修にはセンシティグループ所属のボランティアに限らず、他市で活動している仲間にも参加を呼びかけネットワーク作りをしている。

## (4) 運営状況

設立当時からボランティアや参加者の会費だけが頼りの運営は行き詰ることが目に見えていた。代表を先頭に補助金探しが始まり、設立半年にも関わらず06年（平成18年）文化庁「地域日本語教育支援事業（日本語教室設置運営）」に申請し、委嘱を受けることができた。代表が文化庁に直接電話を掛け、地域には「子ども達の日本語教室」が必要なのだと切々と訴えたことが良い結果を生んだのではないかと思う。活動実績2年が必要なところを半年での申請にも関わらず我々の団体は採択されたのである。申請に当たっては、運営委員会を組織せねばならず、外部委員として千葉大学国際教育センター吉野准教授、学校法人中村学園副校長（現校長）瀧先生、市交流協会常務理事兼事務局長にお願いし快く引き受けていただいた。今日に至るまで吉野先生、瀧先生、代々の交流協会局長にお願いしてご意見を頂戴している。

07年も引き続き採択され、幸運にも委託事業に変わった08年から11年度まで採択されている。07年には受験生支援の『夏期・冬期講座』を独立したイベントとして申請した独立行政法人医療機構（子育て支援の部）の助成金にも採択され一般会計を当てにせず講座を開催することができた。

09年度は、県総合企画課の「多文化共生社会づくり推進モデル事業」に採択され、入学選抜試験前の受験生支援が出来たことは生徒達にとっても幸いなことであった。

我々のような任意団体の活動は助成金頼りの運営にならざるを得ない。必要経費をボランティアの持ち出しを当てにしていたのでは長続きしない。交通費の補助として小額でも団体で負担すべきだと助成金探しには常にアンテナを張り巡らせている。

2010年10月には「みどり土曜にほんご学級」が緑区の「みどり町育て事業」に採択され、地域に根ざした活動へ一歩前進で

2010年10月　関口先生研修会

きた。今年は、みどり、花見川、いなげの各分室が「区民ふれあい事業補助金」に申請し採択された。前年まで我々のような団体の申請がなかったらしく、申請時には団体の活動内容を理解してもらうのがひと苦労ではあったが努力の甲斐があった。会費を一般会計としてやりくりしながら徐々に教材を整え、指導の充実を図ることが出来た。（殆どの行政の補助金は事業終了後に支払われる。）

## 3 課題と展望

### (1) 自前の会場の確保

センシティは市交流協会の一登録団体であるため、優先的に会場が使える訳ではなく、学習予定カレンダーどおりには授業が出来ない。小学生を休みにし、中学生以上は中村学園や中央区ボランティアセンターを借用して授業をしたのも一度や二度ではない。最近は教材をしまうロッカーや教室予約に便宜を図ってもらえるようになったが自前の会場があれば壁に五十音表や地図を貼るなど居場所としての雰囲気づくりができるであろうと思うと残念である。

### (2) 一定額の運営資金の確保

安定した運営には一定額の資金がなくてはならないものと考える。設立の翌年から助成金公募案内をくまなくチェックし、応募の可否を検討している。応募資料の作成、採択されてからの計画案の提出、終了後の報告書作成等、かなり煩雑な事務手続きに翻弄されている。幸いにも今年度まで6年続けて文化庁の助成金に採択されているが、10年度（平成22年度）から前年まであった助成項目「ボランティアスキルアップ研修」が認められなくなった。従って自前の研修をするには別の助成金に申請しなければならない。また、今まで団体の成長と共に新たな活動を増やし、様々な支援団体に助成申請して来たが、会計支出の多くはボランティアへの交通費補助が占めているのが現状である。質の良いボランティアを確保するためにも個人負担を避けたいとの考えによるものである。

### (3) 高校生への対応

センシティでは受験時に在籍していた生徒に限り引き続き参加してもいいことにしている。しかし日本語支援だけでなく学校の勉強がわからないと教科書持参で助けを求めて来る子に充分な対応ができないのが実情である。設立当時は、小・中学生のみの受入れを考えていたが規約を変更してまで高校生を受け入れざるを得ない状況になった。せっかく夢を持って入学した高校を中退させないためや仲間になった生徒達の助け合いの精神を育てるためにも交流する場が必要である。高校中退後連絡が取れない生徒が毎年数人いるのも現状である。高校生対象の独立した団体が出来ることが望ましい。

### （4）子ども達の日本語学習環境の改善

　センシティに来る子ども達は、本人の性格もあるが殆どが寡黙である。少し落ち着いてくると発話が増えてくる。それは日本語の発音がおかしくても安心できる場であるからだ。所属の学校で発音を笑われ、しゃべらなかったら「話せない子」だと思われてしまっていた子。周りのみんなの言っている事が全部わかるようになっても面倒くさいから分からないことにしておいたと言う子。学校ではそれで通ってしまうのだ。

　10年度は市長への手紙制度を利用して学校に所属している子ども達への日本語指導の充実を求め、通訳・翻訳・メンタルサポートをする母語話者と日本語指導者を分け、車の両輪のように支援する体制を作って欲しいと要望書を送った。だが、返信は「日本語指導は、学校に勤務する教員が指導することになっている。基本的には学級担任が指導をしている。いくつかの学校では、ボランティアに日本語指導を依頼しているが来日したばかりの生徒には教育委員会嘱託のネイティヴ指導協力員（ネイティヴ協力員）が通訳や生活日本語を指導している。今後は日本語ボランティア団体とも協力していきたい云々…。」だった。ここで問題になるのは日本語が充分できないネイティヴ協力員が日本語を指導することなのである。ネイティヴ協力員の中にはきちんと指導できる人もいるが殆どの人が自身の日本語修得が充分でないのだ。

　我々が市長への手紙制度を利用してまで要望書を出したのは、ネイティヴ協力員制度は指導を受ける子どもの側に視点を置いていないように思われるからである。また、少数言語には対応していない等偏っているのも事実だ。2011年5月、3回目となる「市長への手紙」を出した。1回目より一貫した要望に地市の制度などの資料を多数加えて提出したが、残念ながら教育委員会の担当者は既にわかっていても長年引き継いできた派遣内容の検討をすら躊躇しているかのように見受けられる。

## 終わりに

　10年前に出版された『多文化・多民族共生のまちづくり』に私たちの団体の田中代表が「今、この時間にも何もわからない授業に涙をこらえながらただ教室に座っている子ども達がそこにいることを忘れないで欲しい」と書いているが、10年を経て子ども達を取り巻く環境がどれほど改善されているだろうか。

　センシティは、2011年11月で丸6年になった。振り返ってみると入会当初爪を噛んでいた子がいつの間にかやめていたり、学習中も帽子を目深に被って目を合わせるのを拒否していた子がいつの間にか被らなくなったり、居場所としての成果は徐々に表れていると思う。

　地域の教室は、子ども達が様々な国の子どもと接して『大変なのは自分だけじゃない。』と気づき、一歩踏み出す勇気が湧く場であり、年長の子が年少の子をサポートする関係を築く居場所として継続させなければならない。また、支援教室から見える問題点を外部に発信し、社会全体でサポート

する体制ができるように後押ししなければならないと考える。

　そして一日も早く、彼らのための特別な居場所などなくてもよい多文化・多民族共生のまちになるよう願ってやまない。


**澤野久美子（センシティ土曜にほんご学級事務局長）**

# 4 地球っ子プロジェクト

## はじめに

　船橋市内の小中学校には、300名程度の外国人児童生徒が在籍しており、このうち日本語の指導を必要とする児童生徒は、100名程度と見られている。学校では、専属の指導員が半数の50名を世話し、残りの50名程度を派遣協力員が支援するなどの施策を講じて指導に当たっているが、より一層の支援を必要とする状況にある。

　「地球っ子プロジェクト」は「外国人児童生徒（日本語を母語としない児童生徒）が、よりはやく日本の生活に慣れ、学校での学習活動や地域の行事に参加できるよう支援を行う」ことを目的として、2006年2月13日に発足し、同年4月8日「子ども日本語教室」を開講した。2011（平成23）年4月で6年目に入ったところである。

## 1 発足の経過

　2004年、船橋市の成人向け日本語教室のボランティアから日本語が不自由な外国人児童生徒の状況について話を聞いた。

　学校派遣ボランティアとして日本語能力が不十分な児童生徒に対し日本語学習支援を行っていること、学校では取り出し等で日本語学習の支援をしているが、時間数がとても足りなく学校の授業について行けていない児童生徒が多数いること、このまま大きくなると先が心配、というようなことであった。学校派遣に行っている複数のボランティアからも同様な話が出た。

　その後この件について何度か話し合った結果、「何とかしよう」ということになり、有志19名ほどが集まって「子どもサポートグループ」が生まれた。

　子どもサポートグループの主要な目的を「子ども日本語教室」の設立に絞り、教育委員会や船橋市（国際交流担当部門）との折衝に入った。

　サポートグループのボランティアが実際の支援・指導に当たるので、教育委員会が「教室」を開設することについて検討をお願いした。しかし、教育委員会の見解は、学校（教育委員会）で行っている支援が不足しているとは考えていないので、教育委員会主導で学校外に「子ども日本語教室」を新たに設置するのは難しい、ということであった。

　次に、市の国際交流担当部門に、市で教室の開設を検討願えないかと折衝したが、この課題は児童生徒の教育の範疇であり、教育委員会の見解が先に出てから、ということであった。ただ、両部門とも、このような「教室」ができることは、児童生徒本人は勿論、保護者にとっても大変うれしいことであり、おおいに歓迎したいとの意思表示はあった。

上述の折衝に1年弱を費やしたと思う。

そのころ、学校の担当教員と専任の日本語指導員による日本語を母語としない児童生徒の適応指導に関する会議に参加する機会があり、その席で、一人の教員から「こうして大人が会議をしている間にも子供たちは大きくなって、日本語に習熟する大事な期間を失ってしまう」という趣旨のお話を伺った。

この辺で上述の「折衝」から、自分（任意ボランティア団体）たちで「子ども日本語教室」を立ち上げる方針へ切り替える決断をしたのだが、現実は厳しく、以降いろいろな難関に出会うことになった。

最大の難関は、場所の確保であった。船橋市の公民館が有力候補であるが、行政と何の関わりもない、活動実績も無い民間団体が、「週1回、2時間程度、年間を通して部屋を確保したい」という申し出は、公民館からは心情的な理解は頂いたものの丁重に断られた。

このような試行錯誤の後、ギブアップしそうになったころ、教育委員会の担当の先生と東部公民館長にこの企画に理解を頂ける方が来られ、お二人と当時の関係者の絶大なご尽力により、東部公民館が利用できることとなった。この教室の確保が大きな推進力となり2006年春に、地球っ子プロジェクトの発足「子ども日本語教室」の開設にこぎ着けた。

## 2 現在の活動の様子

### （1）活動の目的、事業、方針など

①目的と事業

外国人児童生徒（日本語を母語としない児童生徒）が、よりはやく日本の生活に慣れ、学校での学習活動や地域の行事に参加できるよう支援を行うことを目的とし、この目的達成の為に「子ども日本語教室」を開催する。

②方針

　ⅰ）運営方針：個人教授ではなくグループ学習を基本とすることにより以下を目標とする。

　　・日本語を共通語として、母語の違う学習者が日本語学習という課題を共有して互いに向上させる場を提供する。

　　・他者とのコミュニケーションの場を提供し生活について情報を得る力、友人との関係を作る力、自己表現する力、安全で健康な生活を送る力を育む。

　ⅱ）授業方針：「言語活動を通して考える力を育む」ことを目標に以下を行う。

　　・日本語学習用の教科書を使用して日本語初期指

導を行う。

・教科の学習に参加し、考え判断し、行動するための日本語を指導する。

#### (2) 子ども日本語教室の開設日
ⅰ) 定期活動

毎週土曜日午前 2 時間 40 回/年程度

於　船橋市東部公民館

ⅱ) 夏、冬休み子ども日本語教室を開催

#### (3) 主催、共催、後援等
主催：地球っ子プロジェクト（船橋市社会教育関係登録団体）

後援：船橋市教育委員会

：船橋市国際交流協会

教室提供および連携：船橋市東部公民館

＊ 文化庁 20 ～ 23 年度「生活者としての外国人」のための日本語教育事業採択。

＊ ボランティア総数 16 名（平均出席 12 名）

### 3　受講生（外国人児童生徒）の概要

#### (1) 来室児童生徒総数の推移
2006 年（初年度）度 22 名、07 年度 38 名、08 年度 61 名、09 年度 56 名、10 年度 49 名

#### (2) 児童生徒の状況
①在籍 2011 年 2 月 12 日現在　29 名

平均出席人数 20 名（15 ～ 23 名）

②国別（H22 年度来室者総数 計 49 名）

中国 24 人、フィリピン 13 人、日本 4 人、ペルー 3 人、スペイン・ボリビア・韓国・スエーデン・バングラデッシュ各 1 人 計 49 人

③学齢別

就学前 3 人、小学 1 年 1 人、2 年 3 人、3 年 3 人、4 年 4 人、5 年 5 人、6 年 7 人 小計 26 人

中学 1 年 11 人、2 年 6 人、3 年 3 人、高校相当 3 人 小計 23 人

計 49 人

＊ 男女別 男 26 名、女 23 名

## 4  日本語支援（授業）の実際

　当会では、ボランティア間の担当の引き継ぎや授業報告を公開のメールで行っている。皆で情報を共有できる点に於いて、効果的な方法と思っている。

　以下に10、11年度の活動から、通常の授業より2例、夏休み・冬休み教室を紹介する。

### （1）通常の授業（通常の授業より2例）

①小学生低学年中級（中国女小3、ペルー女小2、中国女小2）

【前半】

　九九の2と3の段の練習

　2×3＝6など文字で見るとでてこないものが、に、さんが・・と聞くと6と答えられた。明らかに九九で覚えている。

　4の段に入った。飛び越して5の段は比較的すらすら言える。

　Sは詰まると、足し算で出そうとしていた。ドリルで2と3の段のかけ算の練習をした。

　　―休憩―

【後半】

　1年生の漢字の復習（ドリルで抜粋）。

　Zが遅れて参加。疲れて眠そう。

　「好きな食べ物」と「好きな動物」について作文を2つ書いた。

　あまり時間がなかったので残りは算数の文章題をした。少しひねった問題は、質問の意味が分からないのか、なかなか式が出せないがちょっとヒントを与えるとすぐに式にして答えを出すことができた。問題が読み取れないのか、考えるのが面倒なのか判断しかねた。

②中学生初級前半（中国女中1、フィリピン女中1、中国男中1、2、3）

【前半】女子二人は、ライブラリー1の音読。「ハチ公」を読んで、内容も理解できていた。

　　―休憩―

【後半】男子3人が遅れて合流

- 『みんなの日本語Ⅰ』17課の「ないでください」「なければなりません」を動詞カードを使い、各自担当のカードで言ってみた。S兄弟は少し声が小さく、「なければなりません」は、長いので言いにくかったようだ。教室の中で「ないでください。なければ…」を見つけてみた。各自1枚の動詞カードで、「なければ…」の文を作り、それに、何時、何処で誰がなど文を膨らませ、発表した。5人共、真剣に取り組んでいた。

- 「あいうえおのうた」を順番に読んでみた。濁音拗音、促音が入った文章だったので練習時間をもうけたが、難しかったようだ。Uも楽しく取り組んでいた。揃ってのスタートが遅いため、予定の半分しかできなかった。

## (2) 夏休み教室

開催日：2011 年 7 月 23、24、25 日

場所：東部公民館 2 日 千葉市科学館 1 日

内容：2 日間は公民館にて「エネルギーってなんだろう」
　　　をテーマに、太陽熱を使ってうちわづくり、水
　　　電池とモーターをつくるミニ実験を含めて学習。
　　　3 日目は千葉市科学館へ。

参加者（3 日間総人数）：児童生徒 21 名
　　　　　　　　　　　：ボランティア 12 名

## (3) 冬休み教室

開催日：2010 年 12 月 18 日（土）

場所：船橋市東部公民館（船橋市東部公民館と共同開催）

内容：公民館のハッピーサタデー行事「ベトナム料理教室」及び地球っ子プロジェクトによる「年
　　　賀状作り」

参加者：子ども日本語教室の児童生徒 25 名、公民館管区の日本人児童 6 名 計 31 名

当会ボランティア 12 名、ベトナム人講師 1 名

## 5 成果と課題

2010 年度の活動の成果について、以下に述べる。

### (1) 活動の成果

①児童生徒の来室状況（2010 年度）

　子ども日本語教室へは 09 年度からの継続と新規入会を含め、10 年度は 49 名の参加者があり、その内 28 名が年度末まで残っている。10 年度は就学前の子どもに対する不安で保護者から指導の希望があった他、不登校の中学・高校生の参加も臨時で受け入れた。

　年齢の近い者同士のグループ学習を基本としているので、同じ国、または同じ境遇の友だちに会いに来ることを楽しみにしている子どもも多いこと、また中級レベル以上になっても続けて参加している子どもがいることは精神面でもよりどころとなる居場所を提供できているためと思われる。退会の理由としては、帰国、必要がなくなった、土曜日に部活や習い事がある、引っ越し、保護者が連れて来られなくなった等、があげられる。

②児童生徒の習得状況

　当教室ではＪＳＬバンドスケールを、日本語能力の伸びの経過観察を数値で表す基準の一つとして用いている。個々の学習態度、精神状態など日本語以外の要素も合わせて、グループの担当

ボランティアの報告も活用している。

　入会後直ちに日本語の力を伸ばせる子ども、まずは言葉がわからない環境に慣れることから始める必要がある子どもなど多様な対応が必要になる中で、1年間で概ね＋1～＋3の伸びが認められる。伸びの内容としては、萎縮して全く声が出せなかったのが発話できるようになった、話すことができるようになったため文字習得に進むことができた、などの例が挙げられる。非漢字圏の子どもにとっては来日1年程度ではどの教科も教科書を読んで理解することは難しく、漢字圏の子どもにとっても算数の文章題、国語の長文の理解は難しい。少なくとも2年程度の支援が必要と思われる。

③こども日本語教室の効果

　効果については、子どもたちにとってどうであったかが第一の視点であると思うので、年度末に子供たちに書いてもらった感想文を参照して報告とする。

　約9割が、楽しい学習、指導者のやさしさ、友人といっしょに学べることを挙げていたことは、精神面でのサポートにも効果があったと言えるだろう。ボランティアにとっても、学校での個別支援と異なり、指導方法をお互いに学習できる場として意義があったと思われる。

## （2）地域の関係者との連携効果

①船橋市東部公民館

　2006年の開設以来、継続して公民館の協力があり、教室の年間予約、備品の置き場所の提供をしてもらうことができ、安定的に定期活動をする上で大きな支援となった。09、10年には公民館事業のハッピーサタデーを協力開催することで、日本人の子どもたちと自然な交流の場がもてた。また他の協力団体にも企画会議で当団体の活動を知ってもらい、外国人児童生徒の存在が認識される良い機会になったと思われる。

②船橋市教育委員会

　教育委員会の転入窓口で当教室のパンフレットを渡し、来日後できるだけ早い機会に当教室を紹介してもらうことができた。また、80あまりの小中学校の国際理解教育担当にも配布、紹介して頂けるルートができた。

　また、当会の会員の多くが学校派遣の日本語指導協力員でもあり、教育委員会の主催する研修会に参加し、課題解決の助けとなった。11年度は、更に当会の会員から指導協力員への登録者も増え、実際に経験者の授業を見ながら学校の現場で研修する機会もいただいた。

③船橋市国際交流協会

　本協会は市内7カ所で成人のための日本語教室を主催している。そこで活動している約140名のボランティアに向けて、

夏休み、冬休み教室への臨時の協力者を募集することができた。日本語指導の基礎知識と実践の経験があるので、信頼性の高いボランティアを集めることができたことは、協会とのネットワークの効果と言える。また後援者として協会事務局にもパンフレットを置き、問い合わせや相談に応じていただくなど協力関係を深めることができた。

④千葉県の他の団体とのネットワーク

ボランティア代表者連絡会の成果として、千葉県国際交流センターの主催する研修会、房総日本語ボランティアネットワークの主催するセミナー、他市の団体主催の研修会など案内をもらうことができ、当会からも研修の参加呼びかけもできた。これにより参加した会員は、指導方法についての情報交換や課題の共有ができ、運営方法や指導力向上などに役立った。

### (3) 専門家による研修

2008年に文化庁委託事業となって以来、運営委員に就任願っている東京学芸大学の齋藤ひろみ准教授により、継続して研修を行って頂いている。10年度のテーマは、「文化間移動をする子どもたちへの日本語教育―言語活動を通して考える力を育む」とし、当会会員12名、外部より7名が参加した。

### (4) これからの課題

①授業方針

学校での教科についていけないという悩みを抱えた子どもは小学校高学年、中学生で来日する子どもに多く、これまでは日本語を学ぶことによって日本の生活に適応、学校での教科理解につなげることを目標に対応してきた。今後は、初期指導としての日本語支援を続ける一方、教科理解のための日本語支援を「考える力、社会生活を送る力を育む」日本語支援として研究し、実践していく。週1回の機会、現ボランティアの人材だけでは多様なニーズに応えるのは無理なので、学校との情報交換をさらに緊密にして、サポートの内容を連携して行っていく体制作りを考える必要がある。

②運営方針：資金

千葉県内には、地球っ子プロジェクトのように外国人児童生徒の日本語学習支援活動に取り組んでいる団体が、12市に27教室あるとのことである。活動の形態はさまざまであるが、多くの団体が「苦労している課題は何ですか？」と問うと一様に「金と人（ボランティア）」との答えが返ってくる。「人」（ボランティア）に関しては、当会は、前述のように発足6年目の今日まで、手不足で困ったのは1時期だけで、概ね恵まれて来ている。

一方、「金」即ち、教室の運営資金の手当てについては発足以来継続して頭を悩ませる問題であり、未だに解決策の無い状態が続いている。発足当初は、ボランティアはじめいろいろな方から寄付をいただき、尚不足分はフリーマーケットに出店し、その売り上げを運営資金に充てて何

とかやりくりを続けた。

　2008年度から、継続して文化庁の委託を受けることができ、安定した活動を続ける上で誠にありがたく感謝している。ただ、この委託は性格上いつまでも続くものではなく、「運営資金の継続的な安定確保」が、大きな課題であることに変わりはない。

　必要な資金の規模（金額）は、教室の規模や形態によって様々であろうが、地球子プロジェクトの例は以下のようである。

支出60万円 − 収入17万円 = 年間不足額43万円

* 支出の内訳：ボランティア交通費補助・研修会講師謝礼30～35万円、消耗品10～15万円、保険5万円、会議費・コピー費・休憩時飲み物など5～10万円
* 収入の内容：児童生徒からの参加費、ボランティアからの会費、寄付など

上記不足額43万円の手当てが出来ない時はボランティア交通費補助のカットをはじめ諸支出の大幅削減を図るしか方法が無いが、その状態ではとても継続的な活動は出来ない。

## おわりに

　子どもたちの主たる生活と勉強の場は学校であるから、「子ども日本語教室」のような活動に携わるボランティアは、適切な支援を行う為に、学校に於ける子どもたちの状況や指導方針等を正しく認識することが肝要であり、そのために、教育委員会と学校との緊密な連携を心がけて行きたいと思う。

　一方、教室の運営、特に資金面についてはなかなか話題に上らないが、安定した支援を続ける上で欠くことができない課題である。

　行政と市民との協働により、解決の道を見いだすことを切望したい。

宮 慶助（地球っ子プロジェクト）

## 5　八千代市村上地区のこども日本語教室

### 1　サバイバル日本語講座と子供教室開設

　八千代市では、1992年に市民ボランティアによる日本語教室が村上地区で開設されて以来、外国籍居住者の多く住む団地の各公民館を使って、日本語教室が運営されている。

　千葉県が以前7年間にわたって主催してきた日本語講座を、2007（平成19）年8月に八千代市国際交流協会・ちば国際コンベンションビューロー・八千代市の共催、千葉県及び八千代市教育委員会後援で、第1回「サバイバル日本語講座 in 八千代」として村上公民館で開催した。

　会場の村上地区には多くの受講対象者が居るにもかかわらず、参加者は少なかった。この結果に「子供日本語教室」の必要性が再認識され、八千代市・国際推進室、教育委員会、国際交流協会で協議が進められた。

　村上地区の公民館で、ボランティアによる「AMIGO（アミーゴ＝友達）子ども日本語教室」を毎週水曜日・午後2時〜4時迄、村上地区小・中学校5校の生徒他を対象に、2008年4月開設した。村上地区の小・中学生を主として12名の参加を得たが、各生徒の日本語習熟度は異なり、ひらがなの読み書きから、学校での学習支援にと、多岐にわたる日本語学習となった。

　多い時には14名、少ない時には5名程度になるなど、不特定であった。ボランティアにとっては、毎回生徒が変わったり、1人で複数の生徒に対応したりで、事前準備をすることが難しい学習支援となった。教室の受講料は無料で、外国籍生徒に居心地の良い場所を提供するという、目的の一つは達成できていると、確信しながらの運営であった。

　7月頃から村上東中学校生が大半を占め、その生徒達が、同じ村上公民館で毎週土曜日開いている「日本語教室」にも来るようになり、月曜日午前中の日本語教室にも学校から抜けて行くようにもなって、問題となった。このため、村上東中学校内でも、水曜日午後「AMIGO」教室を開くことにし、12月から3月まで在校生9名を対象に、5回実施した。

　2008年度は延べ49回開き、38名の児童・生徒が参加、延べ458名が出席した。ブラジル、中南米諸国、フィリピンからの生徒が主であった。中学卒業生や不就学児童もおり、小学生16名、中学生13名と多様な構成であった。毎回出席する生徒は10名程度で、半数近くの生徒は途中で来なくなり、中学生が多くなるにつれ、熱心に通ってきた小学生達が12月以降来なくなった。

　教室の生徒4名（来日して間もない生徒もいた）が、定時制高校の入学試験に挑戦したが、日本語の会話力も不十分であったこともあって、全員不合格となり、高校進学をあきらめたことは残念であった。

　多岐・多様にわたった活動は、各ボランティアの熱意ある協働作業のお陰で、何とか所期の目標は達成できた。

## 2 2009年度

### 村上東中の教室

　4月から村上東中学校内の「AMIGO」教室を本格的に始動し、毎週水曜日午前中に在校生8名と卒業生2名を対象に始めた。

　村上地区の小・中学校5校で日本語指導担当（加配教員）が、1名から3名に増員し、村上東中学校にも1名配属され、教育委員会の派遣指導員による日本語学習に加え、担当教員による日本語教室が始まった。夏期休暇中の一日、中学校で日本語指導に関わっている派遣指導員と「AMIGO」ボランティアを入れた学校との懇談会が開かれ、意見交換と協議を行ない、相互に連携した学習支援を検討した。

　対象生徒が、9名から5名に減少したこともあって、10月からは日本語担当教員の日本語教室を支援することにし、月曜日と木曜日午前中の取出し授業を担当した。教師経験者や塾の教師である各ボランティアの技量に依存した学習支援となった。

### 「AMIGO」土曜教室への転換

　水曜日午後に村上公民館で開く「AMIGO」教室は、前年の継続となる村上中の生徒2名・中学卒業生（進学希望）2名と不就学の子供2名を主として、時々来る不就労者数名などを対象にした活動となった。「AMIGO」教室創設時の小中学校の授業時間を使った日本語指導の必要性は、村上公民館では中学在校生が2名になり、日本語指導担当教員が増員されたことも重なって、変化した。さらに水曜日の生徒の大半が、村上公民館の土曜日本語教室にも来るようになった。

　この状況から、2010年3月に公民館の「AMIGO」水曜教室を閉鎖し、その代わりに子供向けの「AMIGO」教室を土曜日に開設することにした。会場には、市福祉協議会のご好意により、新設された「村上安心安全福祉センター」の集会室を、毎週土曜日・午前中の2時間、優先的に賃借出来ることになった。「AMIGO」水曜教室で支援しているボランティアに、新たな2人が加わった4人により、11月第1週開講した。

　初日は土曜日本語教室からの児童・生徒の参加であったが、水曜日に来ていた児童・生徒や来日間もない子供が、村上東中の生徒に加えて来るようになり、常時10人近い出席者となった。生徒の日本語習得における環境やレベルが皆異なっているため、少数のボランティアでの対応に困難な状況は続いた。

　神田外語大学が、千葉県委託事業「千葉県多文化共生社会づくり推進モデル事業」調査の一環として、村上地区の各協議会活動を支援しており、「AMIGO」土曜教室の活動に対し、学生による支援を申し出てくれた。2010年1月から3月まで9回にわたり、多い時には7名の学生が参加し、中学生や中学卒業した生徒に個別対応できたこともあり、教室は活気づいた。スペイン語・ポルトガル語科の学生で、母語話者もいたため、ブラジルやスペイン語圏の生徒には良い刺激もあり、各個

人の悩みも把握できた。神田外語大学の活動は、村上東中学校の学習支援にも展開されたが、委託事業の調査終了により3月で終結した（調査報告は神田外国語大学「国際社会研究」創刊号に収録）。

「AMIGO」土曜教室は11月から3月までの5ヶ月間で26人、延べ177名の参加となったことで、居場所作りは何とかできたが、日本人社会での学校生活、社会人生活に十分な日本語学習支援が十分にできたとは言えないままであった。

房総日本語ボランティアネットワークによる「進路ガイダンス」を通じて、3部制の県立生浜高等学校の特色選抜制度と学校の対応状況を知り、さらに千葉センシティ教室の話から、教室の1期生であったメキシコ人生徒に受験を勧めた。中学3年生で来日し、3年経過後の受験であったが、「AMIGO」教室及び日本語教室での学習支援から、着実に成長していた。作文と面接による定時制夜間部への受験で、無事に合格した。

2009年度の「AMIGO」教室は、村上公民館水曜日・村上東中水曜日（10月末まで）と土曜日の教室にと3ケ所に分散し、週4回となった「AMIGO」教室活動は、兼務するボランティアの熱意のお蔭で、何とか成し遂げた1年であった。

市広報や新聞に掲載された記事を見て参加してくれた人や、「村上北小・わくわくクラス」と兼務する人などで、年度末には10名のボランティアとなった。

## 3 2010年度

土曜日の「AMIGO」教室を主とした子供日本語教室の活動になり、前年度から来ている村上東中学校生、中学卒業生、不就労・不就学者、保育園年長と高校生を対象とする新年度になり、毎回8名前後の参加者で推移した。

会場の福祉センターのご好意で、毎回教室の後にボランティア会員で1時間程度、支援活動について話し合いながら進めていることは、変動する教室運営に大きく寄与している。

**東京成徳大学の支援**

八千代市にある東京成徳大学が、多文化共生に向けた地域活動として、子供日本語教室の支援を大学の事業として取り扱うことになり、5月に支援が始まった。前年度末の神田外語大学生の支援活動では多くの成果があり、大学生の外国籍児童との交流は、多文化共生社会づくりに、大切な役割を担う人材が育つと期待している。

授業の合間を使って14回程度の支援であったが、大変有難く、生徒たちに大好評であった。10月の大学祭に招待され、教室終了後、数名の生徒と保護者で行った。学生の案内で「お茶席」を経験したりして、大学の雰囲気を楽しんだ。また新年会も主催してくれた。

他にボランティアの子息である大学生や、秀明大学生、前に来ていた神田外語大学生などが来て、若いエネルギーを運んでくれた。

### 高校進学

　生浜高校に入学した生徒の妹が、兄の高校生活を身近に見聞きして、進学への意欲を持ち、同じ高校の定時制夜間部の後期入学（10月入学）を、今年度で終了する特色選抜入学試験で、無事合格した。

　2009年4月に来日し、11月から教室に米本団地から自転車で通って来ているベトナム人の中学3年生が、一般受験した。また村上東中学3年生で、2007年9月来日の中国人生徒が「進路ガイダンス」に教室から初めて参加した。この2人が八千代西高校の入学試験に合格でき、一同喜び安堵した。

### グループ学習

　7月に入ってペルーから来日直後の小学3年生とその妹（4歳）が、教室に来ることになり、保育園児が4人となった。当初は絵本や折り紙などで遊ばせながらの日本語学習で対応してきたが、小学校入学前の児童と、来日間もない小学生に、保護者からは平仮名の読み書きが出来るように指導して欲しいとの希望が強かった。このためグループで学習することを1月から始めた。平仮名や歌による学習、絵本の読み聞かせ、長音・促音の発音等を毎回30分使って学習し、付き添いの保護者もこの学習に参加した。

　グループ学習の後は、全員でゲームや歌うことで教室を終わるようにした。これにより生徒相互の親近感は深まり、内向的な子供も自分を表現するようになった。

### 東日本大震災

　高校生2人と入学試験合格者2人が出たことで、来年度はこの高校生の学習支援も大切な課題になると、皆で考えていた時に、3月11日の大地震と福島原発の事故が起きた。

　高校生2人のメキシコ人家族は、メキシコ大使館が提供した無償の飛行機便で全員帰国した。高校に帰国を報告したところ、当面は公休扱いとするとの暖かい返事に、安堵した。

　震災翌日の教室は休みにしたが、生徒一人が来た。その後も各回7名参加し、幸いボランティアにも直接の被害が無く、休まず開いた。

　2月、日本語指導部会の教室生徒による「日本語スピーチ大会」で、昨年から出場の高校生に続き、来日後2年の中学2年生がその場で決めて出場し、表彰されるといった驚きもあった。

### 「村上東中学校」支援

　村上東中学校の取出し授業への支援は継続し、毎週火・木曜日の午前中に、5～7名の生徒を3～4名のボランティアで担当、「AMIGO」教室との兼務による支援になった。

　日本語担当教員の取出し授業に、隣接の村上中学、勝田台中学の外国籍生徒3名が、来るようになり、拠点校制度が試行された。

11月に県教育委員会主催の「帰国外国人児童生徒の日本語指導担当者連絡協議会」が村上東中学校で開催され、日本語教室の公開授業を行った。市教委派遣の指導員と共に、「AMIGO」のボランティアも生徒一人一人に付いて学習支援した。公開授業後の意見交換会で、他学校の指導者から、このボランティア支援は羨ましいとの感想をもらった。
　この支援は、加配教員がいなくなった2011年度も継続している。

---

### 在日中学生の取り出し学習　　本田佳則

　取り出し学習で日本語指導をしている中学生の母国語は各々違う。小学生の時から日本にいる子、中学生で来日した子。母国と日本を数年おきに行ったり来たりしている子、日本の中で移動している子。

　日本語指導が全国一律化していれば、継続的に指導できるのだが、現状では難しい。そして、本人の母国での学習レベルや、日本で生活していくのか母国に帰るのかでも将来像が違う。さらに日本語を学びたいという学習意欲も違う。

　多くの違いがあるためにボランティアは個別に指導している。指導に当たって、カード類や日本語指導教本など紙ベースの教材を使っている。これをパソコンやタブレット端末などを利用したデジタル教材を利用できるようになれば、母国語と日本語を瞬時に音声化し、イメージ映像も見られ、中学生の教科学習なら母国語と日本語の詳しい説明も聞けて読める。ボランティアの指導も楽になり生徒も興味深く学習できるようになると考える。

---

### 村上東中学校ワールドクラス　　柳楽寿美枝

　「おはようございます。」「こんにちは。」体操着で額に汗を滴らせ、吐く息も荒く元気いっぱいに駆け込んでくる子。制服姿で小さな声で挨拶して入ってくる子。生徒はいろいろ。

　このクラスには、共通の時間割もなければ特別な教科書もありません。学年も違い、来日時期や、日本語の習熟度にも差があるからです。

　物の名前など初歩の日本語を勉強している生徒から、流ちょうな日本語を話し、高校受験の勉強をしている生徒まで、レベルも教科もまちまちです。

　ボランティアを始めた当初は戸惑いました。一つのことを計画的に進めようとしても、続きの出来たためしがないのです。次の週は欠席したり、別の教科の勉強をしたいとか、提出期限の迫った宿題をしたりと、続きの出来ない理由はいろいろあります。

　3年過ぎて、週1、2回の日本語指導ではたして何ができるのだろうかと思います。しかし、普段のクラスとは違う雰囲気の中で、彼らが精神的に解放され、言いたいことが自由に言える場所であり、何か一つでも得るものがあるとしたら、それだけでもこのクラスの存在意義があるのでしょう。

　それぞれの家庭の事情を抱えながらの日本での学校生活。もしかしたらあす帰国してしまうかもしれない彼らを前にして、常にこの日、この時間だけと考えて接することにしています。まさに「一期一会」の心境です。

> ボランティアを続ければ続けるほど、色々な問題に遭遇し悩むことも多くなります。しかしそれは、何も外国人に限った事ではありません。複雑化する日本社会にあって、日本人の子供たちの抱える問題でもあります。
>
> 違いがあるとしたら、日本と言う異文化の国に住んでいる彼らには、大きなハンディキャップがあるということなのです。そして、そのハンディキャップを取り除く手伝いをするのが、私たちボランティアの役割であると考えます。

## 4 2011年度

　震災による帰国者があったが、多くの生徒が教室に通ってきている。学校から来る沢山の連絡文書を説明したり、書類記入を手伝って、新入生の母親に大変喜ばれている。また学校でのＰＴＡ活動に積極的に参加する親の姿勢に、ボランティアは安堵している。

　サバイバル日本語講座の参加者が少ない村上小学校の日本語担当教師による取出し授業に、ボランティアが顔を出すことを、小学校に提案したところ、快諾された。7月に3名のボランティアで学校の教室に数回行き、講座の案内と土曜教室の紹介もした。

　サバイバル日本語講座を機に、4名新規参加があり、小学校入学前の児童4名、小学生10名、中学生4名、高校生1名と19名が固定的な生徒になった。この内7名は日本生まれの生徒である。平仮名や漢字の学習、中学・高校での教科補習、保育園児の遊び主体の学習に高校受験準備と、多様な生徒構成に対応するボランティアは、人数不足となっている。

　東京成徳大学による支援は今年度も継続し、大学の教室を使って、大学生が企画した「七夕祭り」に招待され、紙芝居を「AMIGO」の生徒と共演したり、ゲームで3時間近くを楽しく過ごした。一緒に参加した保護者も、中学生以上の生徒と共に、進学への魅力を感じる機会となった。東京成徳大学の支援は、8月の「サバイバル日本語講座」にも繋った。

　土曜教室の野外活動として八千代少年自然の家を訪問し、施設の見学とプラネタリュームの観賞を行った。生徒の数が増え週2時間しかない教室であるが、生徒達にできるだけの日本語学習支援をと皆で奮闘している。

---

**親とも「アミーゴ」**　　萩原智子

　新聞に「アミーゴこども日本語教室」の活動について記事が掲載されていたことから関心を持ち、私がボランティアとして参加し、教室に通い始めたのは2009年の1月です。

　その頃は、子供たちも毎週この教室に通ってくることが定着していませんでした。

「来週はこの続きをやろう！」「これはあまり興味を示さなかったからもう少し簡単なところから始めよう。」等と色々考え教材を準備していっても、「今日は○○君は来ないね・・。」と、空振りすることも度々ありました。

　ところが最近は、小さな子供たちを中心に、毎週定期的に通う子供たちが増えて来た事をとても嬉しく思っています。小さな子供たちですから当然お母さんたちが連れてくることになります。それにつれ、お母さんたちとの交流も密になってきました。時間があるときはお母さんも後ろで我が子の様子を見ていきます。日本人・外国人関係無く言えることと思いますが、一緒に学習していると「子供は頑張っている。」というのが見えてくるのです。これは親にとっても子供にとってもとても良いことと感じています。

### 大切な「アミーゴ」教室　　中学3年　クルズレイニイ

　私が毎週土曜日にかよっている所があります。それは「アミーゴ子供日本語教室」という所です。この教室は、とても大切です。学校で分からなかった所を、教えてもらったり、友達や先生達と楽しいお話しができて、日本語をしゃべる練習になっています。いろんな国から来た子供達とふれあい、一緒に遊んだり勉強することができます。友達もだんだんふえています。大学生とふれあいすることもできる所です。私は、この場所で新しい事を学んでいます。やさしく教えてくれる先生達、大学生のお姉ちゃんとお兄ちゃん達のおかげで、私達にはやる気がでてきました。そして、私達は勉強を楽しくできています。皆がしつこい時も、先生達が最高の笑顔でずっとかがやいている姿が、すばらしいと思っています。どんなに先生がきびしくても、勉強がむずかしい時でも、笑顔でやってくれる姿に、皆あこがれます。

　がんばればできる、という言葉も、この教室で学びました。私が大変な時に、先生や友達やボランティアの人達から「大丈夫だよ。レイニイならできる」と声をかけてもらうと、不安がなくなります。この教室がなかったら、私は日本語が分からなく、友達がいないままで過ごしているかもと思います。高校生になっても、絶対に日本語教室にかよいつづけます。

教室で撮影（2011年6月）

## 5　関連する活動について

「AMIGO」教室に連動している活動を以下に記す。

### 村上北小学校・わくわくクラス

　全校生徒（約140人）の1割を超える外国籍生徒がいる村上北小学校で、ボランティアが支援することで日本語教室を創設しようと、教頭先生と話し合った。学校は2008年8月から校内及び教育委員会と調整、準備した。

　毎週月曜日第1時限を全校で国語の授業とし、その一環として外国籍生徒全員を一堂に集める日本語教室「わくわくクラス」が、2008年10月に始まった。

　教頭先生が主催・担当する日本語教室で、外国籍生徒1年生から6年生まで14名全員が一緒になって、日本語と楽しく触れ合いながらの日本語学習が始まった。

　外国籍であることの自覚と誇りを持つために、日本語に加えて各生徒の母語を使って、皆で大きな声で挨拶する学習もしている。

　基本とするテキストの順序に沿って、平仮名の書き方から海外の童話の読み聞かせなど、多才な教頭やボランティアの特技を活用した学習は、生徒達とボランティアにも楽しい日本語学習となっている。校長先生が毎回参観し、市内で活躍している日本語指導ボランティアや読書指導員6名が支援している。

　村上地区の日本語指導教員は、2010年に4名になり、村上北小に南米の現地小学校で教員生活を送ってきた先生が1名配員された。日本語担当教員による取出し授業が始まる一方で、「わくわくクラス」は継続している。

　一時は17名に増えた生徒は、「東日本大震災」が起き、帰国したり、転居する家族が多く出たため、今は9名に減っている。

---

### 村上北小「わくわくクラス」　田仲泰子

　「おはよう」「ボンジア！」「ブエノスディアス！」「マガンダンウマガ！」と朝の挨拶を、皆んなそろって大きな声で交わします。

　141名の小規模小学校に、2008年10月6日（月）に、メキシコ人3名、ペルー人3名、コロンビア人1名、ブラジル人6名、フィリピン人1名、計14名が集まって、1週間に1時間の外国人だけのクラスが誕生しました。担任は教頭一人、それをボランティア5名が補助します。

　「わからなくてもくよくよしない　わかるまでくわしくおそわる」という意味で「わくわく」。テキストは、井上恵子さんの「みんなのにほんご　小学校低学年用」。ひらがなの書き方は、基本の筆使い「とめ」「はらう」「はねる」と大きな声で言いながら。まる3年経った2011年9月末には第83時になった今も、漢字を

> 書くときにも「とめる、はらう・・」と。
>
> 　初めの頃はまだ日本語に慣れない子もいたので、ボールやゲームを使って、友達や先生の名前を覚えたり、リズムに合わせて「ついたち、ふつか、みっか、よっか・・・とおか」と日付けを覚え、詩の暗誦、干支の折り紙、お誕生日にはその国の言葉で「ハッピーバースデー」の歌をプレゼント、ハロウィン、クリスマス、新年、節分など行事にまつわる本の読み聞かせ、歌、ダンス、ゲーム・・・。
>
> 　「わからなくても、間違っても、笑顔で励まし、元気に楽しく、仲良く」の雰囲気づくりに、毎回頭をひねっています。
>
> 　2010年には日本語指導専任の教員が加わり、教頭と連携指導に当たる。校長は、初年度から毎回教室に来て、見守り続けてくれます。
>
> 　震災後半分に生徒が減ってしまい、寂しい思いをしましたが、2名戻って来て現在は9名になりました。週にたった1時間だけなのに、毎回生徒は目をキラキラさせて集まってきます。日本人の友達に「わくわくクラスだよ。」と自慢したり、廊下で出会うと「先生！」と呼びかけてくれる姿を見ると、このクラスが子どもたちの中に安心できる存在になっている、と感じています。

### サバイバル日本語講座

　2回目となる講座を2008年8月下旬に実施し、「AMIGO」教室の生徒を中心に、前回の生徒も何人か参加したことで、参加者数は増えた。受講した中学生が千葉西税務懇話会の作文コンクールで金賞を受賞するといった嬉しい成果もあった。

　第3回は「AMIGO」教室の生徒に加え、村上地区小学校などの支援もあり、前年の15名から市内の小中学生だけで27名と大幅な増となった。市消防署での消火訓練、煙中訓練など公民館外に出かける学習も初めて行った。

　第4回は、13人であった。買い物ゲームで、日常使う品物の名前やお店で使う言葉の学習をしたグループと、作文の基本学習をし、将来の夢など各自でテーマを選んで作文し、グループ内で発表した。当初の期待を大きく越える学習成果であった。また、市川市の県立現代産業科学館にバスで行き、展示品を使った学習や雷発生・超低温などの実験を体験して半日過ごした。

　八千代市と市原市の日本語教室で活動するボランティア20数名、八千代リーダーズクラブ（YLC）の中高生による学習指導・支援に加えて、初めて東京成徳大学生の参加を得た。

　第5回となる2011年の講座は、村上地区3小学校との連携をさらに深めた。3小学校の日本語担当教師が、生徒・保護者への面談会を使った案内、当日集合場所を各小学校にして、村上公民館まで引率することまでやってくれた。

　30名の参加を得、今までにない規模となった。小学校の先生、東京成徳大学の支援に加え、県・市警察、ちば国際コンベンションビューロー、県のインターン学生などの方達も、ゲームや絵日記作り、スピーチ原稿作りに、個別に学習支援してくれたことで、充実した学習となった。

八千代少年自然の家で1日過ごし、市消防署による地震対策、消火訓練と自然に触れるゲーム、星座の勉強、体育室でYLCによる踊りを大学生と共にするなど、盛り沢山だった。

絵日記やスピーチ原稿を、作品集としてまとめ、写真もCDにして保護者や関係者へ配布した。2年前に参加したナイジェリアの兄弟2人に弟が加わり、英語を入れながらの学習もあった。

---

「サバイバル日本語講座2011」　　関戸信雄

　8月23日から25日まで3日間、八千代市内の小中学校に通う外国人を対象に、「サバイバル日本語講座in 八千代」が開催された。参加した子どもは同じ境遇のせいか直ぐに意気投合し、母語での会話があちこちから聞こえてくる。

　こんな中で一人の少女A子ちゃんが私の目に止まった。ブラジル出身のA子ちゃんは小学2年生で仲間から一人離れて行動し、寂しげな様子で居る。私は気になりA子ちゃんに声をかけた。「お名前は、学校はどこ、先生の名前は」、尋ねても口を閉ざして話してくれない。さらに繰り返し尋ねても、私の顔を見るだけで、だんまりである。少し時間をおいて「お母さんの名前は」と尋ねると、小さな声で教えてくれた。やっと心の扉を開いてくれたようだ。

　3日目の朝、教室にA子ちゃんが入ってきた。「おはよう」と声をかけると「今朝、弟と喧嘩したの。いつも負けてしまう」。声は小さいがはっきりと笑顔で話してくれた。あの無表情だったA子ちゃん、今朝の笑顔はなんと素晴らしいことか‥

　A子ちゃんは、今回のサバイバル参加で多くの友達と出会い、日本語の勉強やダンスなどで遊んだことで、明るく心も解放されたようだ。A子ちゃん来年のサバイバルに来てね。その時には今日のように笑顔を見せてね！

---

東京成徳大学での撮影（2011年10月）　　　　教室の建物を背景に撮影（2011年12月）

第5章

**子供インターナショナルサミット**

　2008年11月に八千代市・国際推進室・教育委員会、村上地区小・中学校5校の教頭と「子供日本語教室」ボランティアが一堂に会した。この会議を機に、5校の自主運営による「村上地区外国人児童生徒受入整備連絡会」が発足した。

　千葉県の事業支援で、この連絡会による「むらかみインターナショナル子供サミット」が、2010年2月に5校の外国籍児童70余名と保護者、日本語指導関係者等200名が集まって、開催された。この模様はNHKの首都圏ニュースと海外向け放送で報道された。

　2010年11月の第2回「子どもサミット」は、外国籍生徒と日本人生徒との交流の第一歩として、サッカー教室による交流となった。第1回と同様に5校の外国籍児童生徒に村上北小の全校生徒とで200名余が集まり、外国人保護者も多く参加した。今後も継続開催が予定されている。

**八千代市外国人集住地域総合対策連絡協議会**

　千葉県警察が千葉県内で推進する外国人集住地域総合対策のモデル地域として八千代市を選出し、行政、警察、学校、外国人を雇用する企業、都市再生機構、国際交流協会ほかの関係者で構成する「八千代市外国人集住地域総合対策連絡協議会」が、2010年1月に発足した。この会で、村上北小学校の「わくわくクラス」及び「AMIGO」子供日本語教室の活動を発表した。

## 終わりに

　ちば国際コンベンションビューローが2007年夏主催した「日本語指導ボランティア講座」の受講生で、「日本語学習会・かけはし」を結成し、毎月1回例会を行なっている。このメンバーによる直接・間接の支援が、八千代市で進めてきた子供日本語教室他の活動に寄与してくれた。

　子供の人権である「教育を受ける権利の保障」という大きな課題には、行政を柱として教育界やボランティアが一体となったJSL教育制度の構築、日本語指導者の育成など、多くの重要な課題について、早急に取り組む必要性を強く感じている。

**鈴木正俊（八千代市国際交流協会・「アミーゴこども日本語教室」代表）**

# 日本語を母語としない親と子どものための進路ガイダンス

時原千恵子（柏中央高校）

　先日、所用で「ゆうまつど」のホールに入ることがあり、第1回目のガイダンスを思い出しました。会場は満杯で外にも溢れ、スタッフが参加者の間を動くのもままなりませんでした。終了後の興奮は、今でも覚えています。

　2011年度の松戸会場は10月9日（日）に実施されました。実行委員はいつものように10時に松戸市民会館に集合し、会場作りや資料綴じ込み、そして最終確認。11時には通訳と日本語ボランティアの皆さんが集合し、テーブル毎の顔合わせとそれぞれの分担毎の打ち合わせを行いました。今年はスタッフメンバーの直前キャンセルがあり調整が大変そうではありましたが、準備はスムーズに進んでいきます。1時には、OB・OG、教員が到着。参加教員数は今年は11人と例年より少し少なめでしたが、ここ数年松戸市教育委員会から正式な派遣があり、特別枠のある松戸国際、市立柏、市川工業（定）からは必ず参加してくれるようになりました。1時35分、予定時間を5分すぎて、ガイダンスがいよいよ始まりました。事務局長の白谷さん（四街道高校）の挨拶によれば、今年で10年目、通算30回目、これまでに720名の中学生の参加者があったとのこと。継続することの大切さを改めて感じました。感慨にひたっている間もなく、私は司会進行を続けます。三橋さん（松戸六実高校）がパワーポイントを使って、高校入試について説明。間に通訳のための時間を入れるタイミングを示してくれるので、その後の説明者の良いお手本になっています。特別枠を持つ高校の教員へのインタビューも、簡潔にわかりやすく答えていただけました。

　そして、参加中学生にとって一番関心のあるOB・OGインタビュー（今年は高校1年生が3人、大学生1人、社会人1人）では、それぞれ内容の濃い回答をしてくれました。日本の高校進学という共通の困難を経験した人たちが現在を語るということは、中学生にとっては自分の未来を思い描けるわけで、本当に大切な時間となっています。

　その後、言語別分科会、交流会と続き、4時半に終了を告げてもすぐには終われないくらい参加者の熱心な質問は続いていました。参加者は親と子どもが23組、スタッフなど含めると合計104人、船橋会場や千葉会場に比べると小規模ではありますが、松戸会場ならではの雰囲気はこれからも続いていくことでしょう。

第5章

## 6　日本語を母語としない親と子どもための進路ガイダンス

### 1　経緯

　ボランティアから高校受験についての相談が寄せられ始めたのを機に、「日本語を母語としない親と子どものための進路ガイダンス」の開催を呼びかけたのは2002年である。神奈川県ではこの年の7年前から、そして東京都ではその前年から進路ガイダンスが実施されており、千葉県でも実施するに当たってそれらを見学し、参考にした。

　その結果、運営に多くの教員とボランティアが参加しやすいようにと、個人参加の実行委員会を結成することにした。これは、ガイダンスの中で外国人生徒や保護者への情報提供・相談を行うと同時に、教員とボランティア間の意思疎通を図り、それらのネットワークを作りたいという狙いもあった。また、参加対象者は「親と子どものための進路ガイダンス」の名称に見られるように、これらの情報から特に遮断されている保護者の参加も重視したことによる。

　第1回目の進路ガイダンスは、2002年秋に松戸市で開催したが、予想を超える参加者であった。そのため、03年秋には浦安市と柏市の2会場、04年秋には千葉市・市川市・松戸市の3会場と増やしていった。さらに、「秋のガイダンス開催では受験の指導が厳しい」との声が出て、2007年から受験者だけを対象に夏季ガイダンスも実施した。ただ、夏季に参加した生徒の多くが秋季ガイダンスにも参加していたり、「1年に2回の開催は負担である」との声が強くなり、2009年からは、秋季1回、県内3会場で行っている。なお、2011年は船橋市・松戸市・千葉市の3会場で行った。

　会場が複数になった03年以降は、地域密着のため各会場毎に実行委員会を作り、ここが会場確保、宣伝、募集、運営を行い、それらの連絡調整のために全体実行委員会を設置することとした。また、当初から千葉県高等学校教職員組合が全面的に支援を行い、現在ではいくつかの市教育委員会が会場提供、案内チラシの各中学校配布、職員派遣などの積極的な協力を行なっている。

### 2　ガイダンス参加者数と近年の特徴

　各年のガイダンス参加者数は右表の通りである。

　参加した生徒と保護者の出身国を見ると、近年では参加者の約半数が中国、そして約1/4がフィリピン、そして残りの約1/4がその他の国々となっている。一方、ガイダンス初期に約半数を占めていた中南米出身者は、現在では大幅に減少している。

　また、生徒の在日期間は3年以内が各会場とも7〜8割ほどを占めている。この数字は、入試において外国人特別選抜での実際の受験者数をかなり超えており、特別選抜での受験が可能にもかかわらず、日本人と同じ一般入試に挑んでいる。日本語習得は3年では無理であるので、日本語が不十分なまま特別選抜校以外の高校にも進学していることもなる。

|  | 会場数 | 中学生本人 | 保護者等 | 教　員 | OB/OG | 通　訳 | ボランティア |
| --- | --- | --- | --- | --- | --- | --- | --- |
| 2002年 | 1 | 30 | 32 | 14 | 4 | 20 | 21 |
| 2003年 | 2 | 52 | 56 | 35 | 10 | 56 | 68 |
| 2004年 | 3 | 55 | 69 | 39 | 11 | 54 | 92 |
| 2005年 | 3 | 50 | 67 | 50 | 17 | 61 | 83 |
| 2006年 | 4 | 66 | 82 | 54 | 28 | 69 | 131 |
| 2007年 | 4 | 124 | 151 | 61 | 31 | 64 | 121 |
| 2008年 | 4 | 127 | 141 | 58 | 38 | 65 | 122 |
| 2009年 | 3 | 79 | 87 | 43 | 31 | 48 | 83 |
| 2010年 | 3 | 102 | 95 | 45 | 31 | 61 | 113 |
| 2011年 | 3 | 85 | 74 | 46 | 20 | 52 | 93 |

　そして、まだ少数だが、出身国の中学校を卒業してから来日する生徒も目立つようになっている。彼らは、学齢期を過ぎ、中学校を卒業していることから、日本の中学校には在籍することができず、公的には日本語指導等を一切受けることなく受験を迎えている。

## 3　ガイダンスの内容

　ガイダンスの内容は、各会場実行委員会が地域の状況に合わせて行っているが、基本的には前半の全体会で「千葉県の入試制度の説明」、「受験までにやること」などを説明し、外国人高校生や大学生のOB／OGが自らの経験談を行う。そして、後半は各言語に別れ、各テーブル毎に教師やOB／OGを含めての質疑応答が行われ、最後の交流会では教師・ボランティアやOB／OGが外国人生徒や保護者の個別相談にのるという流れで行っている。

　また、各説明の補助のため、事前に冊子と資料集を作成している。そのうち、冊子は各言語に翻訳されており、現在、中国語、韓国・朝鮮語、フィリピノ語、モンゴル語、タイ語、スペイン語、ポルトガル語、英語版の8言語冊子を用意している。

　さらに、すべての説明や質疑応答などには通訳が付き、参加者が多いときでも2家族に一人が張り付くようにしている。ちなみに、2011年は中国語、韓国・朝鮮語、フィリピノ語、モンゴル語、タイ語、スペイン語、ポルトガル語、英語、フランス語、ウルドゥー語の通訳が参加している。

## 4 進路ガイダンスの諸効果

　ガイダンス終了後に行っているアンケートで、「受験する学校を決めるのに役に立つと思いますか」の問いに、例年ほとんどの生徒や保護者が「はい」と回答している。このことから、このガイダンスの最大の目的である「日本語を母語としない親と子ども」への日本の教育システムや千葉県公立高校の入試制度の説明については、ほぼ期待通りの成果が上げられていると見て良いと思われる。

　ただ、それと同時にガイダンスには以下のような効果も見受けられる。

### (1) 支援の広がり

　進路ガイダンスへの参加をきっかけに新たにボランティアと知り合い、支援を受け始める生徒も多くいる。また、居住地近くの日本語教室を紹介され、そこへ通い始める生徒もいる。このように、進路ガイダンスは外国人生徒・保護者と各種ボランティアを結びつける場の役割を果たしている。

　このような中で、ボランティアたちの側も子どもたちを直接対象とする「日本語指導・学習支援教室」の必要性を認識し、2002年時点はわずか4教室のみであったが、現在では20を越える教室が開設されている。

　また、組織的には確立していないが、実行委員会メンバーを中心に日常的に教育問題等の相談を受け入れ、毎年50〜60件の相談に対応している。

### (2) 教員とボランティアのネットワーク作り

　実行委員会やガイダンスで知り合った教員やボランティアは、日常的に情報を交換し、外国人生徒へのさまざまなサポートを深めている。ボランティアや教員間、ボランティア間、そして教員間のネットワーク作りを目指すという当初の目的も、きちんとした組織を作るまでには至っていない

が、効果をあげている。

現在、全国で「進路（進学）ガイダンス」が急速に広がっているが、その中で、教員とボランティアが準備段階から共同しているケースは神奈川県や大阪府などを除いてそう多くはない。千葉県においては、初年から両者が対等の立場で参加しており、情報や要望の相互交換が日常的に行われている。

### （3）教員たちへの学習の場の提供

参加した教員たちは、ガイダンス後のアンケートに次のような回答をよせている。「一般教員には、こういう現実に対する認識がない」（高校教員）、「外国人の立場からの見方と、何の現実を知らない教員の見方とのギャップを知りました」（高校教員）。さらに、「私の勤務先でも外国語を母語とする生徒が在籍していますが、学校としての対応はな（い）」（高校教員）、「中学校でのフォローがもっと必要」（中学教員）などというものもある。これらは、教員たちに日本語を母語としない生徒たちの問題の現実と制度やサポートの不備を認識する場を提供していることを示している。

さらに、「OB／OGの人数、びっくりしました。よく集められましたね」（高校教員）や、「ボランティアの皆さんの熱心さが伝わってきて、私自身も刺激を受けました」（高校教員）など、地域のボランティア活動を認識させる場ともなっている。

### （4）生徒たち等のエンパワーメント

進路ガイダンスは、参加した中学生や保護者にはもちろん、自分の経験などを話したり、相談を受けるOB／OGたちにもエンパワーメントを育んでいる。たとえば、アンケートでも「緊張したけどできるだけ役に立つ返事をしました」、「自分の経験を伝え、ちょっとでも助けになったら嬉しいです」などの感想を持ち、自らの経験が肯定的に捉えられることに感動している。また、「みんなと色んな話ができて良かったです」など仲間とつながる喜びの回答もある。

これらの中から、外国人生徒自身のネットワーク作りを目指した千葉県外国人高校生交流会も計画され、これまで4回ほど実施されている。

### （5）教育行政への反映

高校進学や学校での日本語習得の問題は、教育行政によるところが大きい。このため、実行委員会はボランティアの声を集めて、入試制度や高校でのサポートについて教育委員会へ要請を行ってきた。これまで3回要望書を提出し、そのつど教育委員会との話し合いを持ってきた。

ちなみに、2011年に行った3回目の要望書の内容は、以下の通りである。

ⅰ）外国人の特別入学者選抜を実施する高等学校を増やすこと。
ⅱ）外国人の特別入学者選抜における入学許可候補者の予定人員を明確化し、その予定人員を拡大すること。

ⅲ）「日本語を母語としない生徒」への入学者選抜における特別配慮を行うこと。具体的には「問題文のルビ打ち」などの特別配慮を行うこと。
ⅳ）「日本語を母語としない生徒と保護者」を対象とする入学志願手続説明会を実施すること。説明会には言語別の通訳を配置すること。
ⅴ）高校入学後の「日本語を母語としない生徒」への入学後のサポートを充実させること。
ⅵ）千葉県教育委員会が、現在実施している「日本語を母語としない生徒と保護者への施策」を周知徹底すること。

この要請が功を奏したかどうかは分からないが、外国人特別選抜校は、2010年には1校、2011年には3校が加えられ、県内8校となっている。

また、ガイダンスの各会場には、千葉県や市教育委員会の職員が数多く見学に訪れている。

## 5 進路ガイダンスの課題と今後

2002年に始めた千葉県の進路ガイダンスは、2011年に10回目をむかえた。回数を重ねるにつれて、進路ガイダンスが少しずつであれ、広がってきたことは間違いないであろう。しかし、その一方で私たちの限界もはっきりしてきた。そして、取り組まなければならない新しい課題も鮮明になってきたように思う。ここでは、現在進路ガイダンスが抱えている課題を明らかにして、さらにどのような課題に取り組まなければならないかを考えてみたい。

### （1）運営継続にあたっての課題

まずは、スタッフ確保の問題である。急増している参加者に対応するためには、入試事情に精通した翻訳者や通訳者を多数、しかも多言語にわたり確保する必要がある。また、数カ所で開催されるガイダンスを支える教員とボランティア、なかでも運営を担う実行委員の負担が大きく、これまでのメンバーだけではとうてい対応しきれないのが実情である。人材の掘り起こしが急務となっている。

財政面での問題も大きい課題である。翻訳者や通訳者・ＯＢ／ＯＧへの謝礼、通信費や印刷費などの諸経費等、これらにかかる費用をどう捻出するか、毎年民間の財団から助成金を受けられるとは限らず、頭の痛い問題である。

このほかにも、交通の便がよく、参加者数に見合う会場の確保、参加呼びかけの手段等々、クリアーしなければならない課題が山積している。

### （2）高校入学後の対策と今後の課題

また、せっかく高校へ進学しても退学してしまう生徒が少なからずいる。その要因はいろいろ考えられるが、日本語の力が十分でなく、授業についていけないこともその一つであろう。千葉県の

高校では、入学後の日本語学習の支援体制は、特定の学校を除いてはほとんど確立していない。退学者を減らし、より学習に専念できるように、入学後も日本語学習支援を続けなければならない。現在、ボランティアの教室に継続して通う高校生が増加しているが、より長い時間を過ごす高校での支援体制充実を急がなければならない。

一方、神奈川県では進路ガイダンスを行うボランティア組織と県教育委員会が協働事業を立ち上げ、日本語指導の必要な生徒が多く在籍する高校にコーディネーターを派遣している。このコーディネーターは、生徒の実態を把握し、当該校と協議し、地域サポーターの派遣などをしている。

千葉県の進路ガイダンスとしても今後は、高校入学の問題だけにとどまらず、高校入学後の日本語サポート体制をどのように拡充していくか、さらには高校卒業後の進路をどう保障していくかなども視野に入れなければならないであろう。

## 最後に

この「進路ガイダンス」の果たす今後の役割は、次のようなものではないかと、私たちは考えている。

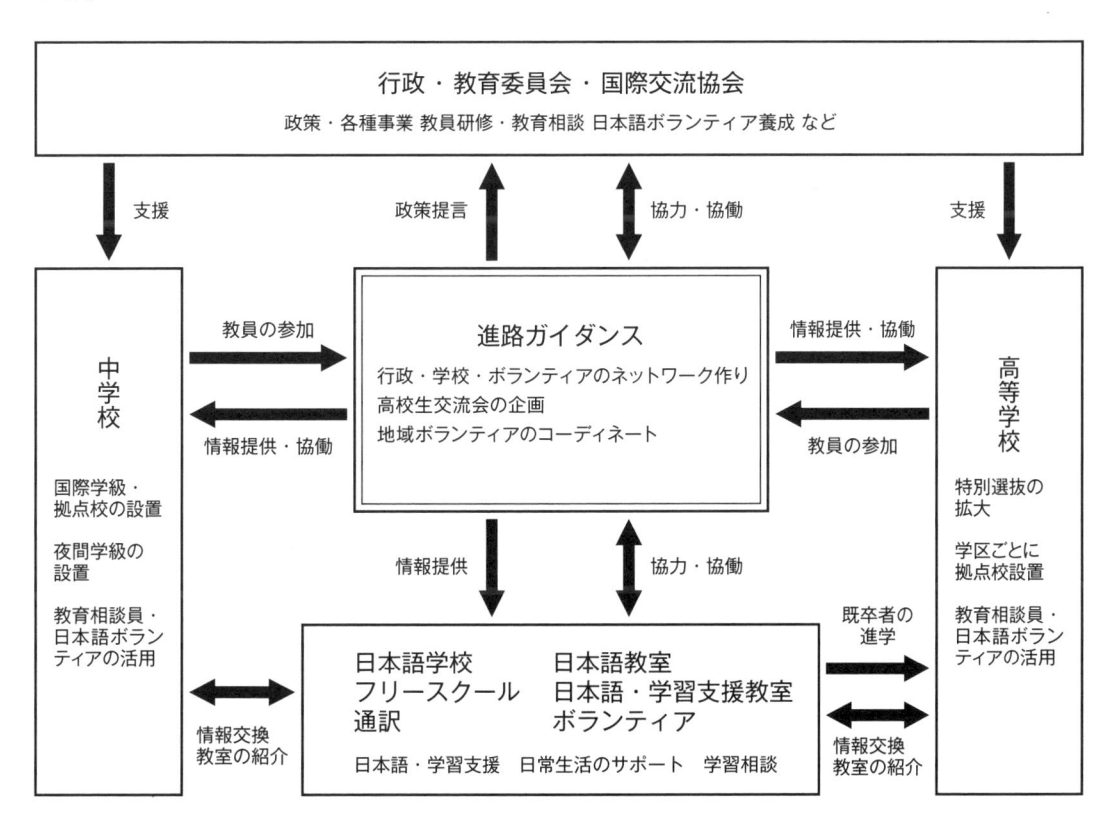

```
                    行政・教育委員会・国際交流協会
              政策・各種事業 教員研修・教育相談 日本語ボランティア養成 など

    ↓支援           ↑政策提言    ↕協力・協働              ↓支援

                         教員の参加      進路ガイダンス      情報提供・協働
   中学校         →    行政・学校・ボランティアのネットワーク作り    →   高等学校
                         高校生交流会の企画
                 ←    地域ボランティアのコーディネート          ←
                         情報提供・協働                    教員の参加

   国際学級・                                                  特別選抜の
   拠点校の設置                                                 拡大
   夜間学級の            ↓情報提供     ↕協力・協働              学区ごとに
   設置                                                        拠点校設置
   教育相談員・                                                  教育相談員・
   日本語ボラン          日本語学校      日本語教室              日本語ボラン
   ティアの活用          フリースクール   日本語・学習支援教室     ティアの活用
                        通訳            ボランティア
                 ↔                                        ↔  既卒者の進学
                        日本語・学習支援 日常生活のサポート 学習相談
                 情報交換                                        情報交換
                 教室の紹介                                      教室の紹介
```

**白谷秀一（千葉県立四街道高校・進路ガイダンス事務局長）**

## 終章　多文化共生のまちづくりと外国人住民の学習権保障をめぐる課題

　識字を読み・書き・算の技能（スキル）を学ぶプロセスに閉じ込めてはならない。識字は、人間の開放と人間の全面発達に役立つものとして、あらねばならない。このように考えると、識字は、われわれが住んでいるこの社会の矛盾および社会目標にある矛盾に対して、批判意識を形成することにつながっていく営みである。

　識字はまた、世界に働きかけ、世界を変革していくと同時に、人間の真の発達を可能にするさまざまなプロジェクトを発意したり、これらプロジェクトに参加したりすることを励ます営みである。さらに、技術を習得し、人間関係を拓く道を開くものである。識字は字を識ることだけを目的としてはならない。識字は基本的人権なのである・・・

「ペルセポリス宣言―人間化としての識字」より。（日本社会教育学会編<br>『国際識字10年と日本の識字問題―日本の社会教育第35集』東洋館出版社、1991年）

## はじめに―あらためて識字概念を問う―

　1975年、イランで開催された国際シンポジウムで採択されたこの宣言は、識字（リテラシー）を単に「読み・書き・算の技能」にとどめず、基本的人権として捉え、識字をめぐるさまざまな課題について言及している。

　我が国においても、たとえば、戦後の在日コリアンの民族教育や識字教育、被差別部落における識字教育、夜間中学での識字教育、在住外国人に対する日本語教育など、今日までさまざまな識字実践がすすめられてきた。戦前の日本が朝鮮半島の植民地支配のなかで行なった日本語の強制や創氏改名など皇民化政策に基づく同化教育ではなく、常に社会的文脈のもとで日本語学習支援を捉えかえし、識字をまさに人々の人権として捉える実践が、課題や矛盾を抱えつつも積み重ねられてきたのである。

　1987年には、国連総会が1990年を国際識字年とすることを決議し、「世界人権宣言と国際人権規約のなかで、教育への権利が何人からも奪うことができない権利として承認されていることを想起し、非識字の克服が、国連発展第3期10年に向けた国際発展戦略の最高の目標の一つであるという事実を銘記し、非識字状態をなくすことが教育への権利を保障するための第一条件をなすことを確認し・・」と指摘した。この1990年の国際識字年を契機に、日本社会教育学会の取り組みや各地の識字マップづくりに刺激されながらまとめられたのが、本書の「はじめに」でふれた『房総の識字マップ』（1994）であった。

　そして、ここ千葉においても本書における諸実践・諸報告が示しているように、市民レベルにおいても行政レベルにおいても幾多の取り組みがなされてきた。その成果を確認・共有しながらも、

本小論では、子どものみならず大人も含めて、人権としての識字をめぐる国際的な動向を紹介し、再確認するなかで、多文化共生のまちづくりをすすめるうえでの子ども・大人を含む外国人住民の学習権保障をめぐる課題を提示してみたい。

## 1 子どもの権利条約と子どもの学習権保障をめぐって

　基本的人権としての教育権・学習権は、外国籍の子どもたちにも当然保障されるべき人権である。1989年に国連総会において全会一致で採択され、1994年に日本政府が批准した子どもの権利条約においては[1]、その第2条（差別の禁止）において「締約国はその管轄内にある子ども一人一人に対して、子どもまたは親もしくは法定保護者の人種、皮膚の色、性、言語、宗教、政治的意見その他の意見、国民的、民族的もしくは社会的出身、財産、障害、出生又は他の地位にかかわらず、いかなる種類の差別もなしに、この条約に掲げる権利を尊重しかつ確保する」と規定し、「管轄内にある」という表現で、国籍主義ではなく居住主義をとっていかなる差別をも禁止している。日本国憲法第26条が「すべて国民は、法律の定めるところにより、その能力に応じて、ひとしく教育を受ける権利を有する」として国籍主義をとっていることとの関連では、子どもの権利条約の精神に基づいて外国籍の子どもたちの学ぶ権利が保障されなければならない。

　子どもの権利条約で規定されている諸権利と密接に結びつきながら、教育に関わる条文としては、第28条（教育への権利）で「締約国は、子どもの教育への権利を認め」、さらに同条3項「締約国は、とくに、世界中の無知及び非識字の根絶に貢献するために、かつ科学的および技術的知識ならびに最新の教育方法へのアクセスを助長するために、教育に関する問題について国際協力を促進しかつ奨励する。この点については、発展途上国のニーズに特別の考慮を払う」とし、第30条（少数者・先住民の子どもの権利）においては「民族上、宗教上もしくは言語上の少数者、または先住民が存在する国においては、当該少数者または先住民に属する子どもは、自己の集団の他の構成員とともに、自己の文化を享受し、自己の宗教を信仰しかつ実践し、または自己の言語を使用する権利を否定されない」と規定している。

　子どもの権利条約は、批准した締約国が「この条約において約束された義務の実現を達成することにつき、締約国によってなされた進歩を審査するために」設置された子どもの権利委員会（第43条）に対して報告書を提出する義務が定められている。政府の報告書以外にも民間団体も独自にレポートを作成し、それらに基づき、国連子どもの権利委員会は、日本政府に対する総括所見を三回提出している。

　なお、その際、日本政府が一部留保している条項を持ちつつも1979年に批准している社会権規約（「経済的、社会的及び文化的権利に関する国際規約」）に関する「社会権規約委員会の総括所見：日本」と自由権規約（「市民的及び政治的権利に関する国際規約」）に関する「自由権規約委員会の

終章

総括所見：日本」も含め、外国籍の子どもたちの学習権保障と関連する総括所見を時系列的にならべてみたのが以下の資料である。2001年の原子力発電所に関するパラグラフ22の懸念は、2011年3月11日の東日本大震災・福島第一原発事故を予測していたかのような文書であり、いま、なお子どもたちが深刻な状況におかれていること考え、掲載した。数字はそれぞれの文書におけるパラグラフ番号である。

1998年：子どもの権利委員会の総括所見：日本（第一回）（抄）
　　13　委員会は、とりわけ、国民的および民族的マイノリティとくにアイヌおよびコリアンに属する子ども、障害のある子ども、施設に措置されたまたは自由を奪われた子ども、および婚外子など最も傷つきやすい立場に置かれたカテゴリーの子どもとの関わりで、差別の禁止（第2条）、子どもの最善の利益（第3条）、および子どもの意見の尊重（第12条）という一般原則が子どもに関わる立法政策および計画に全面的に統合されていないことを、懸念する。‥

2001年：社会権規約委員会の総括所見：日本（抄）
　　13　委員会は、とりわけ雇用、居住および教育の分野において、日本社会のマイノリティ集団ならびにとくに部落の人々、先住民民族であるアイヌの人々、韓国・朝鮮人に対する法律上および事実上の差別が残っていることを懸念する。
　　22　委員会は、原子力発電所で事故が生じているとの報告があること、そのような施設の安全性に関して透明性が欠けておりかつ必要な情報公開が行われていないこと、および、原子力事故の防止および処理に関して全国規模で事前の備えが行われていないことを懸念する。
　　32　委員会は、マイノリティの子どもにとって、自己の言語による教育および自己の文化に関する教育を公立学校で享受する可能性がきわめて限られていることに懸念を表明する。委員会はまた、朝鮮学校のようなマイノリティの学校が、たとえ国の教育カリキュラムを遵守している場合でも公的に認められておらず、したがって中央政府の補助金を受けることも大学入学試験の受験資格を与えることもできないことについても、懸念するものである。

2004年：子どもの権利委員会の総括所見：日本（第二回）（抄）
　　24　委員会は、法律で婚外子が差別されていること、および、女子、障害のある子ども、アメラジアン、コリアン、部落およびアイヌの子どもその他のマイノリティ・グループならびに移住労働者の子どもに対する社会的差別が根強く残っていることを懸念する。
　　49　委員会は、教育制度を改革し、かつそれをいっそう条約に一致させるために締約国が行なっている努力に留意する。しかしながら、委員会は以下の点について懸念するものである。‥‥

f　マイノリティの子どもたちにとって、自己の言語で教育を受ける機会が極めて限られていること。

2008年：自由権規約委員会の総括所見：日本（抄）
　31　・・・締約国は、国による補助金を増大し、朝鮮学校への寄付を行う者に他の学校に寄付を行う者と同じ財政的な利益を与えることによって、朝鮮学校への適切な資金援助を確保し、朝鮮学校の卒業証書を直接大学入学資格として認めるべきである。
　32　・・・締約国は、アイヌの人々及び琉球・沖縄の人々の児童が彼らの言語及び文化について教育を受ける適切な機会を提供し、通常の教育課程にアイヌの人々及び琉球・沖縄の人々の文化及び歴史を含めるべきである。

2010年：子どもの権利委員会の総括所見：日本（第三回）（抄）
　21　委員会は、子どもおよびその活動に関する相当量のデータが定期的に収集されかつ公表されていることを理解する。しかしながら委員会は条約が対象としている一部の分野に関してデータが存在していないこと（貧困下で暮らしている子ども、障害のある子どもおよび日本国籍を有していない子どもの就学率ならびに学校における暴力およびいじめに関するものを含む）に懸念を表明する。
　33　・・・委員会はまた、民族的マイノリティに属する子ども、日本国籍を有していない子ども、移住労働者の子ども、難民である子どもおよび障害のある子どもに対する社会的差別が根強く残っていることも懸念する。・・・
　86　アイヌ民族の状況を改善するために締約国がとった措置には留意しながらも委員会は、アイヌ、コリアン、部落その他のマイノリティの子どもが引き続き社会的および経済的周縁課を経験していることを懸念する。
　87　委員会は、締約国に対し、民族的マイノリティに属する子どもへの差別をあらゆる分野で解消し、かつ、条約に基づいて提供されるすべてのサービスおよび援助に対し、このような子どもが平等にアクセスできることを確保するため、あらゆる立法上のその他の措置をとるよう促す。

　総括所見は、もとより全体構成をふまえたうえで見ていく必要があるが、それにしても、外国籍の子どもたちをめぐっては厳しく指摘され続けている。第3回総括所見のパラグラフ11では「包括的な子どもの権利法が制定されていないこと」も懸念事項として挙げられている。筆者は国レベルでの法制化の検討とともに、草の根から、すなわち自治体レベルでの包括的な子どもの権利条例を制定していくことがまさに多文化共生のまちづくりを考えていくうえで重要な課題であると考え

ている[2]。

## 2 外国籍住民の学習権保障をめぐる国際的動向

　子どもを支える大人の生活のあり様を広く捉えるとき、たとえば、大人の学ぶ権利の保障は、大人の働く権利の保障の基礎となり、ひいては子どもたちの生活を支えていくことにつながっていくと考えられる。もちろん実態はそう単純ではないが、子どもの学ぶ権利と大人の学ぶ権利を相互に関連させて捉えていくことは重要である。

　1948年の国際人権宣言第26条（教育への権利）においても「すべて人は教育を受ける権利（the right to education）を有する‥」と規定され、人権としての教育権は国際的にも承認されてきた。

　大人の学ぶ権利については、我が国では、憲法・教育基本法（1947年に制定された教育基本法は2006年に「全部改正」され、1947年教育基本法は大きく後退させられている）・社会教育法、そして関連する法・制度によって支えられている。しかしながら、今日の地域・自治体をめぐる地方分権（地域主権）・規制緩和・行財政改革のもとで、外国籍住民を含む地域住民の学習権を保障すべき自治体社会教育行政は厳しい状況におかれている。

　たとえば、地域における日本語教室を支えている公民館が教育委員会から首長部局へ移管されたり（このことは公民館が教育機関でなくなることを意味する）、指定管理者制度が導入されて民間委託されたり、有料化や職員削減・さらには公民館そのものが廃止される事態も生まれている。

　私たちは、あらためて地域における外国籍住民の学習権保障の場としての社会教育施設（公民館・図書館・博物館等）の充実を求めたいと思う。なぜなら、以下に見るように、国際的には学習権保障の大きな流れが生まれているからである。

　1985年に開催された第4回ユネスコ国際成人教育会議で採択された学習権宣言では、「学習権とは、読み書きの権利であり、問い続け、深く考える権利であり、想像し、創造する権利であり、自分自身の世界を読みとり、歴史をつづる権利であり、あらゆる教育の手だてを得る権利であり、個人的・集団的力量を発達させる権利である。成人教育パリ会議は、この権利の重要性を再確認する。‥‥学習こそはキーワードである。学習権なくしては、人間的発達はあり得ない。‥学習活動はあらゆる教育活動の中心に位置づけられ、人々を、なりゆきまかせの客体から、自らの歴史をつくる主体にかえていくものである。それは基本的人権の一つであり、その正当性は普遍的である。」と指摘している。

　ユネスコの国際成人教育会議はほぼ12年に一度開催され[3]、1997年に開催されたユネスコ第5回国際成人教育会議では、成人学習に関するハンブルグ宣言が採択されている。成人の識字に関連する部分を以下に引用してみよう。

11、成人識字　激動する世界の中で、全ての人びとが必要とする基礎的な知識と技能であると広く認められている識字は、基本的な人権である。あらゆる社会において識字はそれ自体必要な技能であり、かつ生活上の他の技能の基礎となるものである。学習機会を持たないかこの権利を主張するための充分な技能を持たない人びとが数億人―そのうち女性が大多数を占める―も存在する。課題は彼らが学習機会を得て、この権利を主張できるようにすることである。そのためには多くの場合、意識化とエンパワーメントを通じた学習のための前提条件づくりが必要となる。識字は、社会・文化・政治・経済活動への参加への触媒であり、生涯にわたる学習への触媒でもある。したがって私たちはすべての人びとが識字能力を獲得して維持し、口述文化を支援する識字環境を全ての加盟国に創造することを公約する。対象とされていない人びと、排除されている人びとを含む全ての人びとに対する学習機会の供与は最も早急の課題である。したがって、本会議は、1988年から始まる「パウロ・フレイレ氏記念識字の10年」の提案を歓迎する。

12、生涯にわたる教育権と学習権の認知は、かつてないほど必要である。それは読み書きの権利であり、疑い、分析する権利であり、資源を利用する権利であり、個人と集団の技能の能力を高め、行使する権利である。

15、多様性と平等　成人学習は、文化の多様性を反映し、伝統的および先住民の知識や学習システムを尊重しなければならない。母語で学習する権利が尊重され、実施されるべきである。非差別集団や先住民、遊牧民の口述文化を保存し、記録するという緊急の課題に成人教育は直面している。同時に多文化間教育は、平和、人権、基本的自由、民主主義、正義、自由、共存、多様性を尊重しながら、異文化間の学習ならびに異文化についての学習を奨励すべきである。

18、先住民の教育と文化　先住民族と遊牧民は、国家が供与するすべてのレベルと形態の教育にアクセスする権利を有する。彼らが固有の文化を維持し、固有の言語を使用する権利は否定されてはならない。先住民族および遊牧民のための教育は、彼らのニーズに対して言語学的にも文化的にも適したものでなければならず、かつさらに高度な教育や研修へのアクセスを促進するものでなければならない。

このような指摘は、あらためて我が国の現実と照らし合わせて受け止めていく必要があろう。

## 3　多文化共生のまちづくりと外国籍住民の学習権保障をめぐる課題

以上、学習権保障の国際的動向を関連する国際文書をてがかりにみてきた。多文化共生のまちづくりをめぐっては、さまざまな課題があるが、ここでは二つ指摘しておきたい。

まず第一は、外国籍住民との共生だけでなく、日本社会そのものが多文化化していく必要がある

という点である。その意味で、2008年6月に「アイヌ民族を先住民族とすることを求める決議」(衆参両議院決議)が採択されたことの意味は大きい。

2007年に日本政府も賛成する中で採択された国連「先住民族の権利に関する国際連合宣言」を背景に、「これはアイヌ民族の長年の悲願を映したものであり、同時に、その趣旨を体して具体的な行動をとることが、国連人権条約監視機関から我が国に求められている。我が国が近代化する過程において、多数のアイヌの人々が、法的には等しく国民でありながらも差別され、貧窮を余儀なくされたという歴史的事実を、私たちは厳粛に受け止めなければならない。全ての先住民族が、名誉と尊厳を保持し、その文化と誇りを次世代に継承していくことは、国際社会の潮流であり、また、こうした国際的な価値観を共有することは、我が国が二十一世紀の国際社会をリードしていくためにも不可欠である。」と述べられているからである。

第二は、多文化共生のまちづくりをめぐる地域・自治体の果たす役割についてである。

課題は文字どおり山積しているが、ここでは、自治体レベルでの包括的な子どもの権利条例の制定と自治体教育委員会による「外国人教育基本方針」の策定の必要性について述べてみたい。もちろん条例や方針が定められれば多文化共生のまちづくりをめぐる課題が解決するというような単純なことがらではない。当面求められている具体的な課題に対処しつつも、多文化共生のまちづくりをめざす理念や精神を作成のプロセスのなかで共有することを通して、多文化共生のまちづくりの課題が見えてくると考えるからである。

たとえば、私たちは川崎市の事例にそのモデルを見ることができる。川崎市では、教育委員会が「外国人教育基本方針―多文化共生の社会をめざして」(1986年制定、1998年改定)を定め、さらに「川崎市子どもの権利に関する条例」(2000年、最近改正2005年)を制定している。また、「川崎市識字・日本語学習活動の指針」(2003年)、「川崎市多文化共生社会推進指針―共に生きる地域社会をめざして」(2005年)なども定められている。川崎市は、歴史的に在日コリアンの集住地域ということもあってさまざまな運動を背景に自治体が積極的に多文化共生のまちづくりをすすめてきた。

千葉県内においても本書が明らかにしているようにさまざまな取り組みがなされている。こうした諸努力の蓄積にたって、人々の学びを軸にした多文化共生のまちづくりを推進・創造していくことが、いま、まさに私たちに求められている事柄であるといえよう。

**長澤成次(千葉大学)**

【参考文献】
(1) 本稿では国際教育法研究会訳による「子どもの権利に関する条約」(『解説　教育六法　2011　平成23年度版』三省堂、2011)を使用した。Childを児童と訳した政府の公定訳では「児童の権利条約」である。訳に違いが見られるので、是非、政府訳も参照されたい。

(2) 千葉県では、「千葉県子ども人権条例」を実現する会が 2000 年以降活動を展開している。URLは、http://www5d.biglobe.ne.jp/~k-zinken/ である。このサイトには同会による条例素案を見ることができる。

(3) 2009 年にはブラジル・ベレムで第 6 回国際成人教育会議が開催され、「生存可能な将来のための成人教育の力と可能性の利用行動のためのベレン・フレームワーク」Belem Framework for Action）が採択されている。文部科学省の以下のＵＲＬを参照されたい。http://www.mext.go.jp/a_menu/shougai/koumin/1292447.htm

# 索引

## あ行

アイデンティティクライシス……25
アイヌ……276, 277, 280
アイヌ民族を先住民族とすることを求める決議
　　……280
あなたの町の日本語教室……2, 105, 107, 125
AMIGO子ども日本語教室……256
アメラジアン……276
アルカイールアカデミー……85
移住労働者……70, 72, 77, 276
移住労働者と連帯する全国ネットワーク……72
市川工業高等学校定時制……214
市川市立大洲中学校夜間学級……202
稲浜日本語ボランティア……156, 238
インドシナ難民……78, 80
内なる国際化……12, 102
永続的ソジョナー……22
大網白里町中央公民館……169
オーバーステイ……61, 79-80
オールドカマー……18, 21
オールドタイマー……18

## か行

外国人学生……54, 58
外国人教育基本方針……280
外国人研修・技能実習生制度……76
外国人県民懇談会……14, 35
外国人児童生徒……20, 24, 26, 107, 164, 166-172, 186, 230, 248-250
外国人児童生徒受入体制整備研究会……167
外国人児童生徒学習支援相談室……167
外国人児童生徒学習支援ボランティア研修会
　　……169

外国人児童生徒教育相談員派遣事業……171
外国人児童生徒日本語学習支援ボランティア研修
　　会……167, 169
外国人児童生徒の日本語指導担当者連絡協議会
　　……167-170, 260
外国人集住地域総合対策……14, 35, 266
外国人集住地域総合対策連絡協議会……35, 266
外国人就労者……64
外国人テレホン相談……103, 109
外国人特別受け入れ枠……193
外国人特別選抜……268, 272
外国人特別入試……14-217
外国人の子どものための日本語学習支援ボランティ
　　アの集い……107, 170
外国人の子どものための勉強会……167, 224
外国人のための就学ガイドブック……168
外国人労働者……12, 28, 31, 33, 35, 48, 70, 78
輝け！ちば元気プラン――千葉県総合計画……12
華僑……21
学習言語……180, 197, 217, 226
学習言語能力……226
学習権宣言……278
柏グッドウィルガイド協会……71, 110
柏JSL学習会……194
柏市学校派遣日本語支援の会……186
柏市教育委員会指導課……190
柏市国際交流協会……116, 117, 186, 190, 193
柏市日本語指導者派遣要綱……190
家族滞在……15, 16, 29, 54
家族の物語……20
学校派遣ボランティア……116, 186, 248
学校不適応……31
カトリック教会……10, 38-41, 43
加配教員（研究加配）……32, 257, 260
川崎市外国人市民代表者会議条例……61
川崎市子どもの権利に関する条例……280
川崎市識字・日本語学習活動の指針……280
川崎市多文化共生社会推進指針――共に生きる地域
　　社会をめざして……280
帰国・外国人児童生徒受入ガイドライン・リーフ
　　レット……170

帰国・外国人児童生徒学習支援キャラバン……170
帰国・外国人児童生徒学習支援相談室……172
帰国・外国人児童生徒の日本語指導担当者連絡協議会……170
帰国・外国人児童生徒の日本語担当者連絡協議会……171
木更津市桜井公民館……169, 170
義務教育の無償就学保障……26
Can-do-statements……141
教育相談員……171, 214-218, 273
教科指導……107, 168, 176, 218, 239
共生社会……20, 26, 99
共同体（コミュニティ）……10, 17, 28, 38-43, 47
コーパス……141
国際移住家族……26
国際結婚……42, 63, 102, 178, 202, 209, 234
国際識字年……274
国際人権規約……274
国際人権宣言……278
国連子どもの権利委員会……275
子供インターナショナルサミット……266
子どもの権利条約……80, 275
コリアタウン……17, 18

## さ行

在日コリアン……15, 274, 280,
在留カード……69
在留資格……15, 21, 29, 54, 60, 72, 102, 235
サバイバル日本語……197
サバイバル日本語教室……106
サバイバル日本語講座……113, 238, 256, 264
サント・ニーニョ……41
ＪＳＬ（Japanese as Second Languge）……170, 194
ＪＳＬカリキュラム……167, 184, 198
ＪＳＬ児童……132, 156, 238
ＪＳＬバンドスケール……252
識字教育……216, 274
シチズン……26
シチズンシップ教育……26

児童家庭支援センター……83
指導主事……190, 203
児童（民生）委員……32, 82
市民公益活動促進条例……194
ジャマーアテ・イスラーミー……48, 51
習熟度別……199
出入国管理及び難民認定法（入管法）……21, 48, 54, 60
初期指導としての日本語支援……170, 254
初期日本語……186
知りたいな友だちの国のこと……171
新教育システム開発プログラム……167
新渡日……202
新日本語の基礎……148
進路ガイダンス……⇒日本語を母語としない親と子どものための進路ガイダンス
スピーチ大会……92, 149, 242, 259
生活言語（能力）……180, 197, 226
世界人権宣言……274
センシティ土曜にほんご学級……156, 238
先住民族の権利に関する国際連合宣言……280
ソーシャルワーカー……82

## た行

退去強制……60, 235
タブリーギー・ジャマアト……50
多文化共生……3, 12, 35, 70, 101, 102, 113, 138, 212, 214, 244, 257, 274
多文化共生サポート制度……104
多文化共生社会づくりセミナー……35
地域日本語教育ボランティア……124, 126
地域日本語ボランティア教室……130
地域の国際化……12
地球市民交流基金 EARTHIAN……84
地球っ子プロジェクト……223, 248
千葉県外国人高校生交流会……271
千葉県高等学校教職員組合……268
千葉県国際交流・多文化共生モデル事業……13
千葉県国際交流センター……90, 102, 115, 149, 254
千葉県国際政策推進プラン……12

千葉県多文化共生社会づくり推進モデル事業
　　……14, 35, 257
千葉県内大学等在学留学生数調査……57
千葉市稲浜公民館……156
千葉市学校派遣日本語指導の会……174
千葉市国際交流協会……174, 236, 238, 242
千葉市土曜学級……230
千葉市立稲毛小学校……232
地方参政権問題……98
中国帰国家族を支援する会……231, 236
中国帰国者自立互助会……231
中国帰国者特別選抜入試……231
中国人ニューカマー……20, 22
中長期在留者……68, 69
直接法……93, 188
付き添い指導……171
定住外国人の人権を考える市川・浦安の会……98
定住外国人の人権を考える千葉県連絡会……98
定住者……15, 16, 29, 60, 64, 69, 73, 76, 102
適応指導……20, 24, 166, 170, 171, 249
適応指導教材……169
デニズン……26
特別永住者……15, 16, 29, 68, 69, 102
特別永住者証明書（カード）……69
特別入学者選抜……172, 271
取り出し学習……260
取り出し授業……24, 32, 92, 95, 174, 188, 196, 197, 218

## な行

成田市中央公民館……169
難民定住促進センター……78
二重国籍……62, 65, 66
日系南米人労働者……28
日本語おもしろサロン……113, 116
日本語教育……20, 82, 117, 124, 125, 139, 169, 178, 215, 250, 274
日本語教師……2, 76, 90, 130, 139, 214
日本語講師（教師）養成講座……148, 189, 224, 238

日本語指導……32, 105, 115, 127, 148, 161, 164, 166, 174, 180, 188, 196, 210, 228, 230, 239, 254, 257, 269
日本語指導協力員（者）……181, 196, 224, 253
日本語指導コーディネーター……182
日本語指導員（者）……128, 164, 188, 196, 210, 221, 246, 249, 266
日本語指導ボランティア養成講座……90, 105, 138, 148, 189, 239
日本語指導養成講座……95, 185
日本語短期速習講座……138
日本語能力試験……139, 241
日本語非母語話者……124
日本語ボランティア……2, 91, 104, 113, 124, 126, 156, 186, 193, 224, 246, 267
日本語を母語としない親と子どものための進路ガイダンス……2, 115, 185, 190, 200, 214, 222, 258, 267, 268
日本人の配偶者……15, 29, 60, 102, 158
日本政府に対する総括所見……275
入学許可申請書……98
ニューカマー……2, 11, 15, 20, 46, 102, 223

## は行

ハーグ条約……63
入り込み授業……196
hand-in-hand ちば……72
非正規滞在者……68, 235
フィリピン（人）共同体……38
フェアトレード……71, 84
不就学児童生徒……168
不就学者……258
船橋市教育委員会……165, 196, 250
船橋市東部公民館……250
船橋市国際交流協会……124, 138, 196, 250
船橋市西部公民館……144
不法就労者……64
FAH こすもす……70, 78
プロフィシエンシー……141
ペルセポリス宣言……274

房総日本語ボランティアネットワーク……2, 91, 107, 117, 193, 214, 254, 258
母語保持教育……26
ボランティア……2, 12, 24, 77, 78, 80, 91, 103-110, 115, 126-134, 136, 138, 148, 156, 167, 168-171, 174, 180, 193, 214, 224, 230, 238, 248, 256, 268-270, 273
ボランティア地区代表者会議……169
ボランティアリーダー連絡会議……169

## ま行

マイノリティ……276, 277
松戸市学校派遣スタッフ……180
松戸市国際交流協会……13, 124, 148
松戸市日本語ボランティア会……155
みどり土曜にほんご学級……242, 244
民族的マイノリティ……276, 277
みんなの日本語……140, 149-151, 154, 158, 176, 189, 251
ムサッラー……46, 48-50
ムスリム移民……46
モスク……46-52

## や行

夜間中学（校）……164, 202, 208, 215, 274
八千代市外国人集住地域総合対策連絡協議会……266
八千代市多文化交流センター……36
八千代市村上公民館……256-258, 264
八千代市立村上北小学校……263, 266
八千代市立村上東中学校……256-260
ようこそ　ちばのがっこうへ……168, 172
四街道市旭公民館……90
四街道市国際交流協会……71, 90, 97

## ら行

留学……15, 16, 20, 22, 24, 54, 56, 58, 69, 94,
留学生……11, 13, 17, 21, 24, 46, 54, 92, 97, 113, 115, 118, 238
留学生30万人計画……11, 54, 57
留学生10万人計画……54, 58
老華僑……21

## わ行

ワークショップ……105, 168-171
わくわくクラス……258, 263, 266

## ●執筆者一覧

長澤成次（千葉大学）／はじめに／終章
福田友子（千葉大学）／第1章概要／第1章1節／第1章5節
周　飛帆（千葉大学）／第1章2節
奥島美夏（天理大学）／第1章3節
寺田勇文（上智大学）／第1章4節
見城悌治（千葉大学）／第1章6節
廣瀬理夫（渚法律事務所・弁護士）／第1章7節
相良好美（千葉大学大学院教育学研究科）／第2章概要
菅野真知子（hand-in-handちば）／第2章1節
花崎みさを（FAHこすもす）／第2章2節
藤田宏子（地球市民交流基金EARTHIAN）／第2章3節
武野寛子（四街道国際交流友の会・四街道市国際交流協会）／第2章4節
金　一恵（定住外国人の人権を考える市川・浦安の会）／第2章5節
召田充弘（（財）ちば国際コンベンションビューロー 千葉県国際交流センター）／第2章6節
松田月子（柏グッドウィルガイド協会）／第2章7節
吉野　文（千葉大学）／第3章概要
北村弘明（聖徳大学）／第3章1節
浦和かほる（船橋市国際交流協会）／第3章2節
藤沢明美（松戸市日本語ボランティア会）／第3章3節
田中秀子（稲浜日本語ボランティア）／第3章4節
仲江千鶴（船橋市教育委員会）第4章概要／第4章5節
井上惠子（千葉県教育委員会帰国・外国人児童生徒学習支援相談室）／第4章1節
小林稔子（千葉市学校派遣日本語指導の会）／第4章2節
石原隆良（千葉市学校派遣日本語指導の会）／第4章2節
清水るみ（松戸市教育委員会）／第4章3節
三船弘雄（柏市学校派遣日本語支援の会）／第4章4節
藤井好幸（市川市立大洲中学校）／第4章6節
森　誠（千葉県立市川工業〔定時制〕高等学校）／第4章7節
白谷秀一（千葉県立四街道高等学校）／第5章概要／第5章6節
海老名みさ子（NPO法人 外国人の子どものための勉強会）／第5章1節
元吉ひとみ（千葉市小学校）／第5章2節
澤野久美子（センシティ土曜にほんご学級）／第5章3節
宮　慶助（地球っ子プロジェクト）／第5章4節
鈴木正俊（八千代市国際交流協会・「アミーゴこども日本語教室」）／第5章5節

## ●コラム執筆者一覧

月下　芽（千葉大学教育学部生）
ペニヤ・フリオ（白井国際交流協会）
田中秀香（千葉県立浦安南高校生）
大根和子（元中学校教員）
キエテハノセイジ（船橋市立前原小学校6年）
時原千恵子（千葉県立柏中央高等学校）

房総日本語ボランティアネットワーク代表
長澤成次（ながさわ・せいじ）

1951年東京都北区に生まれる。1972年東京都立工業高等専門学校卒業後、千葉大学教育学部・名古屋大学大学院教育学研究科博士課程を経て、現在、千葉大学理事・教育学部教授。この間、社会教育推進全国協議会委員長、日本社会教育学会事務局長・副会長、「月刊社会教育」編集長などを歴任。

著書に『現代生涯学習と社会教育の自由』（学文社、2006年）、編著に『教師教育テキストシリーズ　社会教育』（学文社、2010年）、『公民館で学ぶⅢ　私たちの暮らしと地域を創る』（国土社 2008年）、『公民館で学ぶⅡ　自治と協同のまちづくり』（国土社　2003年）
『多文化・多民族共生のまちづくり　広がるネットワークと日本語学習支援』（エイデル研究所、2000年）、『公民館で学ぶ　自分づくりとまちづくり』（国土社　1998年）、共著に「日本語ボランティアネットワークの役割と課題」（駒井洋『講座　グローバル化する日本と移民問題　第Ⅱ期第6巻　多文化社会への道』（明石書店、2003年）、「社会教育・生涯学習の政策と行財政・制度」（社会教育推進全国協議会編『社会教育・生涯学習ハンドブック　第8版』（エイデル研究所、2011年）など。
なお『公民館で学ぶⅡ・Ⅲ』の韓国語版が金昌男・金剛大学教授訳で『주민자치와 평생학습의 마을 만들기 - 일본 공민관의 역사와 실천 (住民自治と生涯学習のまちづくり ―日本の公民館の歴史と実践)』（제이앤씨(J&C)、2008年）と『주민자치와 평생학습의 마을 만들기Ⅱ―삶과 지역을 만드는 일본 공민관의 실천과 과제 (住民自治と生涯学習のまちづくり―暮らしと地域をつくる日本の公民館の実践と課題)』（제이앤씨(J&C)、2009年）と題されて刊行されている。

---

千葉における多文化共生のまちづくり
―広がるネットワークと子どもたちへの支援
2012年7月15日　初版発行

| | |
|---|---|
| 編　者 | 房総日本語ボランティアネットワーク |
| 発行者 | 大塚智孝 |
| 発行所 | エイデル研究所 |
| | 102-0073　東京都千代田区九段北4-1-9 |
| | TEL.03-3234-4641 FAX.03-3234-4644 |
| 装　丁 | 大倉充博 |
| 印刷・製本 | シナノ印刷株式会社 |

ISBN978-4-87168-506-1 C3037
©Bousou Japanese Volunteer Network 2012, Printed in Japan